2021年文化和旅游宏观决策课题成果汇编

中国旅游研究院（文化和旅游部数据中心）编

中国旅游出版社

责任编辑： 刘志龙
责任印制： 闫立中
封面设计： 中文天地

图书在版编目（CIP）数据

2021年文化和旅游宏观决策课题成果汇编 / 中国旅游研究院（文化和旅游部数据中心）编. -- 北京 : 中国旅游出版社, 2022.4

ISBN 978-7-5032-6937-0

Ⅰ. ①2… Ⅱ. ①中… Ⅲ. ①文化发展－宏观决策－研究报告－中国－2021 ②旅游业发展－宏观决策－研究报告－中国－2021 Ⅳ. ①G120 ②F592.3

中国版本图书馆CIP数据核字（2022）第051598号

书　　名： 2021年文化和旅游宏观决策课题成果汇编

作　　者： 中国旅游研究院（文化和旅游部数据中心）　编
出版发行： 中国旅游出版社
（北京静安东里6号　邮编：100028）
http://www.cttp.net.cn　E-mail:cttp@mct.gov.cn
营销中心电话：010-57377108，010-57377109
读者服务部电话：010-57377151
排　　版： 北京旅教文化传播有限公司
经　　销： 全国各地新华书店
印　　刷： 北京盛华达印刷科技有限公司
版　　次： 2022年4月第1版　2022年4月第1次印刷
开　　本： 787毫米×1092毫米　1/16
印　　张： 13.5
字　　数： 258千
定　　价： 56.00元
ISBN 978-7-5032-6937-0

编写说明

经文化和旅游部批准，原国家旅游局科研立项课题调整为文化和旅游宏观决策课题，由中国旅游研究院（文化和旅游部数据中心）组织实施，旨在调动全国各方面研究力量服务文化和旅游宏观决策。

文化和旅游宏观决策课题分为重点课题和一般课题两类。2021 年课题指南包括 37 条选题，其中，重点课题选题 14 条，一般课题选题 23 条。2021 年文化和旅游宏观决策课题共 30 项课题立项，其中，重点课题 10 项，一般课题 20 项。

本成果汇编收录了 2021 年立项并通过结项鉴定的全部 30 项课题研究报告摘要。

目 录

2021 年文化和旅游宏观决策课题——重点课题

2021 年文化和旅游宏观决策课题——一般课题

2021 年文化和旅游宏观决策课题

——重点课题

大运河文化对外交流与旅游品牌传播策略研究

负 责 人：徐　宁
依托单位：江苏省大运河文化旅游投资管理有限公司
起止日期：2021 年 4 月—2021 年 10 月

一、研究的目的和意义

（一）研究目的

本课题通过分析中国大运河的内涵与外延以及大运河文化的内核，研究发展现状、归纳所存在的问题，依据传播学理论以及国家相关政策，结合课题组对江苏省大运河文化带品牌创建与传播的实战经验，提出解决思路与策略，以期为大运河文化带的品牌建设与对外文化交流传播提供重要的参考和依据。将大运河文化品牌打造成为我国对外交流的文化金名片，为文化强国战略做出贡献，依托“一带一路”倡议，用世界语言讲好运河故事，与世界各国运河儿女共同构建人类命运共同体。

（二）研究意义

1. 实践意义

大运河是中国劳动人民改造自然的伟大壮举，是镌刻在大地上的宏伟史诗，在人类文明史上书写了浓墨重彩的篇章，推动了经济发展、文化传播、社会变革，孕育出璀璨的运河文化。

打造大运河文化品牌，加强大运河文化交流与输出，有利于丰富优质文旅产品供给，更好满足人民对高品质生活的需求；有利于以文化要素提升旅游品位，促进文旅融合，推动旅游高质量发展；有利于拓展文化交流互鉴的载体渠道，推进文化认同，实现文化高效能传播；有利于展示中华文明，增强文化自信，丰富文化交流。加强大运河文化对外交流推广，向世界真实、立体、全面地展示大运河的悠久历史和文明，将进一步提升中华文化国际影响力，极大地增强中华民族自信心和自豪感。

2. 理论意义

对于运河的研究，国外起步较早，已经形成了较为全面的研究体系，涉及运河的旅游开发、文创产品开发、旅游服务配套、市场营销等领域。目前，国内大运河的相关研究，多围绕大运河的旅游项目资源开发、遗产保护利用、线路设计等方面，从对外文化交流的视角研究大运河文化带建设、资源推广、品牌营销等方面的文献还很少。本课题利用“创新、协调、绿色、开放、共享”的新发展理念引领指导，推动大运河文化概念研究，丰富大运河文化带相关理论研究，为中国对外文化交流、旅游品牌传播相关研究提供参考。

二、主要内容、重要观点、对策建议

（一）主要内容、重要观点

基于 5W 模式的大运河文化对外交流与旅游品牌传播，用传播学经典 5W 模式对大运河文化品牌对外交流进行划分和架构，我们能更好地把握对外交流过程中大运河文化品牌叙事的现实境地，进而实现大运河文化对外交流与传播整体过程中的良性互动。

1. 传播主体

传播学认为，传播主体就是控制主体，这种控制是动态的，且贯穿整个过程。大运河文化品牌对外交流的传播主体，同时也是信息的控制主体，而这一传播中的信息，多涉及国家主权、国家形象、国家利益，以及很多超越地域限制，具有世界意义的内容，如果传播者的控制作用发挥不当，很可能会造成重大的信息偏差，甚至形成全局性的误导甚至危害。因此，大运河文化品牌对外交流的传播主体，要具有政治上的敏锐性以及对党和国家高度负责的职业素质。由此，主体主要可以分为三种：政府主体、市场主体、NGO 主体，如世界运河历史文化城市合作组织。

2. 传播内容

（1）传承千年的历史文化遗存

大运河在漫长的发展过程中，见证了国家历史的兴替和文明的演进，全长近 3200 公里，是具有 2500 多年历史的活态遗产，沟通融汇中国江南、京津冀、齐鲁等地域

文化，以及水利文化、漕运文化、船舶文化、商事文化、饮食文化等文化形态，形成了诗意的人居环境、独特的建筑风格、精湛的手工技艺、众多的名人故事以及丰富的民间艺术和民风民俗，各类文化遗产与区域内的名山大川深度融合、浑然天成、相得益彰。

（2）传播美好生活的文化力量

大运河沿线的传统工艺、戏剧曲艺、生活习俗、传统节日、饮食习惯、礼仪规制、武术杂技等各类非物质文化遗产，是时至今日仍在影响沿线居民日常生活的文化力量。

（3）凝聚民族精神的文化精髓

历经千年的大运河在推动南北融合、东西交汇、中外交流过程中，逐步凝练、升华形成了独具特色的文化精髓和价值理念，是集中体现中华民族伦理道德、理想信念、情感性格的文化精髓。

（4）弘扬大运河新的时代精神

民族团结追求统一的执着信念、勤劳勇敢自强不息的民族精神、开放包容兼收并蓄的文化态度。大运河是讲好中国故事，传播中国声音，强化对外交流开放和务实合作，筑就真实、立体、全面展示中国的重要平台。

3. 传播渠道

在传播学中，通常把传播渠道直接作为传播媒介进行研究。当前形势下，各种媒介已日趋融合，形成新旧媒介共存的媒介矩阵，并进行着多方面的技术、形态与价值的重塑。近年来，大运河沿岸城市较为重视运河文化传播推广工作，国际传播工作都取得了一定的进展。在融媒体时代，大运河文化品牌的传播渠道主要体现在线下传播和线上传播，其中线下传播形式多样，但线上传播在内容丰富度、完整性、语种选择等方面稍有欠缺。

4. 传播对象

传播对象又称为受众，是传播内容的接收者和反应者。对传播对象进行有针对性的区分，分层次进行把握，才能获得更好的效果。在具体实践中，应根据不同的传播对象选择不同的侧重点，才能做到有的放矢。本课题研究的传播对象主要面向对东方文化感兴趣、对人类文明发展历史有兴趣的国际友人，以及愿意了解东方自然风光、社会人文的国际游客。需要认识到的是国际人民因为自身文化环境、生活环境、获取信息渠道的不同，对中国大运河文化认知存在差异。

5. 传播效果

传播效果是一切传播活动的试金石，其最终的指向是对舆论的制造和控制。总体来看，中国大运河文化对外交流与旅游品牌传播在政府端、市场端和 NGO 主体的共同努力下，取得了相当大的成绩。大运河申遗成功让世界人民认识到中国大运河的重要历史文化价值，历年的“世界运河城市论坛”，向世界人民展示了中国大运河在保护、开发、传承等方面做的工作，同时为世界运河发展提供借鉴。

（二）对策建议

对大运河文化品牌对外交流进行 5W 模式分析，其宗旨在于把握其传播的特殊规律，促进大运河文化品牌对外输出的力度和成效，进而实现民族文化自信自强。在 5W 模式下，大运河文化对外交流与旅游品牌传播提升路径主要体现为图 1 所示五个方面，而贯穿于这五个方面始终的是对大运河文化叙事的主体意识和人文精神的思辨思考。

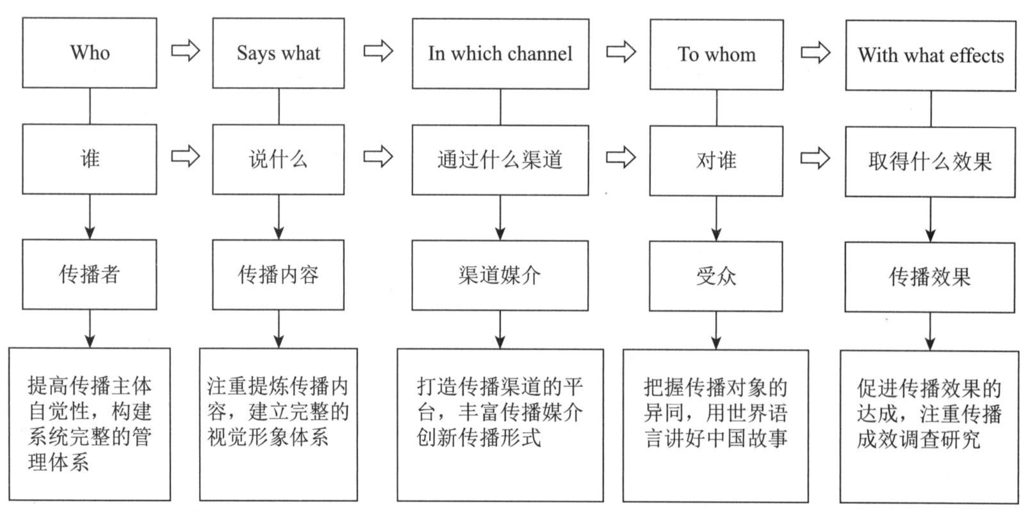

图 1　基于“5W”模型的提升路径与传播策略

1. 提高传播主体自觉性，构建系统完整的管理体系

近年来，从党中央、国务院到各级政府都非常重视大运河文化带建设，也取得了相当的成就，但大运河文化对外交流与旅游品牌传播过程中传播主体的自我认知以及自觉性始终未获得解决，传播主体不明，为后续工作增加了较大难度。

大运河文化品牌作为线性文化带的同一品牌，首先需要对自己“知根知底”“摸清家底”，目前中国大运河文化带没有明确边界，作为一个旅游目的地对外交流与推广中只能概述，但无法有具体指向。从顶层设计角度来看，目前大运河文化带已经构建“四梁八柱”的规划体系，但由于大运河文化带范围尚不明确，历史文化资源、自然资源梳理工作存在难度，调研中发现大运河文化相关历史遗迹未获良好保护，或者过度

开发的情况时有出现。必须在确定范围的基础上，尽快开展大运河文化带历史文化资源和自然资源梳理工作，建立资源库和等级评价体系，动态管理，推动大运河文化带建设保护及推广营销工作。

大运河文化品牌的建设与传播，涉及部门众多，跨行政区域同时跨管理部门，是一个涉及不同区域和多元利益主体的系统工程，需要以国家为主导并由统一牵头单位，联合大运河文化带沿线各旅游目的地相关行政单位从整体性、系统性方面开展工作。

中国大运河文化带需要成立国家层面的统筹与协调单位，建立统一的传播主体，如中国大运河文化带管委会，建立以核心部门为纽带，联动大运河文化带沿线政府端、市场端广泛的合作伙伴关系，合作供应，以大运河文化带为载体，加强与联合国教科文组织、世界遗产中心、世界运河历史文化城市合作组织等国际组织的合作，推动中国大运河文化带与国际接轨，推进一批内涵丰富、前景广阔、产业集聚度高的优势项目，打造富有国际影响力的“千年运河”文化品牌，努力以经典之作呈现千年运河深厚底蕴，将其打造成为国际一流的休闲观光、度假、研学旅游目的地。

2. 注重传播内容的提炼，建立完整的视觉形象体系

大运河文化品牌需要进一步强化统一的品牌形象，充分整合各地方文化资源，构建大运河文化品牌下的产品体系，讲好运河故事，擦亮国家名片。

首先，大运河文化旅游品牌的传播需要解决视觉形象的问题，目前虽有“千年运河”的品牌，但其具体视觉表达体系尚未确立，建议成立专门的中国大运河文化带资源开发与营销公司，在中国大运河文化带政府牵头单位（如中国大运河文化带管委会）指导下，由其牵头开展中国大运河文化带重点资源的保护、管理、开发建设，并牵头整个大运河文化带的宣传营销推广工作。

其次，建议构建以“千年运河”品牌形象为指导的中国大运河文化带解说标志系统，系统介绍运河沿线历史文化与自然资源，强化“千年运河”品牌来提高知名度和游客率，增强大运河沿线人民的自豪感。

3. 打造传播渠道的平台，丰富传播媒介创新传播形式

传播渠道作为一种物质技术手段，通过平台化打造，整合全渠道资源，信息传达变得更便捷。互联网的出现与飞速发展，为大运河文化品牌的传播提供了一条更为方便快捷、有效通达的传播途径。

首先，建议加强大运河文化遗产对宣传的各类平台的建设和管理力度。要融合传统媒体与新媒体，如开通抖音、快手账号等。此外，加强电视、纸质媒介、户外广告、网站、社交媒体、网络电台等多种传播工具和渠道的管理和整合，将传播效果最大化。

构建线上虚拟游览，将受众者引入真实情境之中，通过讲解、讨论，提升游客的自主探究能力、促进思想价值的认同。将我国运河文化以“多对多”的信息传播方式传递出去。此外还要加强对社交网络媒体的引导，加大对大运河沿线历史文化遗产、保护开发工作、文艺作品等相关内容的宣传，通过新闻、话题、公益广告等方式引起大众对大运河文化的关注，从而达到向世人展示大运河作为世界非遗的独特魅力，向世界人民展示中国文明。

其次，通过国内外的网络媒体、社交媒体，充实大运河文化相关内容，开展网络对大运河文化遗产的对外传播交流活动。例如，抖音国际版（TikTok）等平台，开设专门介绍有关中国大运河文化遗产的账号，发布新闻动态、举办活动、论坛等，通过文字、图片、视频、直播等多种方式，向世界展示中国大运河文化。

最后，节事活动是传播文化，推广宣传运河文化的重要手段。结合课题组成员参与世界运河城市论坛暨世界运河大会、长三角国际文化产业博览会、大运河文化旅游博览会（江苏）、苏港澳青年“云”交流共话大运河文化与青年发展等相关大运河文化旅游宣传推广实战经验，我们认为应充分发挥北京、扬州、苏州、杭州等大运河沿线关键节点城市的平台作用，依托中国大运河申遗成功日、国际博物馆日、世界水日和重要传统节日开展形式多样的跨地区、跨行业宣传推广活动。同时，结合国际马拉松赛事、国际自行车赛事等多种多样的体育赛事，“挖掘记录中国大运河文化遗产行动”公益活动等，积极推动大运河文化带对外交流与旅游品牌传播。

4. 把握传播对象的异同，用世界语言讲好中国故事

传播内容应该适应不同传播对象的文化表达，大运河文化的对外交流应通过市场调研深入研究目标客群的传播偏好，充分利用大运河文化相关人物、故事、运河工程、民俗文化等，创作目的地国家人民易于接受的作品。例如，江苏省打造的大型原创歌剧《运之河》，通过西方人更喜爱的歌剧形式，用西方技巧呈现东方故事，《运之河》在欧洲的巡演中获得成功，并被评为“全国对外传播十大优秀案例”。

中国大运河文化遗产要想成功“走出去”，就必须实现跨文化传播，与具有不同文化背景的人寻求文化上的共识，在更好地理解自己文化的基础上消除因文化屏障所造成的传播差异。大运河文化对外交流与旅游品牌传播的过程也是中国文化走出去的过程。因此，要构建全球化的传播网络、塑造国际化的品牌形象，用世界语言讲好中国大运河的故事。

积极发声，内外联动，促进大运河文化国际交流与合作。围绕“一带一路”倡议利用世界运河城市论坛、世界运河历史文化城市合作组织等国际化平台，积极展开世

界运河城市高端对话，通过姊妹运河联谊、内外联动，为中国大运河文化带发声，加强国际社会对中国大运河文化带的认识，通过沟通与合作、增进理解与认同，推动跨文化交流与传播，向世界人民展示中国大运河文化。

5. 促进传播效果的达成，注重传播成效调查研究

传播效果作为最终目的，是衡量整个传播活动的关键指标，促进传播效果的达成，就是赋予整个传播过程以价值意义。对于传播效果，应注重市场调研，基于“5W”传播学理论，建议从传播经济影响、非经济影响，目标客群文化获取渠道、旅游偏好等方面展开调研，以便及时调整大运河文化对外交流相关策略，以及旅游品牌建设路径。

三、学术价值、应用价值及社会影响和效益

（1）通过对大运河文化带的文化内涵、品牌建设与推广现状调查与研究，分析大运河文化带的品牌形象及推广发展现状，将为解决大运河文化品牌塑造工作中的重点、难点问题提供可行的思路和方法。

（2）本课题的研究将探讨世界遗产文化交流、构建全球化的传播网络、塑造国际化的品牌形象，从中国大运河的视角来寻求国际交流，用世界语言讲好中国大运河故事，构建人类命运共同体。利用世界运河城市论坛等国际化平台，叠加“一带一路”倡议，加强沟通、增进理解，推动跨文化交流、传播与合作。

（3）本课题的研究将为国家相关机构研究制定整个大运河文化带相关策略提供重要的第一手资料和依据，为中国文化强国战略、营造和谐的国际环境做出理论贡献和实践探索。

新时期乡村旅游内生式发展与人才培养研究

负 责 人：周　波
依托单位：浙江外国语学院
起止时间：2021 年 4 月—2021 年 10 月

一、研究的目的和意义

（一）研究目的

乡村振兴战略指出，乡村振兴，人才振兴是保障。习近平总书记特别强调，“乡村振兴，人才是关键。要积极培养本土人才，鼓励外出能人返乡创业，鼓励大学生村官扎根基层，为乡村振兴提供人才保障”。当前，乡村旅游已成为各地政府推进乡村振兴战略的重要抓手。

以乡村旅游作为乡村振兴的突破点，不仅要乡村社区居民“口袋富”，更要“脑袋富”；不仅要“旺产业、兴产业”，更要“聚人才、兴人才”，才能激发内生式发展的原动力，才能为乡村旅游发展与人才振兴提供保障。基于此，本课题试图通过发挥“原乡人”“归乡人”“新乡人”的人才效应，探索乡村旅游内生式发展与人才培养模式，不断提升乡村旅游发展的造血功能，实现从“输血式振兴”向“造血式振兴”转变，为乡村旅游内生式发展注入人才和智力支撑，形成“原乡人”“归乡人”“新乡人”三元人才共同支撑与开创乡村旅游发展和乡村振兴的新局面。

（二）研究意义

在学理上，本课题一是从内生式发展的研究视角，探讨乡村旅游发展与人才培养的动力机制，有助于拓宽乡村旅游研究的视野，厚实内生式发展的理论基础；二是从

提升乡土存量人才（原乡人）、吸引返乡人才（归乡人）、社会下乡人才（新乡人）三元人才视角，并引入知识转移理论，构建三元人才助力乡村旅游内生式发展的学理关系，为突破以往重视产业发展促进乡村旅游发展的研究范式提供一个新的研究框架，使得乡村旅游发展与人才振兴研究更加符合时代特征。

在实践上，本课题通过探索新时期乡村旅游内生式发展与人才培养模式研究，真正激活乡村旅游发展的"内生力"，并以浙江乡村社区为例，为乡村旅游发展和人才振兴探索一条从"输血式振兴"向"造血式振兴"转变的实践路径。

二、主要内容、重要观点、对策建议

（一）主要内容、对策建议

本课题研究的主要内容如下：

1. 基于知识转移的"原乡人"能力提升助力乡村旅游内生式发展的对策

（1）政策型知识转移激发"原乡人"动力

旅游产业发展的相关政策是旅游发展的风向标，其背后隐含着旅游发展新趋势以及游客旅游新需求的变化。这也意味着乡村旅游发展要主动学习和对接国家政策，将政策型知识作为指导产业振兴和人才振兴的关键着力点，激发乡村旅游发展振兴乡村的动力。对于乡村社区的"原乡人"而言，学习政策型知识有助于激发"原乡人"动力。一方面，乡村社区要组建学习小组，组织各类学习活动，带领社区居民学习旅游产业发展政策，通过学习活动掌握政策型知识，并在社区居民之间广泛转移和传播，同心谋划乡村旅游产业发展的正确方向与重点内容，推动产业发展与政策导向同频共振，振兴乡村旅游。另一方面，对于社区居民而言，要主动感知和学习政策型知识，通过政策型知识转移，整体提升社区居民乡村旅游发展风向的判断力、乡村旅游产品的创新力、乡村旅游经营与管理的主导力等，加快实现从"门外汉"到"内行人"的转变，实现人才振兴。

（2）观念型知识转移释放"原乡人"潜力

社区居民之间互相转移知识，形成对乡村旅游发展的共同认知，推动建立信任、互惠、合作的人际关系，围绕食、住、游、购、娱、研等旅游要素，推动客源共享、产品共补，实现产业共兴、品牌共塑，提高社区居民对旅游发展的凝聚力，促进社区居民从个体理性经济人角色上升到集体理性和道德情感，形成社区居民对乡村旅游发展的共同使命感，并转化为支持乡村旅游发展的态度和行动。观念型知识转移还能提升社区居民的乡村自豪感和文化认同感，提高社区居民对发展乡村旅游与保护传统文化价值意义的认识，成为守护传统文化、振兴传统文化的“传承人”，实现人才振兴。

（3）技能型知识转移提升“原乡人”能力

乡村旅游发展中，技能型知识主要源自社区居民自身积累以及来自外部学习的知识和经验，这也意味着社区居民是不同的知识来源。就乡村旅游产业而言，技能型知识转移有助于优化社区居民乡村旅游经营和管理技巧，创新社区乡村旅游发展路径，并从整体上提高乡村旅游发展的品质与形象，打造优质的乡村旅游目的地，促进产业振兴；就社区居民而言，鼓励积累成功和失败经验的本地居民和返乡创客等，积极分享旅游经营与管理的技能型知识，促进技能型知识在社区居民之间转移，帮助社区居民在知识存量基础上实现知识增量突破，并内化为居民个人素养，提高社区居民的乡村旅游经营与管理能力，将本地居民塑造为现代知识型乡村居民，实现人才就地振兴。

（4）制度型知识转移永葆“原乡人”活力

在乡村旅游发展中，乡村旅游产业高质量发展需要盘活和增值旅游资源、人力资源、土地资源等要素。乡村地区需积极探索可供复制和借鉴的乡村旅游发展成功模式，建立科学的制度与之相匹配，这就要充分发挥知识在释放产业资源和建章立制方面的效应。一方面，相关部门应积极引导乡村地区因地制宜地构建乡村旅游发展的规章制度，带领社区居民积极总结和学习乡村旅游发展的成功模式，形成制度型知识。充分发挥各项制度对于乡村旅游发展的正面效应，激发社区居民参与促进本地乡村旅游发展制度构建的积极性，以制兴旅、以章显势，振兴乡村旅游。另一方面，积极构建乡村人才一展才华的制度。面向本地人才、返乡人才、外来人才等实施不同层次的各类“人才计划”，扶持各类人才在乡村旅游产业的主要领域探索旅游创业，实现以业塑才、以才兴旅，为乡村旅游发展注入智力支持，实现人才振兴。

2.“归乡人”回乡助力乡村旅游内生式发展的对策

（1）“归乡人”响应回巢行动，植入乡村旅游发展新动能

“归乡人”积极响应“家雁还巢”行动，回乡投身乡村旅游。与之相应，乡村地区的一大任务是积极实施“家雁还巢”行动，吸引一批会经营、善管理、有资本的原籍外出优秀人才回乡，投身乡村旅游创业。同时，着力把返乡创业的“归乡人”培养成致富带头人、把致富带头人培养成党员、把党员致富带头人培养成村干部，建设一支政治素质高、带富能力强、群众口碑好、发展潜力大的乡村旅游“归乡人”人才队伍，将“归乡人”打造成为乡村旅游振兴、脱贫致富的乡村旅游铁军，为乡村旅游高质量

发展、内生式发展提供人才保障，催生出“归乡人”返乡创业的“归雁经济”。

（2）“归乡人”汇聚生产要素，拓展乡村旅游发展新空间

“归乡人”返乡，基于当前乡村旅游发展的现状，积极发挥自身知识、技术、理念优势，推动各种人才、资本、技术等要素向乡村集聚，为乡村旅游发展植入新动能，优化传统乡村旅游发展的模式，不断拓展乡村旅游发展的新空间。“归乡人”利用资产、资源、资金、技术等生产要素，投资兴业，突破传统乡村旅游的老路，走出现代版乡村旅游的新路，创造乡村旅游发展新模式，激活乡村沉睡的资源，填补乡村旅游产业发展的空白地带，不断打开乡村旅游发展的空间，促进本地乡村旅游产业多元化发展。

（3）“归乡人”发挥资源禀赋，创造乡村旅游发展新业态

“归乡人”充分利用乡村的土地、劳动力等优势资源，以及乡村独有的山川河流、稻田农田、历史遗迹、古老传说、宗教文化、传统习俗等自然与人文资源，形成大资源观。开发乡村特色农业、乡村休闲、“互联网+”现代农业、乡村养老、农村电商等适合乡村地域特点的优势乡村旅游产业，不断创造乡村旅游新业态。同时，“归乡人”利用积累的社会资本和人脉资源，大力引进新业态，不断延长乡村旅游产业链，实现以业带业、以业兴业。

（4）“归乡人”利用以业带民，开辟乡村旅游致富新路径

“归乡人”返乡投身乡村旅游，坚持“互惠互利、资源共享、合作共赢”原则，与本地政府、村委会、本地村民一起合作，带领村民一起想法子、找路子，找准乡村旅游发展的致富点、互相合作的共融点，让村民共享乡村旅游发展的福祉。“归乡人”以资金入股、资产入股、技术入股等灵活多样的合作方式，将各项资本与地方资源完美结合，带动本地村民发展乡村旅游产业，双方风险共担、利益共享，开辟一条产业发展、社区获利、农民增收的合作共赢之路，以点带面带动整个乡村旅游产业集群全面发展，实现以兴旺乡村旅游产业带动村民脱贫致富的新路径。

3.“新乡人”下乡助力乡村旅游内生式发展的对策

“新乡人”通过“两扶两创”，为乡村旅游发展带来更多知识、更多资源，开创更多空间，助力乡村旅游内生式发展。

（1）“新乡人”扶技，助力乡村旅游发展嫁接新技术

“新乡人”响应国家号召，呼应乡村地区的引才战略，积极开展下乡行动，对乡村本地居民进行技术指导、定点指导、组团帮扶，为乡村社区居民和乡村旅游发展嫁接技术的力量、科技的智能，助推乡村旅游现代化发展。面对乡村青年劳动力外出导致

新技术推广难、新技术应用难等问题，“新乡人”主要针对乡村社区居民新技术引进和应用短板，实施针对性的“技术提升行动”。依靠数字技术，加速推动旅游业的智能化升级；积极推动民宿智慧化管理和运营；开发乡村电商平台，推动乡村农副产品线上销售等，不断提高乡村社区居民掌握新技术、提高新技能，为促进乡村旅游现代化发展提供技术支撑。

（2）“新乡人”扶智，助力乡村旅游发展植入新智慧

乡村旅游发展中存在社区居民能力不足导致外部性加剧，当地居民知识水平有限导致经营效益低等挑战。“新乡人”下乡为本地居民扶智，尤其是对乡村干部和社区居民开展乡村旅游经营管理模式、乡村振兴与脱贫攻坚路径等方面的专题培训和指导，对乡村干部和社区居民开展乡村旅游经营管理模式、乡村振兴与脱贫攻坚路径等方面的迭代升级，不断开拓新视野、革新新理念，实现从外化的“知识”到同化的“智慧”的跨越，努力实现本地从业人员的“三提高”：提高乡村干部的工作和管理水平，提高乡村创业人才的经营水平，提高社区居民的增收致富能力。同时，“新乡人”以点对点、线对线、面对面等多种方式提高乡村干部和社区居民的旅游经营和致富能力。

（3）“新乡人”创业，助力乡村旅游发展构建新格局

“新乡人”拥有丰富的信息资源、人脉资源和项目资源，“新乡人”下乡创业，带来一批激发乡村旅游活力、促进乡村经济发展的新项目。“新乡人”重点发展与乡村旅游产业体系有机对接的集聚度高、科技含量高、产出率高、带动性强的富民旅游项目，不断提高乡村旅游产业对乡村经济的溢出效应、对乡村社区居民增收致富的积极效应。同时，“新乡人”要引进占用资源少、生态效益佳的新型业态项目，将“新乡人”的智慧转变成生产力，不断促进乡村旅游产业提质升级，不断丰富产业结构，形成新产业汇聚、新资源流动、新经济活跃的良性循环，助力乡村旅游发展构建新格局。

（4）“新乡人”创机，助力乡村旅游发展打开新市场

“新乡人”要积极利用人脉资源和市场资源，为乡村旅游发展创造机会，打开乡村旅游发展的新市场。乡村旅游、现代农业、养老度假等在新时代迎来了大好的发展机遇。“新乡人”积极利用自身人脉和资源优势，把乡村内生的传统文化塑造成乡村的文化符号标签，把乡村自然资源打造成具有聚集人气的旅游特色产品，把乡村农业资源打造成具有市场渗透力的旅游商品，充分发挥“新乡人”自带流量的属性，把稳定的客源源源不断地带进来，把旅游商品源源不断地输送出去，创造新机会、打开新市场，形成“游客进得来，商品出得去”“乡村有得玩、游客有得乐”的新局面。

（二）重要观点

本课题研究的重要观点如下：

（1）乡村旅游应基于内生式发展（Endogenous Development）路径，走社区主导开发之路。内生式发展由瑞典 Dag Hammarskjöld 财团 1975 年第一次提出，概念包括五个基本要点：发展只能从社会内部来推动，消除绝对贫困，自力更生，保护生态，必须伴随着社会经济结构的变化。而要点之一“自力更生”（Self–reliant）来源于毛泽东思想（转引自日本《经济协力用语词典》，1996，p104）。在新时代，国家《乡村振兴战略规划（2018—2022 年）》和习近平总书记指示深入学习浙江“千村示范、万村整治”工程经验中，都高度强调村民和社区的主体地位，要激发农民群众的积极性、主动性和创造性。因此，我们认为，内生式发展和中国特色社会主义有着天然的学缘关系。

（2）内生式发展路径容易获得社区居民的支持和参与，内生式发展的实现离不开人才培养和能力的持续建设。在新时代乡村旅游发展中，社区居民支持和参与乡村旅游发展的背后并非简单的经济利益考量，知识获取和个体能力提升、发挥个人才能和实现人生价值，并助力乡村旅游发展成为新时期社区居民的新追求。这就意味着要重视社区居民能力建设和人才培养。

（3）乡村旅游内生式发展需要多元人才的支撑。如何激活乡村本土人才、促进存量人才提升能力；如何吸引优秀人才返乡和社会人才下乡，用新知识新技术新方法引领乡村旅游内生式发展和乡村振兴，是急需研究和回答的紧迫议题。

三、学术价值、应用价值及社会影响和效益

在研究对象上，聚焦三大对象：“原乡人”“归乡人”“新乡人”，提出乡村旅游内生式发展需要释放“原乡人”“归乡人”“新乡人”的人才效应。

在研究情境上，聚焦乡村旅游内生式发展主题，从多元人才培养促进乡村旅游内生式发展，强调以人才培养与人才振兴提高乡村旅游发展的内生力，突破以往以产业扶持、项目植入促进乡村旅游发展的传统模式。

在学术观点上，聚焦乡村人才振兴的宗旨，从知识转移视角，提出乡村旅游发展所需的能力型知识、观念型知识、政策型知识、制度型知识四类知识，并从“原乡人”“归乡人”“新乡人”三类人才视角探索乡村旅游内生式发展与人才培养模式。

边境旅游对我国国家安全影响及治理研究

负 责 人：王　桀
依托单位：云南大学
起止时间：2021 年 4 月—2021 年 10 月

一、研究的目的和意义

（一）研究目的

本课题旨在分析我国边境旅游发展现状和趋势，厘清我国边境旅游发展与国家安全治理的相关问题，界定总体国家安全观下边境旅游与国家安全的治理内容，提出我国边境旅游发展与国家安全治理的对策建议。

（二）研究意义

从现实层面看，我国边境旅游的发展模式及国家安全治理缺乏系统性的治理框架，国家安全治理工具和治理手段具有明显的碎片化特征；边境旅游的发展规划、空间布局、政策措施中，缺少对国家安全的考量；边境地区国家安全的治理实践是非连续、权宜性的。因此，本课题对我国边境旅游发展政策及国家安全治理对策具有较好的现实意义。从理论层面看，将边境旅游发展与国家安全治理结合起来，作为独特的空间领域进行研究，将政治学、地理学、旅游学、管理学相关理论交叉、结合，形成整体性、框架性的治理框架，具有一定的理论意义。

二、主要内容、重要观点、对策建议

（一）主要内容

1. 我国边境旅游发展现状及趋势

我国三大边境旅游片区主要为东北边境旅游片区、西北边境旅游片区和西南边境旅游片区。东北边境旅游区包括辽宁、吉林、黑龙江、内蒙古四省区19个地级行政区。西北边境旅游区包括甘肃、新疆两个省区11个地级行政区。西南边境旅游区包括云南、广西、西藏三个省区的15个地级行政区。

"一带一路"促进边境空间演化。根据边境旅游经济空间分异测算结果，"一带一路"建设后东北边境旅游经济放缓；西北地区、西南地区获得了较大发展，其中，"丝绸之路经济带"助推西北边境旅游崛起，"21世纪海上丝绸之路"促进西南边境旅游迅速发展。

发展水平呈现两极分化趋势。"一带一路"建设下我国边境地区旅游存在明显的两极分化现象，整体表现为高水平集聚或低水平集聚，有着显著的空间分布依赖性和非均衡性。西北沿边经济带的和田、喀什、克州、阿克苏以及西南沿边经济带的西藏边境、云南怒江地区长期得不到发展，形成低水平集聚。而随着西南、西北边境部分城市的发展，低水平集聚的现象有所改变，而且西南边境的高水平集聚明显增加。

2. 我国边境旅游三大片区国家安全总体情况

东北边境面临的国家安全问题。东北边境面临的国家安全问题包括：时有发生的非法越境问题产生双重影响；贩毒与走私已成为常态化管控问题；朝鲜核试验威胁我国东北生态环境；部分边境村镇人口外流出现"空心化"趋势；蒙古荒漠化威胁中国边境生态安全；中蒙边境地区人口流失成为重要社会现象；境外宗教渗透给我国政治文化安全带来威胁；俄罗斯民族村居民对其身份认同心存芥蒂。

西北边境面临的国家安全问题。中国西北边境与哈萨克斯坦、塔吉克斯坦、吉尔吉斯斯坦接壤的地区，主要面临着民族分裂势力、恐怖主义、宗教极端主义问题，威胁祖国统一、人民安全。具体表现为：阿富汗剧变牵动中亚五国安全局势；三股分裂势力沿边境渗透威胁国家安全；西北边境地区土地沙漠化威胁生态安全；西北边境"边缘化"趋势难以改变；阿富汗恐怖主义和毒品通过边境渗透；中尼外交的不稳定性影响边境安全；印巴冲突是中国周边和平最不稳定因素；尼泊尔攀登珠峰热带来的生态污染不容忽视；中印、中不边界争端尚未妥善解决；雅鲁藏布江的水灾害影响中印关系。

西南边境面临的主要安全问题。西南边境面临的主要安全问题包括：毒品走私犯罪影响社会安全；缅北战乱和武装冲突影响人民安全；跨境网络犯罪影响社会安全；拐卖妇女儿童影响社会安全；非法劳工偷渡影响社会安全；贩卖走私野生动物影响生态安全；澜湄国际河流水资源利益冲突不断。

边境旅游对国家安全的影响表现在以下两个方面。

一方面，建立以总体安全观为指导思想的国家安全治理措施。总体安全观是指导新时代边境旅游及国家安全工作的强大思想武器，对于实现兴边富民、边疆稳定、共同繁荣，具有十分重要的意义。总体国家安全观的核心思想为：以人民安全为宗旨，以政治安全为根本，以经济安全为基础，以军事、文化、社会安全为保障，以促进国际安全为依托，走出一条中国特色国家安全道路。

另一方面，确定我国三大边境旅游片区国家安全治理内容。东北边境旅游片区以增强国防观念和爱国主义、加强国家间经济联系和经贸合作、降低犯罪率营造稳定环境为主要内容；西北边境旅游片区以助力"丝绸之路经济带"建设、强化边境口岸经济发展、助推民族共同富裕与繁荣、强化领土意识实现兴边固疆为主要内容；西南边境旅游片区以促进边境社区社会和谐、推动兴边富民、强化旅游设施及通道建设深化民间文化交流层次、促进双边政策沟通为主要内容。

（二）重要观点

通过研究国际上典型的边境旅游地国家安全治理案例，提出建立应急安全措施、建设电子边界项目、建设跨境旅游通道、建设国际和平公园四个举措。

1. 建立应急安全措施

政府对跨境旅客的严格审查对阻止恐怖分子进入起到了至关重要的作用，对于防范、应对边境地区的其他突发事件也极为必要，通过政府的干预，允许符合要求的人群通过边界，在很大程度上可以降低流动性风险。我国的边境旅游地需要做好应急安全预案，面对突发事件时及时采取紧急措施以降低风险。

2. 建设电子边界项目

电子边界项目（The e-Borders programme）是英国政府为防止危险分子出入境而采取的典型举措，旨在监视人们跨越国家边界的所有活动，并采用以情报为主导的边界管控方法，电子边界项目依赖信息收集、标准设置和行为规范。对于我国的边境地区而言，尤其是出入境较频繁的边境口岸实行电子口岸建设，在电子口岸与其他系统的

对接与信息有效传递方面，需要进一步加强各环节的协调且调动非国家机构参与的积极性，提高一体化效率。

3. 建设跨境旅游通道

跨境旅游通道逐渐成为边境旅游地新兴的旅游模式。过去边境旅游地依托边界线、边境社区等旅游吸引物发展，现如今跨越两国边境的旅游通道备受游客青睐。例如：建在废弃铁路轨道上的文巴恩跨边界骑行游道，随着游道的规范与服务设施的建设，当地越来越多的原始自行车路线与其相连，对区域的影响力更加广泛。在我国西南边境地区，瑞丽已经发展了一些跨国旅游线路产品，如中缅瑞丽—木姐跨国马拉松等线路活动。此外，徒步旅行、自行车路线和小径也是跨境背景下的重要旅游产品，可以为我国边境旅游地提供新的发展思路。

4. 建设国际和平公园

"国际和平公园"（International Peace Park，IPP）是指相邻国家基于共同保护和管理生物多样性及自然、文化资源并致力于和平与合作，由两个或多国家共同合作打造的旅游目的地。例如，德国、瑞士和奥地利三国边境的康斯坦茨湖旅游区，美国与加拿大边境的国际和平花园、以色列与约旦边境的和平岛、肯尼亚与坦桑尼亚的国家公园等。国外国际和平公园的合作模式为我国边境旅游地的发展提供了借鉴，一些跨境分布的自然景观地带，在自然保护、旅游开发、景区管理的模式上可以借鉴国际和平公园的经营和管理模式。

（三）对策建议

按照习近平总书记的总体国家安全观，构建集政治安全、国土安全、军事安全、经济安全、文化安全、社会安全、网络安全、生态安全等于一体的国家安全体系。提出我国边境旅游发展与国家安全治理对策，推动边境旅游融入国家安全治理，实现边境地区的长治久安。

1. 政治安全治理对策

（1）构建双边、多边安全合作机制。边境安全问题往往涉及多头政府、多级部门，多个国家，基于共同边境安全风险进行跨境安全风险防控机制设计非常重要。一是完善基于风险管控理念的边境管理合作机制组织架构；二是设立边境管理合作领导和协调部门；三是建立共同边境安全风险基金机制；四是完善边境突发事件预警机制。

（2）建立信息安全出入境管理系统。我国边境地带面临不同的安全问题，因此提出不同应对措施。其一，在人烟稀少的边境一带，加大边境安全风险管控的信息化投入和建设，对重要的边境通道、小道和便道等配设远程监控系统，实现边界全线监控。其二，在人流量较大的边境口岸，加强对游客的信息化管理，提高对“藏独”“疆独”或涉恐人员的信息识别技术，谨防西方敌对势力非法入境。其三，加强对开设边境旅游、出境旅游业务的旅行社管理，防止游客借助边境旅游，潜逃、滞留国外从事非法活动。

（3）发挥边民维护安全的作用。边民是保障边境领土安全的原生力量。其一，国家应出台优厚惠边政策，保障和提升边民利益。其二，完善护边员制度。发展边境区域群众性护边员队伍，设置国家层面的护边员岗位，并给予相应的待遇和补贴。其三，支持边境地区经济发展，减少极端势力动员社会力量，改善各民族的经济发展不均衡的现状，使边境民族自觉加入抵御境内外敌对势力渗透、煽动和颠覆的统一战线上。

（4）建立“一体化跨境旅游区”。通过旅游外交化解地区冲突、民族矛盾。依托中国与周边接壤国家建立起的跨境经济合作区带动两国跨境旅游发展，提升区域间经济协调性，进而化解政治冲突。如中越建立的凭祥—同登跨境经济合作区、中缅瑞丽—木姐跨境经济合作区，推动中越、中缅跨境旅游发展，未来致力于建设东南亚跨境旅游区、东北亚跨境旅游区、中亚跨境旅游区，实现双边互惠互利。

2. 军事安全治理对策

（1）强化爱国主义教育。在中印边界适合开发旅游地带发展边境旅游，例如班公湖地区，将边防设施、军事哨所作为旅游吸引物，开展旅游中的国防爱国主义教育。

（2）开展“国防教育 + 旅游研学”模式。借鉴红色旅游模式，在边疆边境地区开展“国防教育 + 旅游研学”模式。

3. 社会安全治理对策

（1）加大反偷渡防治措施。一是加强反偷渡国际合作、区域司法合作，联手打击偷渡跨国犯罪。二是严格出入境检查，堵塞口岸反偷渡漏洞。三是改革出入境证件审批制度，推进出入境管理部门的机构调整和队伍自身建设。

（2）加大对“黄赌毒”犯罪打击力度。第一，健全和完善相关法律法规。第二，加大执法力度。对违法犯罪者，从严处罚，绝不姑息。第三，挖掘典型，现身说法。通过典型案例向群众宣传“黄赌毒”的严重危害。第四，建立“黄赌毒”长效教育机制，提高边民的守法意识。此外，加强国际合作，联合沿边国家，形成合力共同治理是打击违法犯罪的一个重要方面。

（3）发挥边民自治化解社会矛盾。一是护边日常化。要将边民的守边固边活动，融入其日常生产生活实践之中。二是柔性护边。鼓励边民兼任护边员，发挥村寨村民

“熟人”身份，制止违法犯罪问题，降低治理成本。三是调动边民自发参与。依托边民协助处理边境异常问题，形成与体制内管边控边力量的重要补充，达到更为有效地达成治理目标。

（4）加强跨境合作化解文化冲突。通过跨境民族文化交流消除跨界民族文化排斥性，扩大相互理解，构筑起跨境劳务合作参与各方“命运共同体”意识。

（5）建立重大突发事件治理体系。强化国际重大突发公共卫生事件治理体系建设，包括重大疫情“吹哨人”制度、政府各层级疫情应急防控机制，加强国际卫生合作与援助，提升各国突发公共卫生事件应对能力。

4. 生态安全治理对策

（1）发展生态旅游和特种旅游。推进体育和旅游融合，通过政府主导、科技持续化创新，吸引旅游企业产业化投资，开发沙漠特种旅游，逆向拉动沙漠生态环境治理，实现经济与生态的可持续发展。

（2）开发国际河流航道旅游。依托国际河流，打造“澜湄六国航道旅游”和“图们江三国环线游”。通过航道旅游发展推动航道条件改善与基础设施升级，航道等级和通航能力显著提升，形成安全、便捷、经济、高效、绿色的现代化航道旅游体系。

（3）建立“跨境国际和平生态公园”。建议在中越边境金平分水岭国家级自然保护区、中缅边境南滚河国家级自然保护区、中老边境西双版纳国家级自然保护区开展资源调查并编制规划，探索建设“热带雨林国际和平公园”“澜湄流域国际和平公园”“亚洲象国际和平公园”。

5. 经济安全治理对策

（1）加强口岸经济与旅游经济协调耦合。边境地区要改变以往重稳定轻发展的路线，要深化口岸经济与旅游经济的协调耦合，借鉴霍尔果斯成功经验，进一步强化边境旅游的发展。旅游兴边贸，边贸促旅游。

（2）借助自贸区平台发展旅游经济。边境地区要借助自贸区平台和机遇，开展跨境旅游合作，打造特色跨境旅游合作区。

（3）探索边境民族特色旅游小镇发展模式。我国陆路边境地区多为少数民族聚居地，民族特色显著，其民族风情文化可作为旅游吸引物来发展边境旅游，其发展模式可借鉴欧洲特色旅游小镇的发展模式。

三、学术价值、应用价值及社会影响和效益

（一）学术价值

建立了边境旅游发展与国家安全治理研究框架。把分散的边境旅游研究整合为系统的边境旅游整体框架研究，与此同时，将边境旅游研究置于到国家安全高度审视，提高对边境旅游蕴含的国家安全威胁与风险认知，提升边境旅游研究服务于国家边境治理战略需求与地方边境地区经济发展诉求。

（二）应用价值及社会影响效益

（1）为国家决策部门提供研究报告。研究报告“疫情后边境旅游如何对接‘双循环’新格局”以旅游内参上报国家决策部门。

（2）向云南省委、省政府咨询意见。研究报告“云南应率先探索建立‘国际和平公园’”被云南省委采纳，并被社科成果要报采用。

（3）在主要核心期刊发表学术论文。课题立项以来，已发表学术论文4篇，为创造“边疆稳定”周边国际环境提供思路，为“一带一路”倡议建言献策；向中国边境地区发展边境旅游开发区、跨境旅游试验区等提供指导性方案，向边疆少数民族地区旅游扶贫、产业扶贫等提供参考性建议，助力边疆地区“脱贫攻坚”方略落实。

大数据融入地方旅游统计的方法及应用研究

负 责 人：李 瑛
依托单位：西北大学
起止时间：2021年4月—2021年10月

一、研究的目的和意义

（一）研究意义

随着大众旅游时代的到来，呈现旅游要素独立化发展、业态的多样化、需求的个性化等新时代旅游发展的特点，传统的旅游统计方法已远远不能满足政府、业界、学界等的决策和研究的需要，随着大数据技术在旅游供需两方面的深度融合及应用，新的技术手段和方法为传统旅游统计的变革带来可能，为大数据融入地方旅游统计提供了路径。

（二）研究目的

本研究欲解决以下两个问题：

（1）地方旅游统计中的多种可用数据源如何相互验证，如何融合使用形成旅游统计核心指标的推算方法？随着各地大数据中心的建设及各地政府对数据共享的推进，现阶段我国地方旅游统计可用的数据源增加，尤其是通信运营商、OTA平台、银联、移动支付等大数据源提供的数据，如何运用数据架构的相关技术将这些数据和传统的填报数据、问卷调查数据联系起来，以实现多源数据之间的验证及融合使用，从而达到提供地方旅游统计数据质量的目的。

（2）“10公里6小时”的中国居民惯常环境的技术界定标准是否需要修订？通过什

么样的技术方法修订？因为惯常环境是旅游统计独有的且非常重要的基础概念，其标准的确定直接影响到游客身份的认定，尤其是影响到一日游游客的数量统计。因此本研究以海南省为例，运用手机信令数据和POI，结合惯常环境的概念，研究惯常环境的技术界定方法，为国内旅游统计中的相关统计标准的制定提供参考。

二、主要内容、重要观点、对策建议

（一）主要内容

1. 研究背景分析

（1）当前我国旅游业发展现状对旅游统计的要求：大众旅游时代带来的旅游产业要素发展的独立化、市场需求的个性化、产业形态的多样化以及互联网技术使用的普遍化等，政府、业界、学界对地方旅游统计在数据质量、数据分类、数据发布等方面提出新的要求。

（2）全域旅游示范区的创建与验收、发展效果评估对地方旅游统计提出的新要求。

（3）文旅融合的现状与融合发展效果的评估等对地方旅游统计提出的新要求。

2. 国内外相关研究综述

从旅游统计、大数据在旅游统计中的应用、大数据在政府统计中的应用、手机信令数据的挖掘和应用几个方面进行文献梳理。通过以上几个方面的文献梳理发现：手机信令数据的挖掘技术已经比较成熟，但由于缺少统一的概念界定、统计指标界定、旅游相关分类等国家标准，大数据在旅游统计中的应用研究也仅仅停留在定性的、宏观层面的研究；多源数据融合推算旅游统计核心指标也仅是对策建议式的研究，缺少相关案例研究。

3. 地方旅游统计中大数据的应用现状及存在问题分析

（1）主要大数据源及其应用现状

经过近几年的探索和实践，不少省份或地市已经将大数据引入（主要是手机信令数据），并融合到发布的旅游统计数据之中。通过对陕西、内蒙古、新疆、海南省级层面，南京、西安、三亚、焦作等地市级层面的调研结果显示，旅游统计中应用最广泛的大数据源是通信运营商数据、银联商务数据、OTA运营数据。

通信运营商数据具有体量大、维度全、准确性高、连续且可追溯的特点，通过对游客客源、游客行为、旅行轨迹等分析，区分不同游客类型，成为推算各类游客接待

量的新数据源。银联数据根据消费场景的不同，消费品类分类细致，并且在数据脱敏的基础上，可以获取卡主的性别、年龄、常住地等个人画像信息，以及消费地点的位置、消费类别等，因此在旅游收入的测算上具有优势。携程作为国内最大的 OTA，数据全部产生于游客，且旅游消费的分类口径非常清晰，主要应用于旅游消费的测算。

（2）存在主要问题

① 缺乏旅游统计大数据标准。主要表现在：传统统计调查方法推算的旅游统计指标解释没用转化为大数据手段的技术标准，导致没有手机信令数据挖掘的国家标准（比如：居住地、工作地、职住距离、出行距离等相关概念的大数据技术界定标准）、银联数据汇总旅游收入的口径没有统一标准等。

②全域旅游数据平台数据孤岛现象严重、数据壁垒影响部门之间数据共享。

③文旅统计基础差、业务融合度低、未充分发挥大数据的应用价值。

4. 基于多源数据的海南省居民惯常环境测算案例研究

本案例利用在海南省及海口市旅游统计工作中引入的大数据源（海南联通手机信令数据，爬取的海口、三亚、儋州 POI 数据）的挖掘分析，根据惯常环境的基本概念，对海口、三亚、儋州联通用户居民的日常活动空间范围的识别和测算，探讨惯常环境技术界定标准制定的方法。

（1）相关概念的技术标准界定

包括常住居民、居住地、工作地、日常活动驻留地、日常活动距离、通勤距离、最大日常出行距离等相关概念。

（2）数据来源及处理

主要包括联通手机信令数据和 POI 数据的清洗、筛选、分类等。

（3）测算结果及相关验证

主要包括海口居民在不同惯常环境界定标准下的最大出行距离计算结果，通过与问卷调查结果的验证，证明本案例的研究方法、研究步骤、算法模型可行，结果可信。

（4）研究结果与结论

不同城市居民的惯常环境存在明显差异，现行的“10 公里，6 小时”的全国统一的惯常环境的界定标准应该更新，否则将会导致产生大量的无效一日游游客数量，不利于精准客观地反映地方旅游市场的真实状况。

5. 大数据在旅游收入统计中的应用案例

（1）传统旅游收入推算方法及存在的问题

根据传统的旅游收入推算方法，其准确性主要受旅游接待人数和人均花费水平两个因素的影响。人均花费的数据来源于问卷调查，过夜游客接待人数来源于住宿单位填报的相关出租率、客房间数、床位数等信息。而问卷调查和企业填报这些传统的统计调查方法具有固有的缺陷：抽样样本的代表性很难全面代表旅游市场的个性化、多样化发展特点；旅游花费支付方式的变化影响花费调查数据的准确性等。

（2）银联与携程数据在地市旅游收入推算中的应用案例

本案例以三亚为例，在拥有银联、携程及常规问卷调查数据的基础上，分析构建旅游收入的推算方法。

① 外地游客旅游消费总额推算。以三亚2021年8月银联数据为主，融合携程推算外地游客的旅游消费。

②本地游客旅游消费总额推算。首先，结合手机信令数据和银联数据，判定三亚旅游消费聚集区；其次，汇总本地人在旅游消费聚集区的花费总额；再次，通过常规问卷调查的比对，制定根据银联数据汇总的本地人旅游消费总额调整系数的专项调查问卷；最后，确定旅游收入的大数据测算算法模型。

（二）重要观点

（1）大数据应用于地方旅游统计无可置疑地会提高旅游统计数据质量，但前提是必须制定不同数据源的采集、清洗、解析、计算等国家或行业标准，以杜绝目前使用中出现的各种乱象。

（2）由于我国各省市旅游发展阶段、发展特点、旅游统计基础等差异较大，旅游统计大数据国家标准的制定应以启动大数据融入地方旅游统计中的方法研究试点为前提，以避免标准制定后无法广泛实施的现象发生。

（3）大数据源与传统数据源的融合路径就是建立可比较、可验证的地方旅游统计大数据系统，通过该系统的构建和应用，将地方旅游统计日常工作模板化，一方面可减少主观经验对数据质量的影响，另一方面制度化科学化可减少对数据的行政干预。

（4）不同统计指标的多源数据融合方法不同。地方接待过夜游客人数以传统基层填表数据及住宿单位名录库汇总数据为主，公安住宿登记、运营商数据为辅；一日游游客人数以运行商数据为主，旅游吸引物调查数据为辅；省级旅游收入应以游客花费问卷调查与旅游人数推算为主，银联、OTA数据为辅，地市、县市级旅游收入应以银联、OTA数据为主，消费调查为辅等。

（5）大数据技术有助于惯常环境等概念的技术标准制定，以及旅游产业、游客分类标准的细化。

（6）现阶段，旅游统计核心指标的大数据源与传统数据源融合推算方法应与传统数据源推算方法应并行推进，两者相互验证，相互矫正，以便使多数据源融合推算的算法模型不断优化。

（7）随着大数据技术及挖掘结果的广泛应用，对大数据结果数据的评估指标、评估方法将成为继大数据应用方法研究后的重要研究方向。

（三）对策建议

1. 启动大数据融入地方旅游统计的试点研究，为修订旅游统计调查制度提供依据

（1）试点研究的主要任务

①大数据背景下旅游统计指标的完善。根据不同数据源的特点，完善旅游统计指标是非常必要和紧迫的任务，比如：接待的人天数、人均天旅游花费、景点的到访率、热力指数、消费等反映地方客流流量流向以及游客花费热点的相关指标。

②制定旅游统计的大数据标准。包括游客的判定标准（含过夜游客、一日游游客）、筛选步骤及算法模型、旅游收入（游客旅游消费）的统计口径、配合大数据的游客标准调查问卷等。

③制定大数据融入旅游统计的方法和步骤。运用一家、两家、三家运营商数据推算接待游客人数的方法和步骤；运用银联数据、OTA 数据结合问卷调查推算旅游收入的方法和步骤等。

（2）试点单位应具备的条件。应满足通信运营商的数据接入时间不少于 3 年、旅游统计基础好、第三方合作公司专业且敬业等条件。

2. 总结试点经验，尽快制定并出台旅游统计的大数据标准

（1）关于惯常环境的标准更新建议

①居民日常活动场所的选择标准是居民每个月平均到访频率为两次且停留时间超过 30 分钟的场所；②最大日常出行距离是指日常活动最远的场所到居住地的距离；③居民惯常环境标准为所有居民的最大日常出行距离的加权平均数，以此标准作为手机信令数据的惯常环境判定的技术标准。

（2）旅游收入的统计口径及算法的大数据标准

关于银联数据的旅游收入的统计口径标准应紧密结合游客花费调查的问卷内容，从游客在旅游目的地的花费类型入手，筛选银联的商户类型，按《国家旅游及相关产业分类 2018》对应的旅游产品类型（旅游交通、餐饮、住宿、游览、文娱、康养、其他等）进行归类。

（3）接待旅游人数推算的大数据标准

与惯常环境有关的基本概念（常住居民、惯常环境、居住地、工作地、职住距离、日常活动驻留地、日常出行距离等），与过夜游客有关的概念（过夜地、过夜时间段、过夜停留时间、过夜地点等），与一日游游客有关的概念（旅游吸引物的类型、电子围栏、驻留时间等）。

3. 基于大数据思维的省级文旅统计及数据融合平台系统的构建

（1）构建的目的

建设省级文旅广体统计及数据融合平台，把繁杂的文化与旅游统计用软件和大数据处理系统完成，打通统计工作和各个部门业务运转数据的联动，促进业务和统计数据的联动和共享，为业务部门提供管理支撑、为统计部门提供中间数据；并随着系统高效运转积累的大数据融合平台，为地方文旅发展提供强有力的数据支撑。

（2）建设内容

①文化与旅游统计单位名录库的建设与更新维护。可结合传统调查方法和网络爬虫技术完善旅游供给单位名录库的创建与更新维护。

②供给数据填报统计模块。根据《全国文化文物和旅游统计调查制度》的规定，供给数据填报系统分为直报系统和抽样调查填报系统。

③需求数据统计模块。旅游的行业针对需求方的问卷调查是必不可少的，为确保问卷的数据质量，应设有包括问卷设计、调查、审核、分类统计等内容的“问卷调查统计分析模块”，从而为计算消费结构和人均花费指标服务。

④文旅产业数据仓模块。数据仓的架构是以大数据对数据处理的底层技术为基础的，集合省级文旅体广、统计局、公安、海关、市场监管、税务、交通、商务等本地数据，国家和各个省市各类统计年鉴数据，手机位置、银联、OTA 等大数据。可满足任意检索、查询、下载数据分析、集合报表、模型设计和开发等功能。

⑤旅游统计核算模块。该模块根据《全国文化文物和旅游统计调查制度》中规定的旅游统计核心指标的推算公式，建立核算系统，还将对系统计算出的指标数据进行比对和验证，反映其合理性。

4. 基于大数据的旅游统计调查方法的变革

（1）地方接待游客人数的调查方法变革。大数据 + 小调查、多源数据相互验证等方法，推算地区国内游客接待总量。

（2）游客花费水平的统计调查方法变革。以网络调查为主、传统的人工调查为辅等。

（3）多数据源比对、融合推算地区旅游消费总额。

三、学术价值、应用价值及社会影响和效益

（一）学术价值

通过运用手机信令数据与 POI 数据结合对海南省居民惯常环境的测算方法和步骤进行研究，为修订我国长期使用的“10 公里，6 小时”的惯常环境界定标准提供参考的同时，丰富惯常环境的相关理论研究。

（二）应用价值及社会影响和效益

本研究以三亚为案例，搭建三亚文旅数据仓、三亚旅游统计测算系统、三亚文旅名录库管理系统等，为构建地方文旅统计和数据融合系统的开发提供基础，通过在三亚实际应用中的不断优化，制定地方旅游统计的大数据应用模板及标准，为提高地方旅游统计数据质量、建立旅游统计的国家或标准提供参考。

我国冰雪旅游国际化传播话语体系建构研究

负 责 人：王　峰
依托单位：吉林大学
起止时间：2021年4月—2021年10月

一、研究的目的和意义

（一）研究目的

为了响应习近平总书记“冰天雪地也是金山银山”的重要号召。发展冰雪旅游是充分利用好我国得天独厚冰雪资源的重要路径，也是建设我国生态文明的题中之义，可以助力推动经济发展和生态建设的协调。

为了构建我国冰雪旅游传播话语的理论体系，为推动我国冰雪旅游国际化发展建言献策。作为中国特色话语体系的一部分，我国冰雪旅游话语体系还不够完善，对外传播的效果也并不理想。需要在构建冰雪旅游话语体系的基础上提出相应的对策。

（二）研究意义

有助于抓住北京举办2022年冬奥会的机遇，推动冰雪旅游、冰雪运动等产业一体化发展。冰雪旅游话语体系的建立可以细化到我国冰雪旅游各个环节中的各个指标，优化资源配置，让世界友人体验优质的冰雪旅游、冰雪运动，树立我国良好的品牌和形象。

有助于充分利用我国的气候资源、地域资源和文化资源。我国东北地区气候寒冷，冰雪资源得天独厚。同时，我国传统文化博大精深，可以结合各地方特色，以冰雪旅游为依托，让世界了解我国文化。

有助于建立系统的冰雪旅游人才培养体系，为我国冰雪旅游培养专业人才。目前我国冰雪旅游、冰雪运动等相关领域的人才还比较匮乏，培养体系也不尽完善，借助冰雪旅游话语体系的建构，有关部门可进一步完善冰雪专业课程体系和实现产学研一体化。

二、主要内容、重要观点、对策建议

（一）主要内容

主要内容共分为六部分。第一部分是引言。该部分介绍了我国冰雪旅游的资源优势、政策优势等相关背景，指出了已有冰雪旅游相关研究尚存在研究分散、方法主观等不足。第二部分是文献综述。该部分从已有研究文献中得到启发，即从建构主义话语分析的视角对我国冰雪旅游话语展开系统化和实证化分析。第三部分是研究设计。课题组分别收集了冰雪旅游景区运营者、联合国教科文组织官网、国内外游客这三个贯穿我国冰雪旅游话语建构、传播和接受全过程的主体的数据资料，运用定性和定量方法，分别考察这三者的冰雪旅游话语中的形象建构，进而构建体系，并基于该体系提出对策。第四部分分别分析了冰雪旅游景区运营者、联合国教科文组织官网、国内外游客对我国冰雪旅游的形象建构，发现教科文组织构建的是生态化形象，游客构建的是旅游开发的形象，而运营者则构建的是兼顾旅游开发和生态保护的形象。在此基础上，课题组细化指标分类，构建了话语体系。第五部分提出三个主体间的关联关系提出了相应的对策。第六部分是结语。

（二）重要观点

冰雪旅游的国际传播问题本质上是国家间话语权的博弈。基于我国国情构建我国冰雪旅游传播话语体系是提升国家话语软实力的需要。权力话语理论认为话语具有社会建构性，蕴含着权力关系和意识形态（Foucault，1981）。已有冰雪旅游研究（Elsasser，2002；杨斌霞，2004；孙一，2011；Shrestha，2011；常晓铭、刘卫国，2020 等）以个案分析为主，侧重传播对策的探讨，但缺乏全面系统的传播史梳理和话语体系建构。

要构建我国冰雪旅游国际传播的话语生成、话语传播和话语接受的一体化话语体系。已有冰雪旅游研究（刘健，2011；张慧婕等，2019）多聚焦于国内传播话语的生成状况，很少关注到国外游客和官方部门对我国冰雪旅游传播话语的接受程度，这就割裂了话语传播过程的重要环节。要实现我国冰雪旅游的国际化发展，就必须把话语生成、传播和接受统一到整个话语体系中来。

冰雪旅游研究要彰显时代特征。信息技术时代要求冰雪旅游采用大数据和云计算的方法掌握旅游数据动态发展状况，新媒体时代冰雪旅游要实现国际化发展应充分利用语言、图像、音频、视频等多种模态，拓宽冰雪旅游传播话语的发展路径。

（三）对策建议

第一，加强我国冰雪旅游的生态化对外宣传。从我国冰雪旅游运营者的话语建构来看，运营者不论是在景区建设规划之时还是在具体的景区运营过程中，都一直贯彻着生态理念。课题组的实地调研也证实了这一点。在长白山冰雪旅游景区设置有专门的珍稀动植物保护区，在发展旅游的同时也为动植物的自然生长留足了空间。然而，我国冰雪旅游在对外传播的过程中并未有效传播我们的生态理念和践行的生态行动。尽管课题组在联合国教科文组织官网找到了其中蕴含的生态讲解，但这些讲解仅限于两个文本。单靠两个文本就让世界了解我国冰雪旅游的生态建设是远远不够的。笔者建议，今后我国冰雪旅游可以从多个角度助力对外的生态化宣传。首先，采用线上线下混合式国际传播模式。线上既包括在国际组织的官网强化宣传力度，也可以包括各种新媒体手段。比如可以建设相应的手机 App，其中设置专栏讲解我国冰雪旅游的生态理念，并报道具体的生态实践活动。也可以制作生态宣传短视频。宣传视频时间不宜过长，可以分为多个片段，分层次有重点地向世界讲述中国生态故事。现代多媒体传播方式多是碎片化的，很少有人会集中精力阅读和观看长篇幅的宣传内容。要借助国外游客常用的社交媒体（如 YouTube、Twitter、TikTok 等）助力生态传播。从而树立我国冰雪旅游的生态化形象。其次，采用多模态化的传播方式。多模态化的传播方式旨在增强传播的趣味性，让外国友人有兴趣了解我国冰雪旅游的生态文化。多模态是指以语言、字体、图像、色彩、布局、语音、动作、视频等多种模态的方式讲述我国生态化的冰雪旅游故事。相比传统单一的语言模态，多模态传播无疑具有明显的优势，也顺应了数字化多媒体时代的大趋势。我们一方面可以把已有的语言文本内容制作成多模态文本，向国际友人宣传；另一方面也可以组织多模态改编，即把我国冰雪旅游的生态化故事改编成漫画书、动画片、电影等形式，漫画书和动画片的形式有利于吸引儿童的注意，而儿童往往是在父母陪同下观看的，也会对成年人宣传具有衍生效应。而电影形式则主要是向成人宣传。此外，还要增加多模态翻译。景区的语言规划并不

能仅仅满足于语言层面的双语翻译，更多时候可以通过辅以多彩图像、趣味字体等形式。最后，推出生态主题的冰雪旅游活动。这些生态主题可以借助英语国家中的动画片、漫画、电影中的角色，让外国游客来到中国有很强的归属感。这样的生态活动可以是系列性的，给游客带去趣味的同时也宣传我们的生态文化。也要让游客亲身参与到我国冰雪旅游的生态化实践中。例如，要提醒游客不乱扔垃圾、不随地吐痰等。

第二，要优化我国冰雪旅游景区的一体化建设。从对国内外游客的评论话语分析来看，游客对交通、消费、活动、历史价值、文化价值、生态价值等都提出了反馈意见。这些意见对景区运营者具有重要参考价值。然而，运营者也不可能满足每位游客的意见，对游客的意见也要多方权衡、三思而后行。需要说明的是，游客的意见固然重要，但其中某些方面本身就是冲突的，不可能使所有游客对所有方面都满意。比如景区运营者不可能既大力开发和设计各种冰雪旅游活动，又保证当地生态环境不受任何影响。尽管如此，运营者可以在合理范围内优化一体化建设。首先，加强各部门之间的沟通。就景区内部而言，整个冰雪旅游景区涉及交通、餐饮、冰雪、环保、城乡规划、电路、新媒体等诸多部门，各部门在进行各自活动时需要多加沟通，充分考虑游客诉求和人力物力财力成本。例如，电路维修应当尽可能选择旅游淡季或景区没有游客的时候，不能影响游客的切身体验感受。就宏观来看，景区要与住房和城乡建设部、文化和旅游部、生态环境部等部门在必要的时候做好备案、沟通和论证。景区的建设要与国家政策和国家规划保持一致，符合国家生态文明和旅游开发的相关要求，并自觉接受相关部门的监督。其次，要引进和优化旅游管理人才。冰雪旅游景区的一体化建设离不开优秀管理人才的指导。所引进的旅游管理人才不应局限于国内人才，也可以有国外管理人才，从而可以更好地吸收和借鉴国外旅游管理的经验。已有的管理人才要定期参加高质量培训，提升自身素养，贯穿终身学习的理念，为我国冰雪旅游管理添砖加瓦、建言献策。要优化管理结构，明确各部门的职能，对重叠和冗余部门予以合并和裁撤，让各部门各司其职，保证工作效率有条不紊地进行。另外，旅游管理人员也不一定是旅游管理专业，可以适当引入其他相关专业。如涉及景区的生态建设需要生态学人才，涉及景区的文化建设需要社会学、文学等学科的人才。总之，不能让外行指导内行，在尊重人才的前提下也要建立互相监督互相约束的机制。

第三，要关注受众感受，建立市场营销的良性机制。从联合国教科文组织官网对我国冰雪旅游的话语建构来看，教科文组织通过生态资源、生态建设和生态保护等维度构建了我国冰雪旅游的良好形象。与此同时需要注意的是，形象建构不是单方面的，官方所构建的形象和受众感知的形象未必是一致的，因而要优化市场营销策略。笔者建议从以下几方面优化改进措施。首先，突出冰雪旅游地方文化特色，致力于产生品牌效应。目前我国东北、内蒙古、北京等地区都有冰雪旅游景区。随着现代科技的发展，冰雪旅游已不完全受制于气候的因素，人造冰雪也发展了起来。面对全国各地诸多的冰雪旅游景区，各地要结合自身地方实际，打造自身的品牌和特色，把中华优秀传统文化故事融入我国冰雪旅游国际化的宏大叙事话语之中。降低国内各景区的同质化现象，每个地区都要有突出的品牌和主题。其次，与国际公司、企业和赞助商合作，增加与国外游客的共情，从而赢得国外游客的积极评价，推动我国旅游的国际化传播。随着我国冰雪旅游树立了自身的品牌，国际公司、企业和赞助商也会迫切寻求与我国的合作，实现双赢。国外游客的评价往往具有强大的集群效应。每一批游客的好评都会吸引更多的游客到访我国。需要注意的是，本课题所建立的话语体系并非是要每个国外游客到我国冰雪旅游，而是要在国际上树立我国冰雪旅游话语的良好形象。在我国大力实施中国文化走出去的背景下，我们不仅要关注中国文化走出去，还有关注中国文化走进去，让世界了解中国。目前，中国武术话语、戏曲话语、中医药话语等中国特色话语的国际化传播进展得如火如荼。作为中国特色话语体系的一部分，我国冰雪旅游话语也不能仅仅停留在宣传层面，而要通过国内与国外合作，关注受众感知。最后，扩大受众群体，让更多的人享受到我国冰雪旅游的优质成果。冰雪旅游固然是一项旅游活动，但是其受众却可以不仅仅是寻求娱乐的游客。冰雪旅游是融合冰雪体育、冰雪竞技、冰雪教育、冰雪文化等多方面于一体的综合性活动。我国已经发出了“带动3亿人参与冰雪运动”的号召，国外受众同样有冰雪体育、冰雪文化、冰雪竞技等方面的需求。我国冰雪旅游的各个景区既是游客的娱乐性场所，也具有重要的文化教育意义，也是冰雪体育专业人员训练和比赛的优选场地，更是各类国际冰雪赛事举办的重要选址。

三、学术价值、应用价值及社会影响和效益

（一）学术价值

已有研究致力于建构的话语体系有中国特色对外话语体系（吴赟，2020）、中国法治话语体系（顾培东，2012）、当代中国学术话语体系（吴晓明，2011）、中国武术文化话语体系（梅继伟，2013），而大多冰雪旅游研究人员疏忽了理论的指导和话语体系的建构。本课题聚焦的冰雪旅游传播话语，是中国特色话语体系的一部分，因而具有

较强学术价值。

（二）应用价值

（1）优化我国冰雪旅游国际化传播话语机制，为国家和地方旅游部门冰雪旅游政策的制定提供参考建议。

（2）冰雪文化是我国优秀文化的一部分，冰雪旅游传播话语体系的建构可与我国已有对外话语、武术话语、学术话语、法治话语等其他话语体系互相补充、互相借鉴，从而助力中国文化走出去和走进去。

（三）社会影响和效益

本课题报告在学术会议宣读，并听取了相关专家的意见。研究报告中探讨了官方组织、游客、运营者的旅游话语，并提出了相关的对策。课题组拟把相关对策递交相关部门，以期推动我国冰雪旅游话语的有效对外传播。

世界级旅游景区视域下语言景观建设研究

负 责 人：李 悦
依托单位：沈阳师范大学
起止时间：2021 年 4 月—2021 年 10 月

一、研究的目的和意义

（一）研究目的

通过对世界级旅游景区中的语言景观的文献研究与实证调研，探析目前国内世界级旅游景区语言景观的现状及存在的主要问题，有针对性地提出解决问题的建议和可操作性对策，以提升我国世界级旅游景区语言景观的建设乃至旅游景区的整体建设，促进中国文化旅游的传播与推广，助力文化强国。

（二）研究意义

（1）为提升我国旅游和文化产业发展实力，促进世界级旅游景区语言资源开发和语言景观建设，扩大国际市场影响的战略选择提供理论依据。

（2）在实证性研究的基础上提出对问题有效的解决策略，为提升世界级旅游景区的整体文化内涵，彰显世界级旅游景区蕴含的信息沟通价值、历史文化价值以及社会经济价值，提供可行性的实践指导。

二、主要内容、重要观点、对策建议

（一）主要内容

1. 相关概念释义

本课题中的世界级旅游景区的语言景观特指出现在世界级旅游景区的路牌、景区导览、景点介绍、警示标牌、商铺招牌上的语言构成的语言景观。世界级旅游景区语言景观的主要功能包括信息功能和象征功能。

2. 关于国内外游客总体满意度的问卷调查结果分析

问卷调查内容包括：国内外游客使用语言景观的基本情况，国内外游客对于语言景观的满意度，国内外游客对景区语言景观模态的喜爱偏好，国内外世界级旅游景区语言景观对比，对景区语言景观的期许。调查显示，近年来我国世界级旅游景区语言景观建设业绩斐然，但也存在一些有待改进的问题。

3. 关于国内语言景观现状的实地调查

对北京故宫博物院、沈阳故宫博物院、杭州西湖、苏州园林等具有代表性的国内世界级旅游景区调研的内容包括：语言景观的外观，语言景观的功能，语言景观的文化传承，语言景观中的语码数量、语码组合类型、优势语码与弱势语码、规范程度，语言景观模态统计等。数据资料显示，我国世界级旅游景区语言景观总体上建设规范、有序，成果突出，且基本符合我国国情和相关法律法规等政策。但也仍存在一些亟待解决的问题。

4. 世界级旅游景区语言景观建设对策思考〔详见（三）〕

（二）重要观点

（1）建设和完善世界级旅游景区语言景观，构建美好和谐的旅游文化生态环境，可以提升中国国际形象，形成与国家、地方经济实力和发展成就相适应的软实力，助力文化强国。

（2）必须将文化融入语言景观之中，润物无声地营造文化氛围，展现社会文化内涵，有效传递民族文化。

（3）制定和完善相关语言政策，完善语言景观中标志的国家标准，可以有效避免语言景观中出现的语言不规范现象。

（4）通过数字技术赋能语言景观，构建多元化智慧语言服务平台，加强其服务能力、生态活力，提升语言景观与群体互动程度，最终形成动态变化的、游客趋向性的语言景观建设体系。

（三）对策建议

1. 进一步加强和完善语言景观相关法律法规建设

（1）进一步完善我国语言政策等国家级法律法规

语言是语言景观的重要组成部分，因此一定要使语言景观中的语言规范、合理。制定和完善相关语言政策可以有效避免语言景观中出现语言的不规范现象。《中华人民共和国宪法》和《中华人民共和国国家通用语言文字法》的相关法条确定并保障了汉语、规范汉字在语言景观中不容撼动的主体地位。然而，在世界级旅游景区一些语言景观中，有单独使用汉语以外的其他语言作为商铺招牌的语言景观，也有使用双语语码时，凸显英文或少数民族语言作为强势语码的语言景观存在。我国当前的语言法属于柔性法，不具有强制的法律效力，对于违反者，采用“责令改正，拒不改正的，予以警告，并督促其限期改正”的措施，难免会出现无视法律或执行力度不足的情况。在这方面，外国一些地区的语言政策和做法或许值得我们借鉴，比如，加拿大魁北克省为强化语言保护力度，于1977年通过了《法语宪章》，即魁北克101法案，法案共计214条法条，有关法语地位的条款就多达98条。法案还同时规定了制裁措施。最终，该法案的施行使魁北克省语言管理成效显著。建议我国适当补充、细化语言政策的内涵和外延，并考虑适当加强针对违反者的惩戒措施，以加强和严肃语言景观中的语言管理。

（2）号召和责成地方政府出台相应的语言法律法规政策

国家法律法规的出台，需要地方政府通过出台相应的政策加以强化和细化。如北京市人民代表大会常务委员会于2003年颁布了《北京市实施〈中华人民共和国国家通用语言文字法〉若干规定》，拉萨市人民政府于1997年发布了《拉萨市户外广告、标语牌设置管理办法》，并于2012年进一步制定了《拉萨市户外广告牌匾标识设置管理办法》，这些政策的出台有利于该地区语言景观的规范设立，且成效显著。因此呼吁国内各省区市地方政府均出台适合本地的语言法律法规政策，使之成为国家语言法律法规政策有效实行的有力保障。

（3）完善语言景观中标识图的国家标准

与语言景观相关的国家标准包括《公共服务领域英文译写规范》和《公共信息图形符号 第1部分：通用符号》。这两部标准给出了英文译写与图形设立的原则、方法和要求，提供了常用的数千条规范译文与标志样例。其中《译写规范》最后的修订时

间为 2017 年，目前能够提供几乎所有类别及景区可能需要展示信息的译写示例。而《公共信息图形符号 第 1 部分：通用符号》的修订时间为 2012 年，所提供的 116 个相关图形符号，已经不能完全满足景区中需要设立的多种符号标牌，尤其是有关警示性的标志符号远远不足。应当遵从客观需要和游客的认知规律，进一步修订、增加和完善公共信息符号国家标准中的图形符号示例，特别是必须将一些常用的、提示游客安全风险的警示性图形符号纳入国家标准中来，帮助国内外游客迅速认知。国内所有景区的语言景观约定俗成地使用统一规划的图形，实现国内世界级旅游景区所设立语言景观的译写和图形的统一、规范，势在必行。

2. 合力加强景区语言景观规范性的监督管理

（1）国家有关部门在加强相关立法工作的同时，依法审核、监督各地方政府相关部门的工作，要求地方政府在景区建设之初、建设完成之后，对景区的语言景观是否符合规范进行持续的督查和指导。

（2）各级地方政府相关部门严格履行对语言景观的验收监督职能。目前有多个省份相继制定并出台了有关公共服务领域语言使用以及外语图形翻译等地方参考、标准和规范等，并在举办大型国际会议或赛事前对城市公共服务领域语言景观进行大规模的排查和整治，收效显著。因此要鼓励、引导各级地方政府形成监督管理的长效机制。

（3）组织游客参与监督语言景观建设。在大部分景区工作超负荷运行的情况下，发动游客在游览的同时，关注景区建设，查找标牌中难以发现的细微问题，实属完善语言景观的可行之策。建议国内世界级旅游景区可以在今后开发出“纠错小程序”，鼓励游客在游览时发现语言错误或语言景观老旧磨损等问题后，拍照上传给官方小程序，景区给予贡献大的游客以纪念品等物质奖励，相信这种做法可以进一步促进景区语言景观的规范化，并增进景区与游客的互动，增添游客的游览乐趣。

3. 开发语言的艺术形式和潜在内涵以加强文化融入

（1）结合文化背景有选择地开发书法艺术字体的语言景观

目前，景区语言景观文字多是印刷体语言景观。建议在保证语言景观信息功能的同时，从文化背景内涵出发，适当考虑在景区采用各色书法艺术字体，制作部分景区内的语言景观。如：北京故宫的各大展馆采用书法字体制作的木质语言景观；杭州西湖的苏堤景点中设置的美观的书法字体语言景观，这些语言景观本身所蕴含的中华民族特有的古典艺术风韵，使中外游客在享受美的同时，也体验中华传统文化的魅力。

（2）通过直译、意译结合翻译景点名称的方式将中国文化传递给外国游客

将景点名称的文化内涵、背景展示、传递给外国游客，不但能够帮助游客理解中

文的语言魅力，也可以使他们领略我国的历史文化。一般来说，景区的景点名称由“专名”和“通名”两部分构成。“专名”是指景点区别于其他同类地点的专有名称，“通名”是指景点的实质类别。如景点“名石轩”的专名为“名石”，通名为“轩”。目前大多数景区都将景点的通名意译出来，但专名却有的直译（译为拼音），有的意译（翻译意思）。如“名石轩”被译为“Famous Stone Garden”而翠雨厅被译为“Cuiyu Hall”。为了既传递出景点的意境，又使外国游客能够了解中文的发音，方便其学习中文，可以将景点名称采用直译、意译结合的方式翻译。北京故宫中的许多景点就采取了这样的做法，如“武英殿”被译为 Hall of Martial Valour（Wuying dian）。还有西湖风景区景点“花港观鱼”译为“Huagangguanyu，Viewing fish at flower pool”，这种译法可以使外国游客既对中文发音有了一定认知，又理解到名称背后的文化内涵，应该借鉴和推广。

4. 大力发展多模态多功能语言景观

（1）建立和普及多模态语言景观

一是进一步增加文字 + 图片模态类别语言景观。从问卷结果来看，文字 + 图片模态以其短、平、快的特点博得大多数游客的喜欢。受访游客表示，这种模态方式生动、简捷、方便，可以节省扫码、查看音频或视频语言景观的时间，是他们景区旅游的首选。因此，有必要大量增加文字 + 图片类语言景观。

二是推广音视频语言景观建设。与文字 + 图片模态相比较，扫码观看的音视频语言景观虽然略占时间，但可以给予游客更多的选择，方便游客进一步了解相关信息，特别是能够提供服务给视力障碍的特殊游客。多种语言的音频语言景观还可以方便外国游客聆听本国语言的景观介绍。同时，音视频语言景观可以节省语言景观占用的空间，避免对景区原始环境的干扰或破坏。因此，景区在增加文字 + 图片模态类别语言景观的同时，也要加大推广、普及音视频语言景观建设力度。

三是打造其他多模态结合的多功能语言景观。世界级旅游景区要着力打造多模态结合的多功能语言景观，灵活组合各类模态的语言景观，并充分利用数字技术不断增加语言景观的模态，将其混搭为如电子语言景观、互动屏语言景观等最佳组合。应当根据景区特点和游客需要，最终形成动态变化的、游客趋向性的语言景观建设体系。

（2）完善多模态语言景观的建设需要注意的问题

首先，许多音频、视频语言景观需要游客通过扫码方式获取信息，可能涉及个人信息泄露的风险，因而设计及使用方要关注保障游客个人信息安全。其次，在开发扫码链接式语言景观时要注意相关小程序的稳定性、流畅性和简便性，避免游客因为程

序烦琐放弃使用语言服务的情况。最后，从游客群体实际出发，针对不同受众，建立并完善各模态语言景观。“我们的主张是从需求侧入手，从人民群众对全面小康时代的旅游度假的新需求出发”，提供人性化服务，增强游客体验是景区服务的宗旨。景区语言景观的受众是游客，因此必须从游客需求入手，基于他们对旅游信息获取便捷、沟通无障碍的语言需求，及其体验在地性文化生态以形成独特旅游体验的消费需求，构建多模态语言景观。

5. 通过数字赋能语言景观构建智慧语言服务平台

根据文化和旅游部、国家发展改革委等十部门联合印发的《关于深化“互联网＋旅游”推动旅游业高质量发展的意见》及文化和旅游部出台的《关于推动数字文化产业高质量发展的意见》，世界级旅游景区应当通过数字技术赋能语言景观，建设触摸电子屏幕、投影动画互动、虚拟现实等形式的语言景观，并使其与景区同期开发的多语门户网站、旅游应用 App、微信小程序，以及文创产品及旅游产品营销平台等链接，使游客在了解景点信息的同时，可以通过扫码、语音互动或触屏方式，进入景区一系列的智慧平台，从而扩展游客的体验空间，延伸景区的品牌的宣传半径，最终助力景区基础设施建设与发展。在这方面，北京故宫等景区做出了有益的尝试和表率。值得指出的是，在全球新冠肺炎疫情蔓延危及人类健康的情势下，充分利用景区语言景观的智慧平台，还可以避免传统导游解说等使游人聚集引发的潜在危险因素，帮助游客高质量地顺利完成游览。

三、学术价值、应用价值及社会影响和效益

（一）学术价值和应用价值

国内目前关于景区语言景观研究的文献较少，且多为针对某一个旅游景区的语言景观展开的量化调查研究。本研究选择不同地域、不同类型的多个有代表性的世界级旅游景区的语言景观作为研究对象，使研究成果更具有普遍意义和实证性。

本课题注重交叉学科整合，着力使旅游、语言、历史等各相关学科在世界级旅游景区语言景观建设和理论建构中相得益彰。

本课题深入分析世界级旅游景区语言景观的现状及存在的主要问题，提出具体对策，为我国世界级旅游景区的语言景观建设和完善提供理论依据和实践指导。

（二）社会影响和效益

本课题在问卷调查、访谈及实地调研考察过程中接触了几百名中外游客，采访了诸多景区工作人员，能够激发受众对语言景观作用的感知与探索，产生了一定社会影响。本课题已初步形成相关论文，调研所得的问卷数据资料、语言景观影像数据有助于后续的科学研究以及论文等学术成果的产出。

双循环背景下数字文化产业高质量发展特征及路径研究

负 责 人：孙乾坤
依托单位：北京第二外国语学院
起止时间：2021 年 4 月—2021 年 10 月

一、研究的目的和意义

（一）研究目的

近年来，随着数字经济的发展，我国文化产业进入全面转型阶段，数字技术在文化领域逐步渗透，尤其在新冠肺炎疫情期间，数字文化产业异军突起、逆势上扬，在疫情防控和经济社会发展中发挥了积极作用。数字文化产业的互动性、体验性和趣味性极大地满足了人民群众对文化生活的需求，使得数字文化产业规模持续壮大，已成为文化产业发展的重点领域。2020 年 9 月，习近平总书记指出，要顺应数字产业化和产业数字化发展趋势，加快发展新型文化业态，改造提升传统文化业态，提高质量效益和核心竞争力。基于此，文化和旅游部进一步研究制定了《关于推动数字文化产业高质量发展的意见》，提出要推动线上线下融合，扩大优质数字文化产品供给，促进文化和旅游融合，促进消费升级，积极融入以国内大循环为主体、国内国际双循环相互促进的新发展格局。可见，数字文化产业作为构建“国内国际双循环”的助推器，为我国文化产业的高质量发展提供了重要动力，已引起国家和政府的重点关注。然而，伴随数字文化产业的纵深发展和国际竞争的日益加剧，我国数字文化产业还面临着创新能力不足、政策监管效率偏低、文化资源的数字化程度不高等一系列问题，对我国数字文化产业的高质量发展产生了一定影响。

（二）研究意义

本课题将基于当前我国数字文化产业的总体发展历程和基本趋势，结合我国数字文化产业发展面临的机遇和挑战，着重探讨双循环和常态化疫情防控双重背景下我国数字文化产业高质量发展的特征及其路径，一方面可为政府客观认识我国数字文化产业高质量发展所取得的成就、地位和问题提供重要思路与借鉴，另一方面也将为我国完善数字文化产业的高质量发展环境，增强数字文化产业的国际竞争力，推进数字文化产业和文化建设的有效衔接提供决策参考和智力支持，有着重要的政策意义。

二、主要内容、重要观点、对策建议

（一）主要内容

数字文化产业作为构建“国内国际双循环”的助推器，为我国文化产业高质量发展提供了重要动力。本课题基于数字文化产业高质量发展的相关文献和理论分析，对我国数字文化产业的发展状况进行了系统梳理，并基于双循环和常态化疫情防控的双重背景，探究了我国数字文化产业高质量发展的主要特征，归纳了当前我国数字文化产业高质量发展面临的主要机遇，全面总结了双循环背景下我国数字文化产业高质量发展存在的问题及挑战，同时选取了美国和英国作为典型国外案例分析了发达国家数字文化产业发展经验给我国的启示，最后，基于以上内容，提出了我国数字文化产业高质量发展的路径建议。

（二）重要观点

（1）注重数字文化内容原创，扩大高品质的数字文化产品与服务供给。

（2）加大对核心数字技术的研发投入，联合攻关制约数字文化产业发展的前沿技术。

（3）提高政策监管力度，及时加强对新兴文化业态的动态监管。

（4）促进文化资源与数字技术的融合发展，优化数字文化产业链条。

（5）构建多元化资金支持体系，加大对中小微数字文化企业融资的优惠力度。

（6）加快对数字文化产品的知识产权保护制度建设。

（7）推动数字文化产业的跨区域联动协同发展，促进共同富裕。

（三）对策建议

数字化是文化产业当前和未来的重要发展方向，推动我国数字文化产业的高质量发展，不仅有利于深化文化产业的供给侧结构性改革，还能够扩大优质数字文化产品供给，激发文化消费潜力，促进文化产业更好地融入国内国际双循环的新发展格局中。鉴于这一问题的重要性，本部分内容将基于前述研究中对数字文化产业高质量发展的理论基础、特征、机遇、问题及国外经验的探讨，从多个视角有针对性地提出双循环和常态化疫情防控背景下我国数字文化产业高质量发展的方案路径和建议。

1. 注重数字文化内容原创，扩大高品质的数字文化产品与服务供给

内容的优化精进和创造创新是数字文化产业高质量发展的关键。我国应充分利用数字技术对文化资源进行深度开发，对数字文化内容进行多视角、新思维、深层次的挖掘，提升内容的原创性和新颖性，引导和培育数字文化精品内容的生产。提高动漫游戏、数字音乐、网络视频、数字新闻、数字艺术、沉浸式体验等数字文化新业态的文化品位和市场价值，让数字文化内容以更新颖、更多元化的方式呈现给受众。同时，应注重把握高质量数字文化内容创作的发展方向，将不同的文化品牌和文化价值符号进行创造性叠加，将中华优秀传统文化与数字文化产品有机结合，鼓励围绕非物质文化遗产进行数字文化产品创作，支持优质中长视频内容生产。扩大高品质的数字文化旅游产品和服务供给，如 VR 科技与博物馆的有效结合，将博物馆中文物蕴含的历史故事完整地展现出来。另外，还应增强数字文化产品供给的实效性，从供给端对数字文化产品和服务进行提质和扩容，进而构建高质量的数字文化产品生产体系。

2. 加大对核心技术的研发投入，联合攻关制约数字文化产业发展的前沿技术

文化产业的数字化离不开数字技术的强力支撑。然而，当前我国在部分核心技术产品的应用上仍然受制于发达国家，依赖从发达国家的进口。切实实现这些关键核心技术的突破已成为我国高质量发展数字文化产业的当务之急。我国应进一步加大对核心数字技术研发的资金投入，加强核心技术和原创技术储备，完善数字文化产业创新体系建设，重点推进数字化领域基础技术和共性技术的研发（黄永林，2021）。集中相关高校、企业和科研机构的人力、物力和财力，力争尽早攻克 5G 发展所需模拟芯片和射频芯片技术的制约。激励数字文化企业在虚拟现实、全息成像、裸眼三维图形显示（裸眼 3D）、交互娱乐引擎开发、文化资源数字化处理、互动影视等发展数字文化产业的核心技术上取得深层次突破，以开拓全新的消费领域、文化业态和商业模式。同时，

我国还应在推动数字技术与文化产业其他技术交叉融合基础上，以市场为导向，联合攻关制约我国数字文化产业发展的前沿技术，在数字文化产业的重点领域和关键环节形成更多具有自主知识产权的创新技术，抢占数字文化产业发展的制高点，增强数字文化产业的核心竞争力，推动国内大循环。

3. 提高政策监管力度，及时加强对新兴文化业态的动态监管

新冠肺炎疫情发生以来，数字文化产业迎来了产品用户、产品业态和产品需求的大规模增长，面对快速发展的行业市场，合理高效的市场监管政策尤为必要。对于传统产业来讲，政府往往需要出台能够稳定执行较长一段时间的监管措施或相关法规以保障其正常运行，然而对于数字文化产业来说，其平台规模和数据交易量都很大，且随着疫情防控和国内外形势的不断变化，监管对象和监管环境也在发生快速变化，从而增大了监管难度。因而，一方面，政府应提高对数字文化产业的政策监管力度，在鼓励数字文化产业快速发展的同时，将其可能带来的风险纳入政府可控范围，应重点关注网络直播、短视频、网络游戏、电子竞技等青少年群体广泛参与且可能会影响青少年价值观的数字文化业态。另一方面，对于数字文化产业领域新兴文化业态的监管政策，无须寻求长期稳定，可以紧随新兴数字文化业态的产生及时出台并迭代升级，也无须寻求普遍适用，可以尝试一事一议或一个数据平台一种监管策略，做到规范合理地动态监管，具体问题具体对待，从而解决快速发展的新兴数字文化业态与市场监管的及时性不相匹配的问题。

4. 促进文化资源与数字技术的融合发展，优化数字文化产业链条

数字技术的应用可突破文化资源的形态和空间局限，使文化资源得以更好地展现和传播，从当前国内外形势来看，数字化无疑将是文化产业的重点发展方向。在国内国际双循环的新发展格局下，要提升文化产业的质量效益和核心竞争力，理应进一步提高文化产业的技术含量。一方面，应借助数字技术加速实现文化资源的创造性转化和发展，深度挖掘文化资源的潜在价值，促进文化资源与数字技术的融合，提高文化资源的数字化程度。我国地缘辽阔、资源丰富，既有大量的自然和人文景观遗迹，又有诸多的非物质文化遗产，且各地还分布着不同类别的博物馆、艺术馆、文化馆等，这些传统的文化资源有巨大价值，可加强数字技术在这些传统文化资源上的运用，借助数字技术为受众形成新的视觉体验，增大受众福利，如故宫博物院推出的“数字故宫”“数字文物”等系列数字文化产品，即是值得借鉴的文化资产数字化应用的典型案例。另一方面，应在文化资源数字化的基础上优化数字文化产业链条，改善上下游企业生存环境，驱动多元合作，提高数字文化全产业链的整体运行效率，增强数字文化

产业链条的稳定性和抗风险能力，完善数字文化产业链条断裂的应急预案，从而促进数字文化产业链竞争力的提升。

5. 构建多元化资金支持体系，加大对中小微数字文化企业融资的优惠力度

我国的数字文化产业融资渠道较为单一，市场化资金难以介入，多依赖自有资金和非盈利资金。为规避因资金短缺给数字文化产业带来的风险，我国可构建多元化的资金支持体系，一是加大财政投入。设立文化产业发展专项资金，其中专项资金要突出扶持重点，避免过于偏重大型文化企业和竞争性文化企业，可侧重扶持和培育数字文化企业内容原创项目、数字文化企业开放共享项目等。二是加强银行、保险、政策性担保、地方股权交易中心等多部门的合作协同。构建集数字文化投融资服务、数字文化产权交易、数字文化综合配套服务等为一体的专业化综合性服务平台，激发民间资本或企业投资，创新数字文化资产投资方式，打造文化金融融合的新高地。三是加大对中小微数字文化企业的信贷支持力度，出台税收优惠政策。对于重点扶持的数字文化产业项目，可适当提高信贷额度，给予利率优惠，对于小型微利的数字文化企业，可适度地减免企业所得税。

6. 加快数字文化产品的知识产权保护制度建设

建立有效的数字文化知识产权保护体系，是数字文化产业高质量发展的必要条件。因而，我国应进一步加快对数字文化产品的知识产权保护制度建设，完善数字文化行业的知识产权管理体系，加大数字文化市场保护知识产权的执法力度，将知识产权保护作为建设数字文化产业创新生态体系的重要环节。同时，应注重数字技术、文化产业、知识产权保护三者的融合发展，推动区块链技术在知识产权审查和保护领域的应用。鼓励各地互联网市场协会建立数字文化知识产权保护工作站，为企业提供知识产权保护方面的讲座或培训以及与知识产权相关的资讯、培训、维权援助、纠纷调解、解疑等方面的服务。另外，互联网+版权已经成为互联网产业发展的重要模式，我国还应进一步加强对数字文化产业的版权保护，突出版权保护重点，拓展保护范围。

7. 推动数字文化产业的跨区域联动协同发展，促进共同富裕

受宏观经济、技术基础、产业发展等方面因素影响，我国数字文化产业发展水平在不同城市和城乡之间呈现较大差异，存在区域发展不均衡的现象。如东部地区的数字文化产业发展水平普遍高于中西部地区，城市地区的数字文化产业发展水平普遍高于乡村地区。而中西部地区和很多乡村地区又有着丰富的文化资源，有待运用数字技术对这些资源进行深度开发。因而，应着力推进数字文化产业的跨区域联动协同发展，全面落实国家的区域协调发展战略和乡村振兴战略，并制定相关优惠扶持政策加速中西部省份和乡村地区的特色文化产业数字化进程，使各地的数字文化产业形成优势互补、联动发展的新格局，在高质量发展中促进共同富裕。

三、学术价值、应用价值及社会影响和效益

（一）学术价值

基于我国提出的双循环发展背景，系统且深入地探究了我国数字文化产业高质量发展的现状、特征、机遇、问题和路径建议，是对以往文献的进一步拓展，具有重要的学术价值。

（二）应用价值

为政府和企业客观认识我国数字文化产业在高质量发展过程中取得的成就、存在的问题提供重要思路与借鉴，同时为我国优化数字文化产业的发展环境，增强数字文化产业的国际竞争力，推进数字文化产业更好地融入国内国际双循环的新发展格局提供决策参考和智力支持，具有重要的应用价值。

（三）社会影响和效益

课题详细分析了我国数字文化产业高质量发展的现状、特征、机遇和存在问题，并有针对性地提出了解决方案，最终成果提交中国旅游研究院，对数字文化行业具有一定的指导意义。

文化资源向文化创意产业转化模式与机制研究

负 责 人：王　军
依托单位：武汉理工大学
起止时间：2021 年 4 月—2021 年 10 月

一、研究的目的和意义

（一）研究目的

中国是文化大国，以文化而立，因文化而兴，也将依文化而强。实现新时代中国高质量发展必须把握文化业高质量发展方向，牢牢抓住发展文化创意产业这条主线，将我国丰富文化资源进行高质量利用与转化是现阶段文化产业改革的战略方向和战略重点。

（二）研究意义

课题充分运用创意设计原理、文化产业价值链理论、产业增长理论等方法，以创意设计对文化资源高效转化机制为研究目的，既是新时期对文化产业发展的运行机制理论继承式研究，也是结合我国创意设计产业发展路径的“策论”性研究。

二、主要内容、重要观点、对策建议

（一）主要内容

课题以文化资源向文化创意产业高质量转换为研究对象，通过理论梳理及典型国家和地区文化资源对文化创意产业影响比对，针对目前产业化转化运行效能与水平进行研判，提出转化效能提升的模式机制政策建议。

报告分为以下三个部分：

1. 理论梳理及典型国家实践认知研究

首先，对研究的理论基础进行梳理与分析。主要从理论角度对词源的演化规律、文化资源与文化创意产业的内涵特征等方面进行探究；从文化产业分类角度对现今文化资源与创意产业定义与分类进行梳理，确定研究细分领域与价值特征。采用信息情报领域专业手段，对理论研究领域中资源与产业视角下转化的模式与机制的相关研究成果进行大数据分析，并生成理论界研究不同时期的演化更迭和引证关系等信息，通过可视化方式生成直观的知识图谱。其次，对典型国家和地区发展经验比对。依据全球主要经济体、区域代表性国家、产业发展程度高、具有借鉴价值为标准，选取美国、英国、日本和韩国四个国家为分析对象，从科技与版权、人才与创意、政策与文化驱动三个核心竞争力角度，分析各国形成原因、演化规律、政策扶持等内容，研判文化资源向文创产业转化的发展趋势，总结我国在产业转化中可借鉴的经验启示。

2. 我国文化资源与创意设计产业发展现状及转化效能评价

首先，对我国文化资源及文化创意产业发展现状进行调查及特征分析。研究发现，从规模上看，我国文化创意产业发展规模大，增长势头稳，位居世界前列；从结构上看，重点地区主导的“833”结构形成，产业拓展空间大；从布局来看，呈现“三梯阶，多倍差”格局，断层状态显著。研究认为，以重点地区主导的八大主导行业、三大优势领域和五大高效益产业成为我国产业重要构成，出现“三梯阶，多倍差”断层特征，文化创意产业聚集化特征明显，高层级企业及组织数量稳步上升。但也存在文化资源被过度利用、不当利用、转化质量与效率不高等问题突出，形成有条件“文化资源诅咒”现象，导致产业发展动能受限。其次，对转化的运行效能及水平进行研判。在分析和借鉴国内外文化产业转化效能测度方法后，设计文化资源丰裕度和文化创意产业成熟度两个维度，作为科学评价文化资源向文化创意产业转化协同效能的重要基础，将我国创意产业五大重点地区与七大分区相结合，通过文化资源拥有量占比、文化资源品级划分、文化资源转化程度、产业发展规模、政府支持力度以及环境支撑六个二级层级构建文化资源向文化创意产业转化协同效能评价指标体系，对 31 个省级行政区进行实证研究。研究发现，我国创意设计产业体系初步形成，聚集效应日益显著，新兴领域亮点突出，高等级企业及组织成长快速等优势。同时，也存在我国文化资源向创意设计产业未完成从要素驱动向创新驱动的转换，产业链、价值链嵌入“低端”

固化位置，导致产业层级低端等问题。研究认为，导致发展问题与现实困境原因复杂，课题组认为主要存在以下三个方面：一是创意设计业“独角兽”“瞪羚”型企业数量缺乏，导致“产业高度不高、企业厚度不厚”；二是地区文化创意产业发展不平衡问题持续加大，细分行业企业特色不鲜明；三是地域文化缺乏体系性策划等。

3. 文化资源向产业转化效能提升的模式与机制政策建议

文化资源向产业转化效能提升建议，要以文化创意产业发展以社会效益与经济效益相统一为原则，丰富扩大优质文化产品供给，顺应数字产业化和产业数字化发展趋势为目标，改造提升创意设计、工艺美术等传统文化业态，培育创意设计、数字艺术、沉浸式体验等新业态建设，优化文化资源向文化产业机制效能，持续引导和扩大文化消费。

政策设计思路是针对要素短板、环境劣势设计螺旋上升、线性发展、跨越突破发展模式与机制；基于从细分行业特性、细分优势设计互补性发展、共生性发展、独立性发展和错位化发展等模式与机制，并建立企业—政府—科研院所的多主体协同，人才培养—学科推动—文化引导的多手段协同，体制—政策—设施多环境支撑的文化创意产业转化机制。

基于设计思路，提出文化资源向产业转化的“双链提升”（创新链、价值链）发展策略，一是将传统文化资源通过数字技术、创意设计、品牌等发展要素拓展资源价值，提高文化创意产品供给质量，提升创意设计“创新链”；二是通过创意设计产业与关联产业融合，将创意设计嵌入产业“价值链”高端等发展思路。实现在局部领域全球价值链的高端嵌入，引导融合与推进创新，以文化事业和文化产业并进方式推动文化产业创新链和价值链的整体攀升等建议，推动我国由文化大国向文化强国迈进，为实现中国高质量发展奠定坚实的基础。

（二）重要观点

（1）文化资源存在有条件“资源诅咒”现象；

（2）创意设计产业存在低端化特征；

（3）文化资源通过数字技术、创意设计、品牌建立提升设计“创新链”；

（4）文化创意产业与关联产业融合发展提升“价值链”，破除产业低端锁定；

（5）形成交融协同模式与机制是文化资源向创意产业转化是否落地的关键。

（三）对策建议

形成文化资源诅咒与创意设计产业低端化发展困境的原因较为复杂，既有整体景气程度不高、竞争程度加剧等外部环境因素，也有成本要素上升、区域环境支撑不足等内部因素，还存在企业家短期经营主义、创新能力与意识不足等微观因素，针对主要问题，研究提出以下四点对策建议。

1. 制定实施“外引头部，内培地标”文化创意设计企业培育战略，建立“有高度、有厚度”的本土企业梯队体系和融合模式与机制

企业发展是产业发展的主体和核心，文化企业对政策引导依赖性大，对本土文化资源开发与转化最终要依靠本地企业，针对企业培育必须推进“引培共举”思路，特别是在经济欠发达或发展中地区，招商引资往往是地方政府的重要工作甚至是“一号”工程，对区域发展起到积极作用。但是，引进支柱型企业的同时，还应引进文化创意设计领域的配套专业企业和有针对性地对本土文化资源开发与创意设计服务能力的互补性技术。需求迫切的“焦点、难点、痛点”问题领域，制定引导措施来调动地方政府主动性（在地方招商引资政策中增加文化资源转化龙头企业引入配套条款，并将本土企业数量、规模、创新等指标作为决策主体考核指标）。可以通过实施“抓大扶小”战略，引进一批“王牌军”，壮大一批“主力军”，培育一批“生力军”，扶持一批“预备军”，形成“集团军”梯度企业构成体系。优先发展龙头企业跨区域创办分支企业的“王牌军”，引导构建“大配中，中帮小，小助大”的“集团军”协同模式与融通机制，通过鼓励头部企业加大文化创意设计研发投入、奖励扶持效果明显企业。“梯次培育、育小促新”，优化提升“生力军”、积极培育“预备军”的创意设计中小微企业，用好中小企业扶持政策，培育专精特优的“隐形冠军”企业。

2. 引导融合，拉长链条，实现文化资源高质量利用，在局部领域文创业的高端嵌入，构建现代设计产业转化模式与体系

一是引导支柱产业与文化创意设计深度融合，创新融合模式机制。促进艺术设计融入产业“创新链”，积极推动“文化＋”“支柱产业＋创意设计”融合模式，建立“捆绑式”共赢机制实现“价值链”提升。鼓励行业龙头企业外包设计服务，支持设计企业与其他行业企业按销售提成、合作生产等创新模式开展形式多元、内容广泛的对接合作，改变文化资源在产品生产中作为“化妆品”的现状，推动设计从注重产品外观，向研发设计、流程设计、服务设计、品牌设计的产品全生命周期设计发展。二是积极推广“互联网＋艺术设计”产业融合模式，发展众创设计、众包设计、定制设计、云

设计、网络协同设计等新型服务模式，瞄准科技发展方向，重点扶持以大数据、人工智能、虚拟现实等为代表的新兴技术与艺术设计融合企业，大力发展智能设计、个性化设计、交互设计和自媒体设计等方向，在全国试点建立一批示范基地和企业进行重点推进，产业实现“创新链”高端嵌入，构建完备现代文化创意设计产业链体系。

3. 激活民生设计需求，推动消费升级，繁荣设计市场和产业环境

一是打造高水平专业设计活动。将“中国好设计”“北京设计周”“上海国际设计周”“广东省长杯”“深圳设计周”等活动打造成为世界有影响力的设计盛会，吸引顶尖设计师、设计企业、设计机构、设计院校参与，通过以我国文化资源传承与创新融入，提升中国在文化创意设计领域知名度与影响力。二是开展针对市民开展能广泛参与的设计主题活动。在学校、社区、图书馆、展览馆、群艺馆、艺术馆、书店公共区域开展设计创意活动，建议在条件成熟艺术园区创建艺术设计作品交易超市、跨界设计创新合作等方式活跃设计市场。三是提高全社会的艺术设计意识。加强政策引导和舆论宣传，在全省开展艺术设计展览、交流等活动，普及艺术设计理念。鼓励高校与科研机构，创办高水准的艺术设计报纸、杂志和网站，讲好“设计故事”。

4. 创新服务理念，制定针对性保障手段，强调政策落实，创造高质的运行机制

坚持科技创新和制度创新“双轮驱动”。一是加强组织领导，统筹推进全国文化创意设计产业发展工作。建立国家、省、市政府文化创意设计工作协调机制，建立全国文化资源与文化创意设计行业运行管理信息化平台，利用信息化、智能化技术打造监控、管理、统计和评估系统，完善国家、省、市三级文化创意设计中心、研究院（所）等评价考核与激励机制。二是加大财政投入和税收扶持。建议有条件地区设立“文化创意设计产业培育专项基金”，用好战略性新兴产业引导基金、服务业发展引导资金，重点扶持全国知名品牌、重大项目、科研院所技术创新、龙头企业发展等方面。实施扶持培育奖励、示范园区及平台建设补助、设计类竞赛和论坛展览资助。三是拓宽融资渠道和加大信贷支持。鼓励银行业等金融机构支持文化创意设计企业发展，以互联网思维、众筹融资服务模式创新为推动，引导各类金融机构开发和推广适应创意设计业发展的个性化金融产品，拓展贷款抵（质）押物的范围，开展无形资产质押和收益权抵（质）押贷款等业务。落实税费优惠政策，对新成立创意设计企业根据企业税收缴纳和同级财力情况给予重点扶持。

三、学术价值、应用价值及社会影响和效益

（一）学术价值、应用价值

课题既是对新形势下产业化发展问题的一个理论继承式研究，也是结合实际所需展开的“策论”性研究，研究价值体现在以下几点：

（1）甄别文化创意设计产业独特产业属性，将产业链理论和方法进行细分与完善，是对创新发展与扩散理论的重要探索与补充。文化创意产业作为特殊产业门类，其发展对国民经济的重要性越来越显现，在产业化进程中既遵循一般国民经济产业发展规律，同时又受其独特特征影响，体现出差异化发展规律，一直以来都是学术界关注的热点和难点，采用量化研究方法的国内成果更是不多，研究普遍存在针对性、系统性、科学性不足等问题。针对这些课题组从文化资源及产业认知规律辨识入手，设计评价指标与体系，以模式与机制角度探索性地从产业关键要素与运行规律对文化资源向文创产业转化效能提升问题展开深度理论研究。

（2）把握文化创意产业发展趋势，立足理论，借鉴典型经验，揭示文化资源转化规律与运行机制，并针对不同文化特征设计产业转化模式，提出相关策略建议。对标国际评价体系与先发国家产业特色与优势，分析其产业发展进程中文化资源向文化资本的转化模式与经验，对我国31个省级行政区的转化效能进行实证分析，为我国文化资源向文化资本转化模式与机制的探索总结宝贵经验。同时充分考虑我国文化创意产业发展的异质性，避免陷入对成功先例做法的路径依赖，提出了提高我国文化资源向文化创意产业转化效能的四点政策性建议。

（二）社会影响和效益

近年来，课题组围绕文化创意产业在艺术类、经管类国内期刊及国际会议发表多篇论文，并形成政策报告两次被省、市政府采用，2021年相关研究获湖北省文旅厅领导批示，博物馆与社会文物处与课题组继续深化研究落地事宜；2020年相关研究成果获得湖北省发展成果二等奖，取得初步成效；创意设计产业发展研究成果获中国技术经济研究会产品专委会授予优秀成果奖；研究成果在第三届产品创新管理国际论坛做主旨发言并获优秀成果一等奖；前期理论与实践成果获得设计企业、研究机构及社会好评，培养的研究生已逐步在各自相关方向发表高水平论文。

国家文化公园内涵与外延研究

负 责 人：李　飞
依托单位：北京联合大学
起止时间：2021 年 4 月—2021 年 10 月

一、研究的目的和意义

文化旅游领域学者对国家文化公园及时研究跟进，从国家文化公园建设和管理角度提出诸多有益观点。目前研究成果尚未深入涉及国家文化公园一系列内涵与外延问题：为什么要提出国家文化公园概念，其内涵是什么？不同逻辑内涵之间如何相互作用、协同演进？国家文化公园的理论源流是什么，它们各自对国家文化公园有何理论贡献？国家文化公园有着怎样的价值意蕴、伦理意蕴和时空意蕴，意蕴之间如何关联？国家文化公园的本质属性是什么，它与相关概念（如国家公园）如何区别？未来国家文化公园是否会建立更广泛的概念体系，其下是否会有若干分类？不同类型国家文化公园的创建路径如何？国家文化公园的外在功能如何表现，这些功能如何服务于中华民族的伟大复兴？

明晰此若干内涵和外延问题是国家文化公园建设、管理、效能发挥的基础，如此才能理解国家文化公园的定名初衷，并为当下建设和后期管理提供学理依据；国家文化公园（体制）也才能真正成为中国文化强国的重要抓手，成为我国向世界输出的大型文化遗产保护与管理新模式。

二、主要内容、重要观点、对策建议

（一）主要内容

1. 国家文化公园内涵研究

国家文化公园由国家、文化和公园 3 个词语组成。国家代表着顶层设计，展示宏观格局（政治内涵）；文化体现了本质属性，强化情感关联（文化内涵）；公园则是权属表达和空间限定，拥有复合功能（组织管理内涵）。在概念解构的基础上，可从以上三方面探究国家文化公园蕴含的深刻内涵。研究路径有两条，即探寻国家文化公园的逻辑脉络和理论源流。

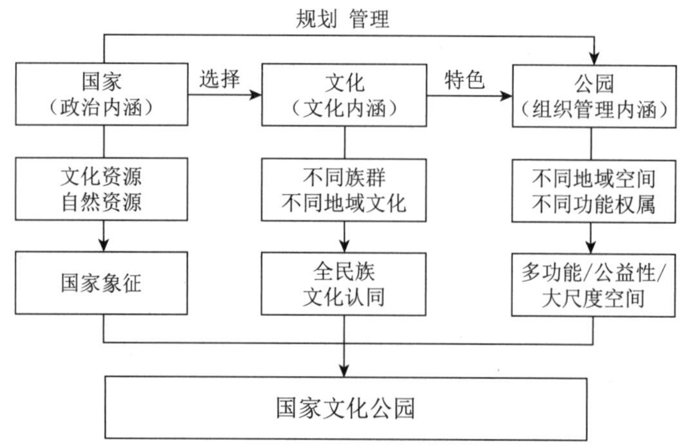

图 1　国家文化公园的逻辑根源与演进

图 1 表示政治、文化和组织管理 3 股逻辑脉络协同演进，在塑造国家象征、促进全民族文化认同、建设多功能、公益性、大尺度线性空间的目标指向下，共同构成了国家文化公园提出的逻辑成因，最终使其概念得以确立，使其内涵得以丰富。

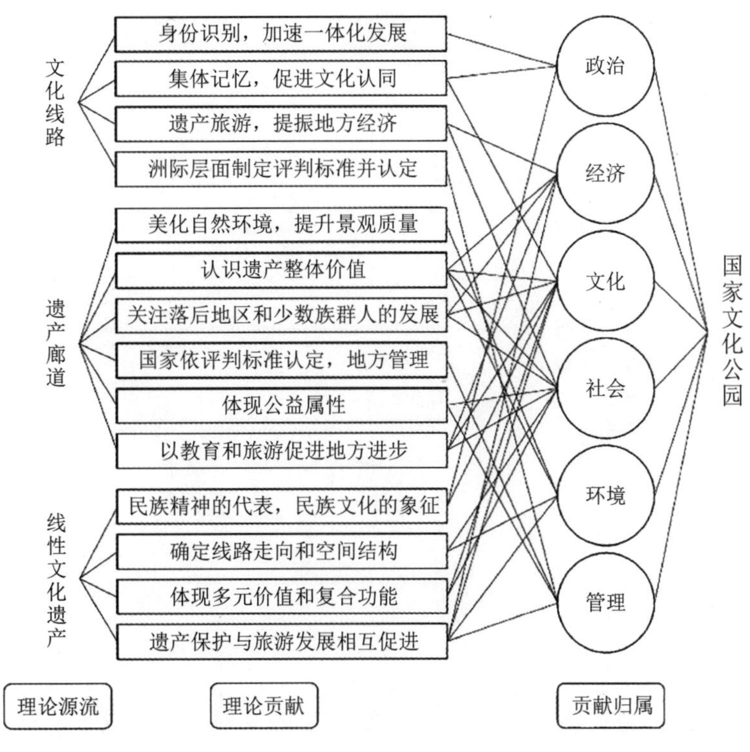

图2　国家文化公园的理论源流与归属

图2表示国家文化公园发端于3条理论源流（文化线路、遗产廊道、线性文化遗产），在建设实践中逐步完善，向普适性的文化遗产保护与管理模式转化。

2. 国家文化公园外延研究

立足中华文化之根基、借鉴西方管理之经验，恰好体现了国家文化公园蕴含的中国智慧和世界情怀。国家文化公园将本土化与世界性相融通，将传统文化与现代文明相联结，将单体遗产和地方性文化纳入拥有统一主题的国家遗产体系之中。这些特征决定了国家文化公园必然拥有强大的外延性，研究路径也有两条，即探讨国家文化公园的多重意蕴和组合功能。

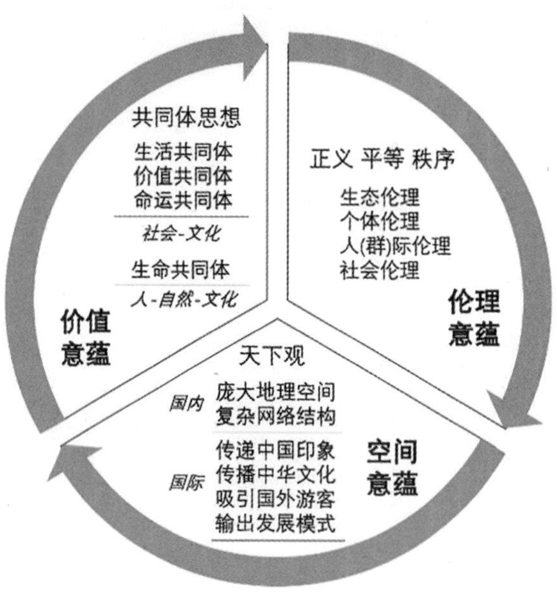

图3 国家文化公园的多重意蕴与组合功能

图3表示国家文化公园所蕴含的"天下观"空间意蕴与"共同体思想"价值意蕴、"正义—平等—秩序"伦理意蕴实现"三位一体"式发展，充分体现了国家文化公园在时间和空间两个维度的外延性。同时，借助生物学种群研究中的功能团理论，对国家文化公园的功能和影响进行研究，研究国家文化公园多重意蕴与组合功能之间的内在机制和转化机制。重点分析在文化强国和民族复兴背景下，国家文化公园的当代功能及其现实影响。

3. 国家文化公园遴选标准

对于国家文化公园的遴选、认定和评价可以参考借鉴联合国教科文组织（UNESCO）《世界文化遗产名录》的六项标准，并将其应用到对我国国家文化公园的价值评价和选择工作中。拟定标准如下：

（1）代表中华文明的一种独特的艺术成就，一种创造性的天才杰作；

（2）能在一定历史时期内或中华文化区域内，对建筑艺术、纪念物艺术、城镇规划或景观设计方面的发展产生过重大影响；

（3）能为一种已消逝的中华文明或文化传统提供一种独特的至少是特殊的见证；

（4）可作为一种建筑或建筑群或景观的杰出范例，展示出我国历史上一个（或几个）重要阶段；

（5）可作为我国传统的人类居住地或使用地的杰出范例，代表一种（或几种）文

化，尤其在不可逆转之变化的影响下变得易于损坏；

（6）与具有特殊普遍意义的历史事件或现行传统或思想信仰或文学艺术作品有直接或实质的联系。

4. 国家文化公园发展创新

张凌云教授认为，国家文化公园应该成为文旅深度融合的示范区，在资源保护的基础上的利用和开发，强化旅游产业功能，通过旅游业传播与传承中华传统文化。国家文化公园的文化场所和文化载体应包括（但不限于）：文化（遗址或考古）博物馆、资料文献和数据中心、研究和研学中心、文化体验中心（体验馆）、文创中心（文创馆、文创产业园区）等。国家文化公园应该成为某一文化的集大成者及研究交流中心。在展陈手段和内容上要有所突破，改变目前枯燥乏味的刻板讲解，实现以下四大转变。

（1）从解读到解说（从学术研究到科普推广）

要把专家学者对科学知识、文化内涵和意义的解释解读转化成人民群众喜闻乐见的科普解说词，形象生动，趣味盎然。

（2）从展示到叙事（从展品解释到系统阐述）

对于某种文化载体（器物、建筑、工程等）不只是孤立地解释展品，而是系统地阐述与之相关的文化知识和文化背景，以国际化视野讲述，并进行文明的比较和互鉴。

（3）从浏览到体验（从走马观花到身临其境）

改变传统的以阅读观看为主的浏览，通过 VR、AR 和 4K+ 等信息技术手段模拟或再现文化场景，旅游者有身临其境和参与其中的现场感，丰富旅游者对文化的深度体验。对于“非物质文化遗产”的展示，不能只是影像资料，要见物（作品）见人（传承人），要能参与可体验。

（4）从追忆到想象（从考古复原到文化创意）

除了复原和复制传统物质文化外，还应该开展包括提炼文化符号和文化 IP 在内的文化创意工作，古为今用，植入时尚元素，赋予传统文化以新生，使中华文化基因得以延续。

5. 国家文化公园开发建设

规划建设是国家文化公园发展的重要环节，也是国家文化公园功能打造与发挥的前提。在目前国家文化公园建设中，基本可以做到规划先行，但存在的问题也较为棘手，这些问题可能在当下建设或将来运行过程中造成发展困境，厘清并纾解这些问题是国家文化公园可持续发展的关键。

首先，国家文化公园规划没有充分做到“统分结合”，即统一规划、统一 IP，细分主题、细分空间。目前规划都是省或市的区段规划，没有从整体上对某一国家文化公园进行统筹协调，由于资源本底的同质化特点，必然造成建设路径雷同、产品呈现相似的情况，同时也容易形成相邻空间内相似产品的非必要竞争。国家文化公园应当在“一盘棋”思想指导下，统一形象，打造超级IP，所有区段应当围绕统一的大主题进行本地化特色挖掘与呈现，使观览者行进于国家文化公园沿线既能感受到无处不在的统一化主题元素和标准化的服务，又能明显察觉出各区段、各空间的独特文化魅力。

其次，功能化建设需有所侧重，并非面面俱到。《长城、大运河、长征国家文化公园建设方案》对国家文化公园的功能和建设内容有明确的表述，对于国家文化公园的功能要求是：实现保护传承利用、文化教育、公共服务、旅游观光、休闲娱乐、科学研究功能。该要求是相对于整体国家文化公园提出的，并非每一区段都要容纳所有上述功能。各地方对照中央要求细化落实是值得肯定的，但也应因地制宜地彰显各自优势，在本区段重点打造其中一项或几项功能并将其充分发挥，争取做到最优投入产出比和最佳功能发挥效率。

最后，公益化项目的商业化问题。国家文化公园建设不同于普通景区，它是国家系统的文化工程，属于公益化项目，而如此庞大的公益化项目若只依靠政府投入无法满足建设需要和可持续发展要求。因此，布设商业设施、开展特许经营、鼓励投融资、开放社会捐助、进行IP运营等措施是盘活国家文化公园资源、促进深度文旅融合的可尝试途径。同时，加强国际化营销，将国家文化公园品牌向世界输出，既广泛拓展中华文化的影响力、提升吸引力，又为引入国际资本、吸引国际客源打好基础。

（二）主要观点

本课题研究观点凝练如下（不局限于此，应随研究进展不断深化和丰富）：

（1）在塑造国家象征、促进全民族文化认同、建设多功能、公益性、大尺度线性空间的目标指向下，国家、文化、公园三股力量协同演进，最终使国家文化公园概念得以正式确立，其内涵得以丰富。

（2）国家文化公园体现“共同体思想”的价值意蕴、体现“正义—平等—秩序”的伦理意蕴和体现“天下观”的空间意蕴，它们相生相融“三位一体”地诠释了国家文化公园的内涵，并彰显着其强大的功能和外延性。

（3）国家文化公园的根本属性是大众性，这是我党“以人民为中心”执政理念的体现，也是文化大众性和公园公益性的具体展现。

（4）未来国家文化公园的选择范围必然突破线性文化遗产，那些对中华文明和民

族精神有重大价值的文化遗产（如大遗址类，包括现有的国家遗址公园）和非物质文化遗产（如中华陶瓷文化、茶文化、酒文化、中医文化集聚地）均可能被纳入国家文化公园体系，其遴选标准亟待确立。

三、学术价值、应用价值及社会影响和效益

（一）学术价值

国家文化公园是我国首先提出的新概念，也是大型文化遗产保护与利用的新理念。目前，国际上较为成熟的国家公园理论和管理制度不能完全适用于我国国家文化公园，因此探索并建立一套相对完整的国家文化公园理论体系是十分重要的，这也是本课题的首要研究任务和重要的理论创新工作，具体体现在以下三个方面。

1. 跨学科探索：基于多学科交叉视角的国家文化公园研究

国家文化公园具有两个基本特征，即文化特征和地理特征。国家文化公园属于文化遗产范畴，是大空间跨度的遗产类型，其本身既以遗产为载体，也是整合沿线众多自然、文化和非物质遗产的遗产集群。连通多个文化区和民族地区，使国家文化公园的文化和地理特征得到强化的同时，民族性也融入其中，提高了研究的复杂性，但也提供了更广阔的研究视野和更多样的研究方法，因此，应从民族学、地理学、遗产学、旅游学、管理学等多学科视角进行探索。

2. 理论深化：基于模型构建的国家文化公园内涵与外延研究

在文献梳理和话语分析基础上，尝试构建国家文化公园“国家文化公园逻辑内涵模型”“国家文化公园价值 / 伦理 / 空间意蕴模型”“国家文化公园的文化内涵演进示意模型”等，将抽象的理论具象化，并以此为逻辑框架展开对国家文化公园内涵和外延的阐述。

3. 理论延展：结合文化强国和民族复兴，揭示国家文化公园的多重意蕴和组合功能

国家文化公园作为文化纽带和交流通道，其多重意蕴和组合功能是不容忽视的，尤其对于国家文化公园沿线地区人民来说，国家文化公园的建设将使人民在国家身份认同、文化认同、政治认同方面更进一步，同时还将在文化保护与传承、生态环境美化、景观质量提升、人民休闲娱乐、公民爱国教育等方面发挥其应有功用。

（二）应用价值

本课题对国家文化公园内涵和外延的理论探索，逐渐形成对我国国家文化公园概念的清晰认识，为制定科学、公平、严格的遴选标准和认定程序、建立监督机制、提高服务和管理水平奠定坚实的基础。

通过对未来国家文化公园体系化、制度化建设以及创建路径的思考，为国家相关决策部门和建设部门提供重要的理论参考，为国家文化公园寻找属于自己的理论根基，建立相对完整的理论体系。

（三）社会影响和效益

通过学术研究和发表高水平的文章及报告，在国际化交流与推广过程中宣传我国国家文化公园理论和实践经验，为提升我国国际遗产话语权、增强国家文化软实力做出贡献。

国家级旅游休闲街区：多维解构与创建路径

负 责 人：李　雪
依托单位：中国旅游研究院（文化和旅游部数据中心）
起止时间：2021 年 4 月—2021 年 10 月

一、研究的目的和意义

本课题基于案例解析，从多重维度与视角对国家级旅游休闲街区进行解构与建构，从宏观与微观两个层面探索国家级旅游休闲街区创建路径，进而提出具体工作建议，以期为城市休闲体系的构建与完善提供决策支撑。本课题可为国家层面的旅游休闲街区创建工作提供理论指引，同时也可为微观层面的街区建设提供行动路线，具有一定的理论与实践指导意义。

二、主要内容、重要观点、对策建议

（一）主要内容、重要观点

1. 从空间维度来看，国家级旅游休闲街区是不囿于特定形态的地标空间

纵观国内外街区的发展历史与实践经验，无论是狭长的线形空间、圆形的放射状区域、“申”字形和“国”字形的异构空间组合，还是综合利用地上、地面、地下的立体化空间区域，都有可能成为世界知名的商业街区，并吸引本地市民和外来游客的频繁到访。从全球范围来看，空间是封闭的，还是开放的，布局是线性的、中心放射状的，还是立体的，从来都不是知名街区的必要条件。只要承载了市民对美好生活的向往，聚集了商业、时尚和繁华，能够满足本地市民和外来游客共融共享的需要，就具

备了旅游休闲街区的现实基础和发展为城市名片的潜质。

2. 从功能维度来看，国家级旅游休闲街区是主客共享的美好生活新空间

（1）旅游休闲街区是繁荣城市经济的商业载体。无论是传统的历史文化街区，还是新建的现代商圈、文化创意街区，都离不开“商业”二字，商业开发与经营的成功与否直接关系着街区的存亡。一个成功的休闲街区一定是繁荣经济的载体，承载着城市繁华的商贸活动。

（2）旅游休闲街区是传承历史与地域文化的载体。休闲街区浓缩了城市的历史与文化，记录着城市的繁华和时尚，代表了民族的传统和个性。城市旅游休闲街区是保护城市古建筑遗产、保护传统城市空间景观特征的重要途径，其建设意义不仅在于商业街区、商业中心本身，更大程度上是在改善城市环境、保护城市历史文化风貌特色以及提高城市中心商业活力的总体架构下的合理选择。

（3）旅游休闲街区是城市生活的重要载体。街区是城市生活的基本单元，为居住在城市的人们提供公共交往空间。旅游休闲街区能够给所有人提供热闹、繁华、轻松、悠闲、激动、怀旧等不同的生活感受。人们在这里不仅能够购物，而且在休闲、观光、娱乐、餐饮、美容、健身等方面也可以得到充分的满足。

（4）旅游休闲街区为城市旅游高质量发展注入新动能。旅游休闲街区作为城市最具活力的街区组织，对于重塑城市休闲内容、引领业态创新、优化休闲空间结构等方面具有重要作用，已成为推动城市旅游休闲产业迈向高质量发展的新生力量。

3. 从形象维度来看，国家级旅游休闲街区是有温度可感知的人文空间

（1）基于游客视角的街区形象感知要素

对北京南锣鼓巷、三里屯、蓝色港湾，成都宽窄巷子，上海南京路，广州天河路，重庆解放碑，武汉江汉路，西安回民街，哈尔滨中央大街10个知名街区、商圈的游记分析表明：

游客对于不同街区的关注点，既有共同之处，又因街区特色不同而有所差异。如北京南锣鼓巷游记分析表明，胡同、王府、故居、小吃、历史、建筑等是游客较为关注的；成都宽窄巷子游记分析结果显示，文化、特色、街道、历史、院落、火锅等是游客的主要认知元素；北京蓝色港湾分析显示，灯光、夜景、美食、餐厅、品牌等是吸引力所在；北京三里屯则以酒吧、餐厅、品牌、时尚等元素为著；上海南京路所呈现的百货、老字号商店、月饼、历史等元素是游客印象最为深刻的；武汉江汉路的建筑、风格、银行、商业、历史等是游客较为喜欢的；广州天河路的广场、时尚、美食等是吸引游客前往的重要元素；哈尔滨中央大街的建筑、马迭尔冰棍、艺术、教堂等

是游客较为关注的；西安回民街的美食、小吃、牛羊肉、鼓楼、历史等是驱动游客心向往之的重要元素；重庆解放碑的酒店、纪念碑、火锅、夜景则是其为游客耳熟能详的重要基因。

根据访客对每个街区的关注点及其对应文本内容，将游客视角下最能反映旅游休闲街区形象的要素归纳为：文化、美食、建筑、历史、交通、购物、娱乐、住宿、环境、服务 10 个方面。

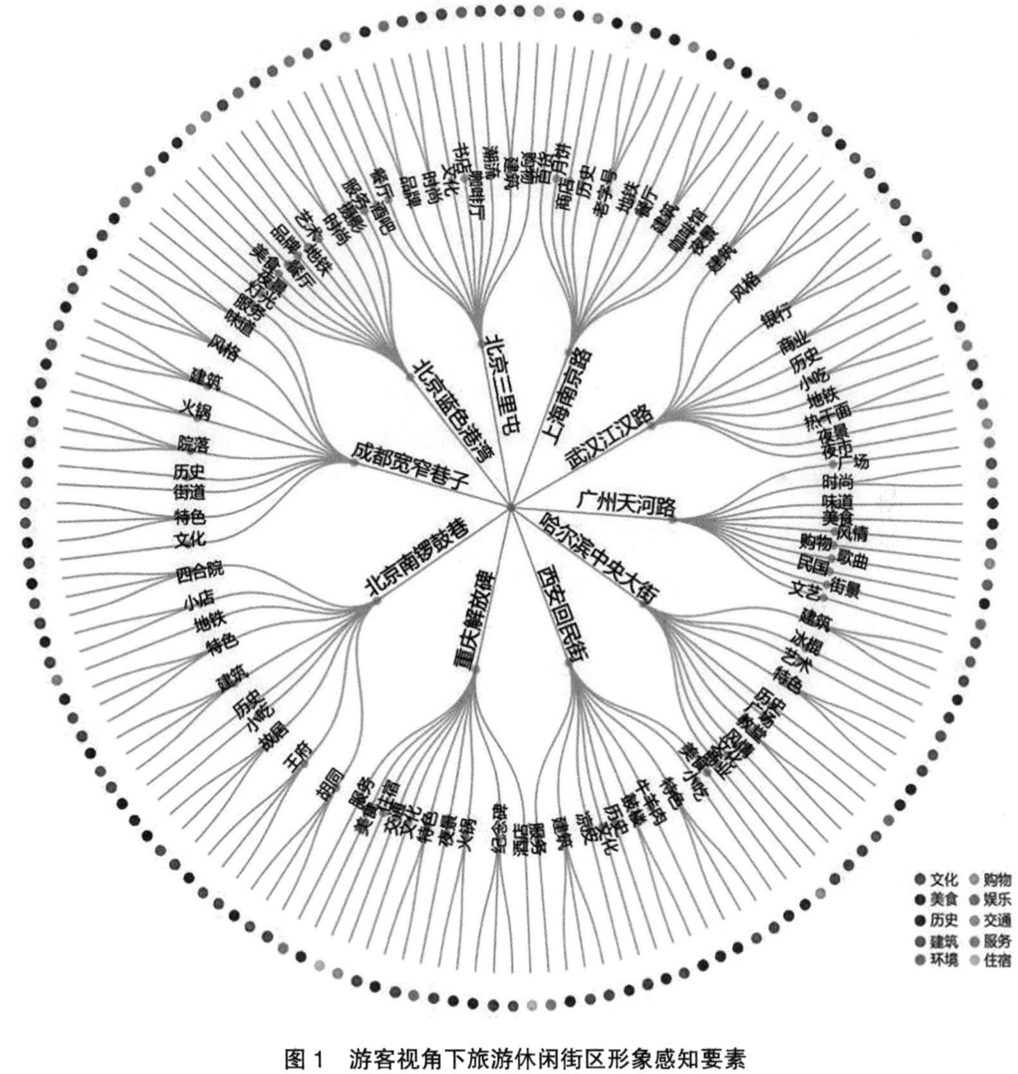

图 1　游客视角下旅游休闲街区形象感知要素

图 1 显示，文化、美食、历史、建筑是游客对旅游休闲街区感知度最强的要素，尤其是文化与美食，在 10 个街区游记中均有体现，而历史是除北京蓝色港湾、三里屯

以外，其余8个街区游记都反映出来的感知要素。环境、购物、娱乐、服务、交通、住宿也是游客对旅游休闲街区的重要感知要素。其中，北京蓝色港湾、三里屯，上海南京路，武汉江汉路，广州天河路，哈尔滨中央大街、重庆解放碑等街区游记均不同程度地记录了游客对街区环境的形象感知；成都宽窄巷子、北京蓝色港湾、西安回民街、重庆解放碑等街区游记均充分显示了服务态度、水平对游客感知的重要影响；购物环境、品类、质量，娱乐项目丰富度，交通便利程度、住宿水平等要素是街区满足游客基本旅游、休闲需求的基础性要素。从对应的文本内容来看，这些要素无一不承载着历史的记忆、厚重的文化与城市的温度，吸引着人们去感受和探寻。

（2）基于社区居民、企业与政府部门视角的总结

从居民视角来看，国家级旅游休闲街区应发挥亲民、近民、便民、富民的作用。居民希望旅游休闲街区建设能够改善街区绿化、景观等周边环境，增加休闲及生活服务设施，提高街区及社区周边交通便利性，能够给社区居民生活带来便利；居民希望能够获取一定的就业机会，积极参与街区创建以及街区日常工作；居民希望能够参与街区的一些文化节庆活动，增强街区与社区居民的交流与互动。

从企业视角来看，国家级旅游休闲街区应具备优越的营商环境，应靠近居民居住区、商务中心或金融中心，具有巨大的访客市场群体，应具备丰富的多元经营业态，以满足不同消费群体的消费、社交、娱乐等服务需求。

从政府视角出发，国家级旅游休闲街区应能够发挥至少4个方面的作用：代表城市品牌与城市印象、带动区域经济发展、承载城市多元文化以及推动和谐社区构建。

4. 基于多维视角的国家级旅游休闲街区

通过空间、功能、形象等多维视角解构，图示国家级旅游休闲街区应具备的基本元素与特征（见图2）。

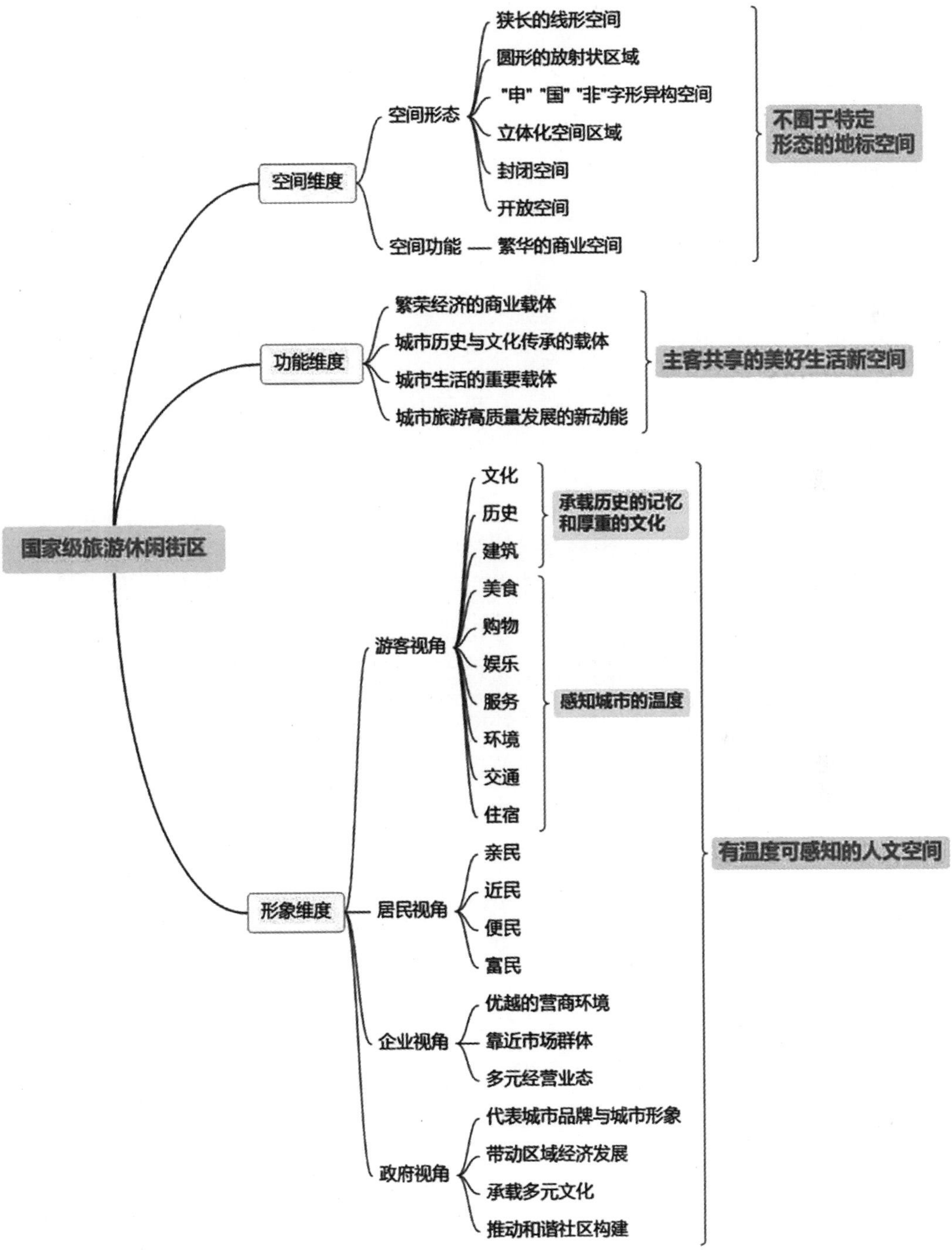

- 国家级旅游休闲街区
  - 空间维度
    - 空间形态
      - 狭长的线形空间
      - 圆形的放射状区域
      - "申" "国" "非"字形异构空间
      - 立体化空间区域
      - 封闭空间
      - 开放空间
    - 空间功能 — 繁华的商业空间
    - → 不囿于特定形态的地标空间
  - 功能维度
    - 繁荣经济的商业载体
    - 城市历史与文化传承的载体
    - 城市生活的重要载体
    - 城市旅游高质量发展的新动能
    - → 主客共享的美好生活新空间
  - 形象维度
    - 游客视角
      - 文化
      - 历史
      - 建筑
      - → 承载历史的记忆和厚重的文化
      - 美食
      - 购物
      - 娱乐
      - 服务
      - 环境
      - 交通
      - 住宿
      - → 感知城市的温度
    - 居民视角
      - 亲民
      - 近民
      - 便民
      - 富民
    - 企业视角
      - 优越的营商环境
      - 靠近市场群体
      - 多元经营业态
    - 政府视角
      - 代表城市品牌与城市形象
      - 带动区域经济发展
      - 承载多元文化
      - 推动和谐社区构建
    - → 有温度可感知的人文空间

图 2　基于多维视角的国家级旅游休闲街区解构

（二）对策建议

1. 国家级旅游休闲街区创建路径

（1）明确国家级旅游休闲街区发展路径

国家层面要制定旅游休闲街区建设发展的路线图。根据文化特色、业态布局、环境氛围、公共服务、配套设施等条件，遴选一批旅游休闲街区进行实践探索，总结发展规律与经验，形成旅游休闲街区发展的样板。地方政府应在客观把握街区综合发展条件的基础上，对标样板区域、借鉴成功经验，因地制宜地制定街区发展规划，明确发展方向、发展模式和行动路线，探索适合街区实际的创新发展之路。在街区建设过程中，应加强与国家宏观政策的对接，积极向不同部门申请财政、金融等方面的政策支持，为街区建设、运营创造良好的发展环境。

（2）政府理性引导，多元社会主体广泛参与

以旅游消费增量为导引，增强地方建设旅游休闲街区的积极性和能动性。旅游主管部门要主动对接商务主管部门，把旅游市场和商业资源有效连接起来，吸引社会力量广泛参与，务实推动街区建设。要在理论建设和国际比较的基础上，做好旅游休闲街区的中长期规划、行业标准的完善与执行、空间优化和业态布局等宏观调控与行政引导工作。在培育和建设过程中，营商环境和产业生态至关重要。引导和培育多元化的旅游市场主体，调动投资、商业、科技等社会力量，兼顾社区发展诉求，推进旅游休闲街区发展。在政府的理性引导下，实现政府、开发商和居民等主要利益相关主体的合力最大化，推进旅游休闲街区的繁荣发展。

（3）引入公众视角，健全街区评定与验收机制

旅游休闲街区不是一个单纯的物质聚合体，而是一个以人为中心的社会有机体。其创建、评定和监管，要引入公众视角，充分发挥市场主体和消费群体的作用，鼓励企业、游客、市民参与评价，以游客和市民满意度作为重要依据有序推进。同时，健全验收机制，优化验收专家库结构，不能过度依赖政府和学界专家，大幅度提升业界一线专家和旅游、文化、商务等领域一线专家的比例。

（4）尊重地方的创造性，发挥企业的积极性

打造国家级旅游休闲街区，要在遵循社会经济发展规律和内在逻辑的基础上，与人民生活相结合，构建传统空间形式与现代商业模式相适应、新老建筑交融并存的组织形态，以实现街区的传承与发展。

旅游休闲街区建设，宜采取“自下而上”和“上下结合”的决策路径，以政府补

贴和公众参与的方式，鼓励居民保护传统文化遗存、改善人居环境。提升居民在街区规划、开发、建设决策、管理与运营中的话语权，实现居民由被动、消极的实施角色向主动、积极的参与角色转变，使街区更新成为居民的自愿行动。只有切实提高群众参与度、增强民心归属感，才能建成有温度可感知、让游客与市民充满幸福感的国家级旅游休闲街区。

2. 推进国家级旅游休闲街区建设的工作建议

（1）建立市、区、街三级联建联管机制，多方联动推进街区建设

市级针对旅游休闲街区成立领导小组，对全市街区总体规划、特色定位、业态布局等进行综合协调、指导和政策研究；由街区所属管辖的区人民政府组建街区管委会，协调各有关乡（镇）人民政府、街道办事处，做好街区的日常监督管理工作，通过市、区、街三级联建联管机制推动街区建设有序开展。此外，街区管委会应加强对经营企业的培训，通过加强职业道德、文明礼仪、诚信经营等方面的教育培训，提升旅游休闲街区软实力。

（2）旅游休闲街区建设要以具有前瞻性的中长期发展规划为指导

市一级制定统一的旅游休闲街区发展总体规划，统筹全市休闲街区建设工作，形成布局合理的街区体系。街区层面应综合考虑自身特色、发展现状、不足之处等因素，就街区主题定位、业态布局、店铺风格、道路标志、街景美化、景观设置等方面编制详尽的切合实际的规划，指导街区健康有序发展。

（3）旅游休闲街区建设要注重文化内涵的挖掘

旅游休闲街区要挖掘传统文化，彰显本地文化自信并形成可视可触可感的生活环境与街区氛围。在建设过程中，应从街区现有资源出发，立足街区发展定位，充分把握街区最凸显的特色，通过街区整体文化与气质的提升，实现街区商贸、旅游、文化有机结合，达到多元文化互生共存的和谐局面。此外，旅游休闲街区要有意识形成本地可以识别的商业文化，形成市民愿意消费的商业氛围。

（4）旅游休闲街区建设要重点构建多元融合的产品供给体系

鼓励地方政府细致梳理街区文化与历史发展脉络，挖掘、提炼街区文化的独特价值，夯实文化引领街区发展的内在支撑；以特色文化为主线，推进文化、科技、旅游、休闲的创新融合，丰富产品供给，构建主客共享的多元化旅游休闲供给体系，延长游客在街区、在城市的停留时间，发挥街区对城市旅游提质升级的带动作用。

（5）旅游休闲街区建设要以主客共享理念为指引，完善旅游休闲服务与配套设施

以主客共享理念为指引，将外地游客休闲需求增量叠加到本地居民需求存量之上，

统筹规划交通、餐饮、文化、娱乐、购物等商业接待体系和问询、公共厕所、投诉救援、应急管理等公共服务体系，提升服务的便利性与高效性，是旅游休闲街区建设的前提和关键。引导、支持街区营造优越的商业环境、高品质的生活环境和现代化的治理生态，提升服务品质，形成整体休闲氛围的安全、秩序和品质感，营造一个可亲近、可感受、可触摸的休闲空间。让游客和居民能感受到触手可及的温暖，才是实现国家级旅游休闲街区建设的根本宗旨。

（6）旅游休闲街区建设要注重品质建设和品牌培育

旅游休闲街区在建设过程中应突出品质建设，通过诚信经营、优质服务、优良环境、品牌建设等环节塑造街区完美品质，提升街区形象，将其打造成城市旅游休闲的风向标。同时，街区建设应树立品牌意识，培育品牌成长，推广品牌发展，力争经过市场运作和精心培育，逐渐实现品牌化发展战略。

（7）旅游休闲街区建设要注意生活方式和价值观的引领

在消费社会中，商品并不仅是物质产品，它还内蕴思想意识、价值观念和文化背景。选择和购买商品，同时也接受商品中所包含的观念，当这种观念为大多数人所接受时，商品消费也就推行了某种意识形态下的生活方式，人们在消费的过程中误以为获得了商品符号背后所传达的信息。旅游休闲街区建设要坚持“以文塑旅，以旅彰文”这一文化和旅游融合发展的根本思想。

三、学术价值、应用价值及社会影响和效益

该课题在对国家级旅游休闲街区进行多维解构的基础上，宏观视角构建工作指引，微观视角制定行动路线，可为国家层面推动国家级旅游休闲街区建设工作以及地方层面的街区打造提供理论基础与实践指导。

2021 年文化和旅游宏观决策课题

——一般课题

疫情后中国入境游的需求障碍与政策建议研究

负 责 人：郭 旸
依托单位：复旦大学
起止时间：2021 年 4 月—2021 年 10 月

一、研究的目的和意义

入境游是旅游经济高质量发展的重要内容，是旅游全球化推广交流和提高国家旅游形象的窗口。入境游的发展受多元社会经济变量的影响，本课题从经济风险障碍、身体风险障碍、社会心理风险障碍、媒体信息障碍、情感距离障碍等层面，对入境旅游目的地的认知形象和情感形象负向影响展开研究，以此探寻疫情后国外游客对中国入境旅游市场的旅游意向和增长潜力问题。面对疫情后中国入境游市场的需求变化和障碍维度，尝试从中国入境旅游的政策供给、形象认知、文化距离、产业元素等多维视角展开对策研究。

二、主要内容、重要观点、对策建议

（一）主要内容

研究报告的主要内容分为五个部分：第一部分是关于疫情后中国入境旅游的研究背景；第二部分是关于中国入境旅游议题的研究进展；第三部分是疫情后中国入境游的需求障碍分析；第四部分是疫情后构建中国入境旅游发展新格局的政策建议；第五部分是结论与展望。

（二）主要观点

研究报告的主要观点为：根据前人文献的既有研究成果和研究理论，并结合疫情发生前中后中国旅游目的地形象的实际情况和研究假设进行问卷编制。最终数据统计结果显示，在经济风险感知测度中，研究发现受访者比较“担心去中国旅行会比其他国家的国际旅行带来更大的经济负担”；在身体风险感知测度中，受访对象“担心中国的空气质量和食品安全问题”；在社会心理风险感知测度中，“担心去中国会存在文化差异或误解”的均值相对较高。同时，风险感知障碍因素越大，对中国旅游目的地的情感形象越具有消极影响；媒体信息和情感距离造成的认知偏差和形象偏差越大，对中国旅游目的地的旅游意愿越具有消极影响。

（三）对策建议

研究报告提出疫情后构建中国入境旅游发展新格局的政策建议如下。

1. 全球出入境政策调整对中国入境游的实践借鉴

（1）持续深化出入境旅游的开放政策

未来在疫情得到有效防控的前提下，可以预见，全球出入境政策将会迎来调整通融的趋势，疫苗接种的国际互认原则也是各国出入境旅游市场自由通行的重要举措。疫苗接种是恢复“国际旅行”的必要条件，全球疫苗的覆盖人群对于中国入境旅游的重启具有决定性作用。而新冠病毒的变异毒株德尔塔在世界范围内激增，疫苗的保护作用随时间的推移会逐渐减弱，因此需要在思考出入境旅游政策开放的过程中，不断深化思路，对疫苗普及、疫苗加强、核酸检测、隔离成本等基本要求上动态调整附加政策，最大限度地保障中国入境旅游的国际游客的出游体验，使得国外旅游者在身体风险感知、经济风险感知、社会心理感知等方面的障碍因素减少其负向影响。

（2）创新国际疫苗证书的电子化认证

目前，部分国家出台了“疫苗证书政策”并设置了长有效期的使用机制，有效期放宽至 12 个月。国家可以规定入境旅游之前的周期内必须持有疫苗接种证明。快速有效地建立起国际通行认证的疫苗证书势在必行，尤其在大数据和物联网发展的新时代，全球范围内疫苗电子化证书的平台渠道和信息互通亟待创新。国家政府服务平台已经开发了针对入境人员版的“Health Code Traveler Version”，初步实现了数据信息的电子化和平台化互通。然而未来疫情后中国入境旅游市场一旦开放，会涉及大量外国游客的疫情防控数据信息互通共享认证问题，疫苗证书的电子化认证数据端口和使用界面的科学性

和友好性等需求显著提升，需要进一步创新电子化认证系统和数据平台的研究与实践。

2. 国家信用体系对入境旅游高质量发展的支撑

（1）对接国际信用评估体系培育国家旅游形象

目前，我国有关信用的法律保护机制与世界银行的评估指标标准还有不相适应的情况。为培育促进疫情后中国入境旅游市场的高质量发展，需要强化合法权利力度指数相应的担保法律体系，借鉴国际先进经验，完善信用体系，从而激发信用机制对入境旅游发展的引致潜能。为建设国家信用体系和培育国家旅游形象，需加大努力推进国家层面的旅游信用体系和信用数据平台的建设，运用诚信评价机制和失信联合惩戒措施，规范旅游业市场秩序，提升国内外游客的旅游体验感和旅游获得感。

（2）完善制度设计和实施环节树立国家旅游形象

未来还需要继续从制度层面完善国家旅游信用体系建设。发挥信用要素在旅游活动中的经济作用，重视旅游信用资本在旅游产业发展中的价值作用。在具体实施环节层面，应规范旅游信用评估的管理机制和科学体系。在借鉴国际通行指标范围的背景下，创建具有中国特色且符合发展实际的科学体系和制度机制。旅游信用体系的制度设计需要在政府指导推动的前提下，鼓励信用评估的第三方机构社会力量和旅游市场经济主体的共同参与。创新旅游信用信息共享技术和平台建设。依托云计算和大数据的技术系统，建立科学有效的信息收集数据库和信用评价结果公示平台，提升入境旅游市场高质量发展的配套能力，培育国家整体信用环境和国家旅游目的地形象。

3. 应对文化距离对入境旅游发展的负向影响

（1）促进跨境文化价值感知的距离弥合

文化距离是跨文化背景下影响旅游者行为决策的关键因素和重要变量。在出入境旅游和跨国旅游的情境中，旅游者行为必然会受到文化距离的价值观接纳和感知差异的影响。文化距离越大，风险感知越强，社会文化认同度可能越低，旅游行为意向的选择成本越大。因此，需要应对文化距离对入境旅游动机和目的地选择意愿的影响机制和复杂效应。文化距离依赖特定的旅游情景、国家文化背景、个体旅游动机等因素存在。所以，要重视入境旅游产品设计过程中的主客互动、情景参与、旅游文创纪念品的弥合渗透作用，重视旅游凝视等因素在入境旅游体验中的满意度关系。

（2）强化文化相近客源国游客的认同需求

空间距离、文化传统以及语言习俗等因素会影响对于文化距离感知的结果。外国旅游者更倾向于认同与自己国家文化相似的旅游产品。疫情后中国入境旅游市场一旦开放，应当首先重视恢复文化传统和空间距离相近的周边客源地国家的旅游需求增长潜力，以此为基础陆续吸引文化相异的外国客源国游客的入境旅游意向。语言文化的差异与传统风俗的迥异有时也会对旅游者形成猎奇动机的意向效果。

对于因地理空间距离和文化传统差异造成的文化距离问题，会因为信息不对称的形象认知而加深偏差效果。因此，需要建设了解中国、发现中国的国际交流平台与窗口，尤其是应当改革建设开放的高质量留学教育体系和海外的国际中文教育机构，增进世界各国对中国语言文化的了解，加强中国与全球教育文化的合作。推进高水平教育对外开放的内涵式发展，提升来华留学质量，创新国际交流形式，客观地理解世界文明和中华文明的丰富性与多样性。发挥教育促进文化交流、人才培养、国家形象、入境发展的潜能。

4. 重视中国入境旅游国家形象的媒介推广

（1）构建跨媒体营销的交互式平台

在跨媒体交互式平台上，数字媒体、互联网络、移动客户端三位一体，为入境旅游产品供应商与外国旅游消费客群之间建立精准的信息和服务交互。首先，要统一制作国家旅游形象或重要旅游城市的全球推广宣传片，适时可借力中国入境旅游海外宣传推广大使的代言效应，重视中国影视作品在海外的文化推广和形象塑造的影视营销作用。其次，确定国家旅游形象地位，借助海外媒体的宣传专栏、出版物特刊的投放，以及海外重要入境旅游客源地的流量渠道宣传国家和城市形象宣传片，增强国家旅游形象塑造和海外推广的效果。

（2）加强与国外旅游机构的合作推广

伴随着海外新生代入境旅游者的成长，社会化媒体已经在其生活中深度渗透和融合，移动化、社交化特征的媒介渠道成为日常生活中不可割裂的组成。因此要特别重视国外社会化媒体的营销作用，塑造中国入境旅游形象，进行海外市场拓展，同时辅以设计数字化旅游文创纪念品，强化国家旅游形象的生动性与符号性。此外，加强多场景应用的国外旅游局或旅游推广机构的战略合作。以市场互补的角色，协助国际游客的需求意向与入境旅游的行业供给实现在线触达，合作实现全球旅游行业和旅游机构与中国入境旅游市场的有效对接。

5. 完善中国入境旅游市场发展的产业链条

（1）加强旅游合作枢纽的构建

加强以入境旅游为主旨的国内省际长效合作机制，落实疫情后提振入境旅游发展要求的举措。未来应当建设和完善更多省域之间的入境旅游枢纽合作机制，综合提升

多地枢纽联盟节点的机场、港口、高铁、车站、公路、服务区等基础设施，加强空中航线、水上航线、陆地交通的频度建设，有效带动外国入境游客的跨区域流动和消费。同时，建立入境旅游联席会议制度，彼此交流入境旅游的发展经验，促进疫情后入境旅游市场的潜力发展。联合在线旅游平台和入境旅游企业，打造中国入境旅游枢纽性的旅游产品和线路，提升国际旅游形象和旅游品牌竞争力。

（2）提升旅游产业要素的培育

在疫情影响下，出入境市场的停滞使得大量出入境旅游企业陷于经营困难甚至停业倒闭，大量旅游服务人员转岗失业、流失。疫情后一旦开放入境旅游市场，需要面临和应对国际游客新的产品需求，入境旅游从业者需要进行自我提升与蜕变。因此应当深化“中国旅游人才峰会”的定期举办和实践效果，聚焦文、旅、产、人的融合，促进高端文旅人才资源集聚和人力资源服务产业发展。旅游目的地的基础设施、品牌形象、管理技术等因素是吸引优质人力资本的影响要素。行业管理层面要尊重旅游人才、改变收入结构、提升旅游人才的发展空间和职业认同感，构建人才阶梯性智库水平。针对中国入境旅游市场的发展需要，培养具有国际经营理念和能力的专项人才，运用形象推广和跨国经营思维，用国际视野讲述中国旅游文化肌理。

三、学术价值、应用价值及社会影响和效益

（一）学术价值

在学术价值层面，试图在结合理论研究和实证经验的基础上，构建疫情后中国入境游市场的需求变化和障碍因素的理论分析框架，并将经济根源予以理论化表达；同时引入媒体信息、文化距离、认知形象、情感形象等分析变量，进一步深化入境游的研究对象和研究视野。

（二）应用价值

在应用价值层面，把握疫情后中国入境游市场发展的变化趋势以及既往入境游的困境问题，从政策配套、营销创新、服务导向等层面出发，为推动入境游市场发展提供有针对性的应用建议。

（三）社会影响和效益

常态化疫情防控将是后疫情时代未来形势的理性表现。面对疫情后入境游市场的复杂性、不确定性、波动性等新情况，研究成果能为旅游部门制定政策和旅游企业实践决策提供相关依据，给出符合未来发展趋势的入境旅游创新方向和策略，产生积极的社会影响和社会效益。

旅游市场投诉处理机制与协同治理体系研究

负 责 人：刘亦雪
依托单位：上海师范大学
起止时间：2021 年 4 月—2021 年 10 月

一、研究的目的和意义

（一）研究目的

本课题研究目的：一是，结合旅游市场治理的多年跟踪调研访谈和旅游投诉平台数据等多样化二手数据，构建旅游市场投诉的类型模型。二是，基于类型模型，剖析旅游投诉发生的原因及其产生机制，解答“因何发生？如何发生？”等研究问题。三是，基于投诉发生机制分析，构建针对旅游投诉的协同治理体系，形成长效的治理机制。

（二）研究意义

1. 理论意义

课题以双循环战略下旅游业高质量发展为背景，利用多中心治理理论、制度理论等对旅游市场的投诉处理与治理体系进行探讨。旅游市场投诉类型框架将为旅游投诉研究奠定类型学基础，旅游投诉处理机制将进一步架构旅游投诉研究的理论框架，有利于丰富和拓展治理理论的研究边界与研究范畴。

2. 实践意义

课题研究成果可为双循环发展战略下的旅游市场投诉处理和治理工作提供应用指导，帮助旅游主管部门选取适宜、有效的投诉处理机制和治理体系，营造公平、公开的旅游市场环境，促进市场运行的调节规则和制度不断趋于合理化和规范化，推进旅游治理体系和治理能力的现代化。

二、主要内容、重要观点、对策建议

（一）主要内容

1. 旅游市场投诉类型模型

与谁相关？根据国家旅游市场综合监管的相关文件、旅游治理相关研究成果，以及我国旅游投诉管理现状，研究将核心利益相关者确定为旅游监管部门、游客和旅游企业。哪些投诉？研究从核心利益相关者的视角，对旅游投诉进行分类，构建旅游市场投诉类型模型。

2. 旅游市场投诉的发生机制及产生原因

因何发生？研究旅游市场投诉发生的原因，从现象中剖析其制度成因。如何发生？研究旅游投诉的发生机制，拟根据旅游投诉数据，从旅游企业和游客的视角剖析旅游交易前、中、后的不同阶段中，旅游者和服务提供者的行为变化，从情感和行为、制度环境等方面深度剖析旅游投诉发生的内在机制。

3. 旅游投诉协同治理体系的构建

怎么治理？研究依托利益相关者理论、多中心治理理论和制度理论，结合我国旅游市场投诉治理的目标与需求，构建政府行政管理部门、旅游及相关企业、行业协会、旅游者、社会公众等平等参与的协同治理体系，并进一步提出协同治理体系之下的产业政策和制度建议。

（二）重要观点

1. 旅游市场投诉类型模型

基于各省市旅游监管部门的深度访谈和 3·15 投诉平台上的旅游投诉数据等多样化的二手资料，研究依据旅游投诉牵涉的事件属性，将旅游投诉牵涉的事件划分为能力型和道德型，根据事件的处理归类划分为违法类和非道德类，构建了旅游投诉的四象限模型（见图 1）。依据旅游投诉对象，研究将旅游投诉归属划分为旅行社、酒店、景点、在线旅游平台、交通、导游、其他。

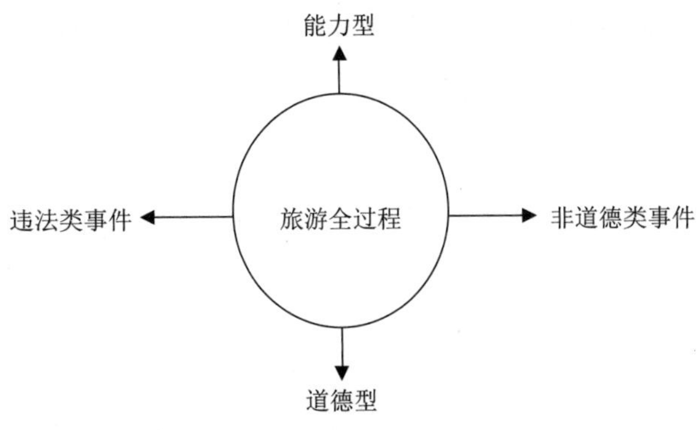

图 1　旅游投诉的类型模型

2. 旅游市场投诉影响因素

研究采用程序化扎根理论探索游客旅游中所关心的影响旅游体验以及易发旅游投诉的相关条目，探究已有的法律法规是否对游客旅行中关心的条目做了规定，确定了游客感知的旅游投诉影响因素：制度环境、旅游信息合规性、旅游合同合规性、旅游合同履行、旅游反馈处理（见图 2）。

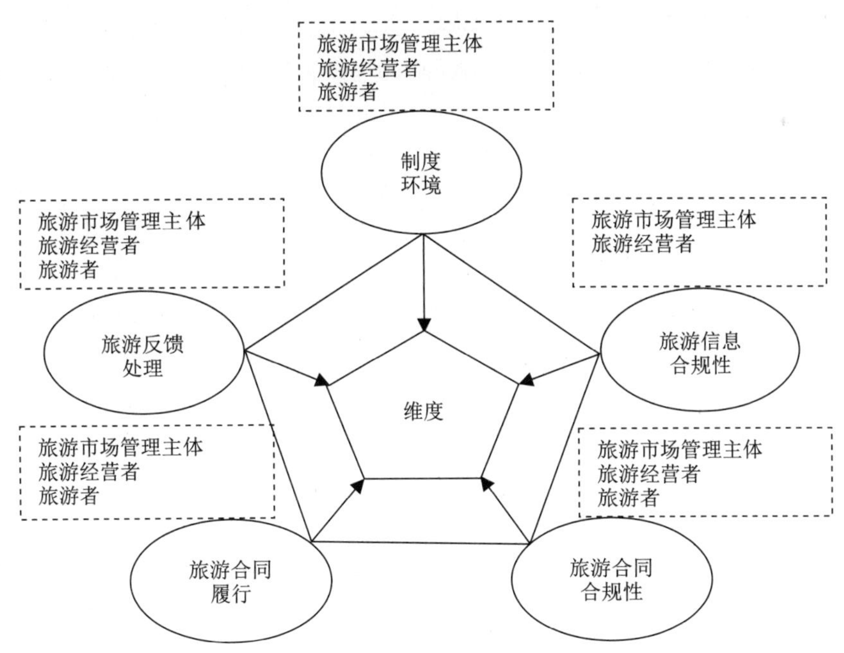

图 2　游客感知的旅游投诉五维度模型

3. 旅游市场投诉发生机制

研究选取典型案例地雪乡，通过对利益相关者的调研访谈和新闻资讯、社交媒体报道等的文本分析，研究发现，雪乡频发的旅游投诉主要集中在两个方面，一是旅游经营者与游客因旅游信息、旅游合同及其履行等引起的冲突（见图 3），二是导游和游客因自费项目产生的利益冲突（见图 4）。

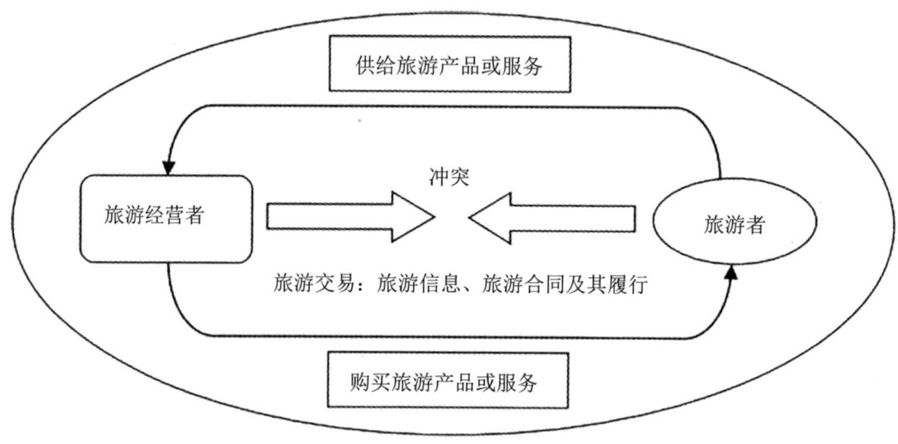

图 3 旅游经营者与旅游者的冲突模型

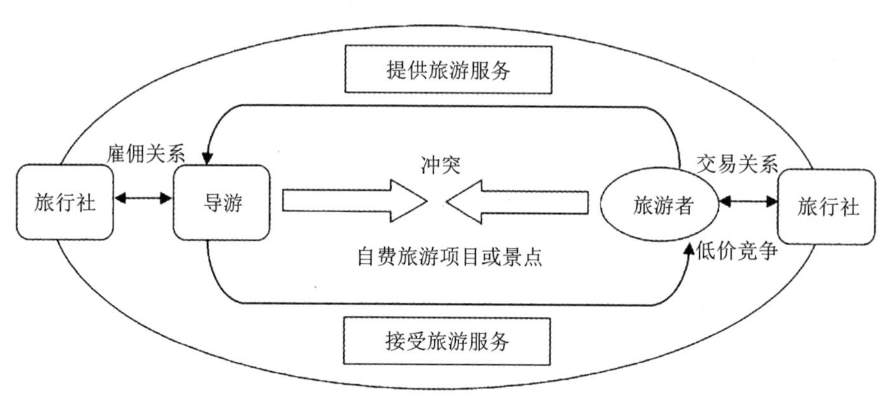

图 4　导游与旅游者的冲突模型

4. 旅游市场投诉协同治理体系的构建

研究依托利益相关者理论、治理理论和制度理论，结合我国旅游投诉处理的目标与需求，构建政府行政管理部门、旅游及相关企业、行业协会、旅游者、社会公众等平等参与的协同治理体系，提出了针对性对策建议，包括完善旅游制度环境，以制度供给规范旅游市场；完善信用体系，构建信用联合奖惩机制；政府数字化转型，推进旅游市场监管创新；规范旅游市场交易，实施旅游行业自治管理；健全旅游反馈处理机制，构建法治监督体系。为了能提高研究成果的实用性和可操作性，研究进一步提

出了协同治理体系之下的产业政策和制度建议（见图 5）。

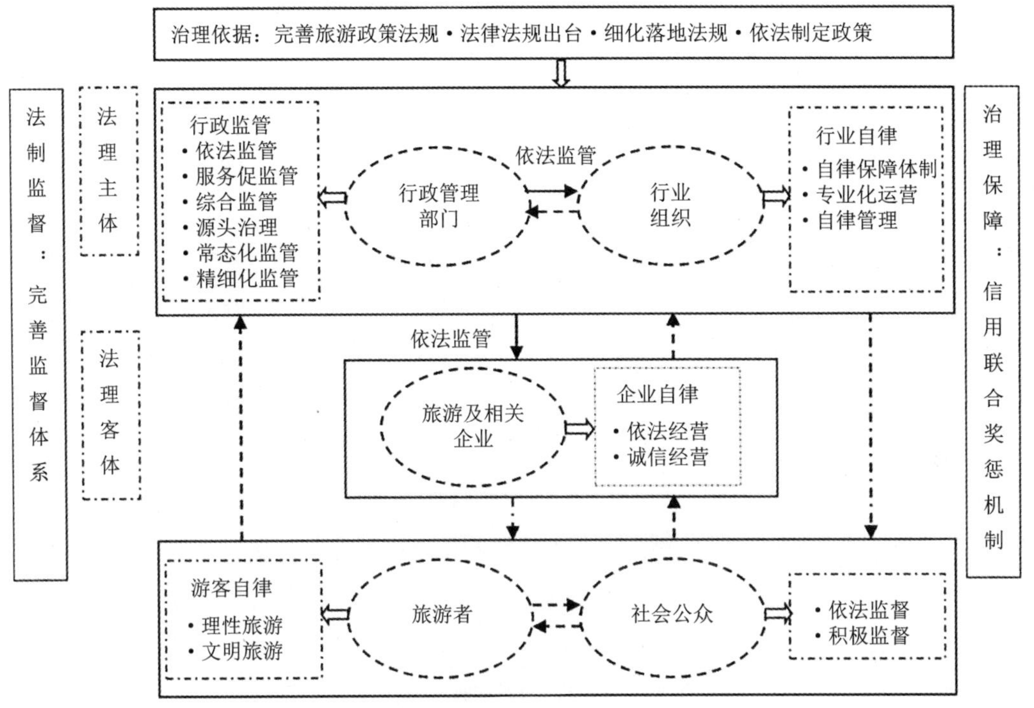

图 5　旅游市场投诉协同治理体系

（三）对策建议

1. 治理依据：完善旅游制度环境，以制度供给规范旅游市场

良好的旅游制度环境可降低旅游消费风险，减少旅游消费的脆弱性。同时，制度环境也促成了目的地的市场环境，具体表现在旅游交易是否有序、消费过程是否规范、旅游产品价格和质量是否明确等方面，出于安全性和风险可控性的考虑，旅游者更倾向于选择消费体验可预期的目的地。许多国家和地区纷纷出台保护旅游者和营造良好旅游制度环境的法律法规、标准规范等，为旅游消费提供制度保障（Grant，1996；March，2008；Zhang，Yan，Li，2009）。旅游者的体验性消费需求要求目的地通过制度供给进一步规范其旅游市场，本课题认为可以从正式制度、非正式制度和制度实施机制三个方面加以考量。

（1）完善正式制度

在正式制度方面，我国出台了《旅游法》《旅行社条例》《旅行社条例实施细则》

《旅行社服务通则》等旅游法律法规、部门规章、标准体系等来保障旅游者和旅游经营者的合法权益，完善旅游制度环境。未来仍需进一步修订和完善旅游相关法律法规，关注自下而上的诱致性制度变迁和国家自上而下的强制性制度变迁（马波，2018）。典型如《旅游法》约束作用并没有有效发挥，部分条款仍需明晰，“比如‘不合理低价’，按照《旅游法》第35条的规定，有三个条件同时存在才能处罚，第一是低价，价格由物价部门来认可，而物价往往有最高限价，很少限低，不合理低价难界定；第二个是强迫消费，他们会说没有强迫只是建议，你要有强迫或诱导消费的证据；第三个‘获取回扣等不正当收益’取证更难，他们可能在私下达成一定的奖励或返点，监管取证难（文化和旅游部市场管理司访谈）”。制度也有一个不断完善的过程，如欧洲委员会于1992年颁布《欧共体包价旅游条例》，规定了包价旅游和相关旅游服务的市场运作规则；随着市场环境的变化，欧盟对其进行了多次修订，并于2015年11月25日发布了最新修订的《欧盟包价旅游条例》，进一步明确了旅游者和经营者的交易规则和包价旅游服务操作。相关国家和地区的创新做法为我国旅游制度环境的完善提供了借鉴，未来需完善我国的正式制度，以合理明晰的制度安排和规则设计为国内旅游消费保驾护航。

（2）培育非正式制度

非正式制度主要包括价值观、风俗习性、意识形态等因素，与正式制度交互作用和促进。比如，企业和企业之间是否依规履行签订的合同或协议，有些旅游企业仍存在短视思维，缺乏契约精神，消费者法律意识较淡薄，遇到事情不太愿意通过法律途径解决。深层剖析国内旅游消费中呈现出的低价游问题，一方面，旅游进入大众化时代，市场本身有低价游的需求，如笔者访谈的一位旅行社经理所述：“我做了十几年的旅行社，自己的亲戚旅游也会咨询我，我一看他报团的价格说你不能去啊，这个价格自费可能比较多，他们说我知道啊，旅游结束后也觉得挺好，都不通过我这边出团，觉得这边定价高。”另一方面，旅游企业采取低价模式去经营，把这种产品推销给游客，形成了利益输送的产业链；治理必须把利益的根源打掉，同时要培育非正式制度约束，以宣传和披露引导消费者的理性消费，以声誉机制和信用体系引导旅游企业规范经营，让非正式制度成为正式制度的细化和补充。

（3）健全制度实施机制

旅游制度的有效性除了需要完善的正式制度和非正式制度，更需要健全的制度实施机制。没有配套的实施机制，制度安排和规则设计便形同虚设。典型如《旅游法》的实施机制不健全致使其并没有有效发挥正式制度的约束作用；再比如出现旅游投诉，监管部门能否依法快速处理旅游者的有效投诉。国家作为制度实施机制的主体，一方

面要细化制度配套的实施细则，另一方面要依法依规执行自上而下的制度设计。

2. 治理保障：完善信用体系，构建信用联合奖惩机制

旅游市场治理需联合奖惩体系设计信用联合奖惩机制，为旅游市场治理提供体制保障。具体来说，一是完善监管服务平台、旅游投诉处理平台等平台功能，利用大数据构建具有约束力的市场档案，联合行业组织建立健全信用体系，包括信用信息征集体系、信用监督管理体系；二是设计信用联合奖惩机制，将行政管理部门对旅游及相关企业作出的经营许可、行政处罚与企业信用信息公示系统对接，将游客违法信息与个人征信相对接，建立旅游市场奖励机制，失信协同监管和联合惩戒机制；三是启动市场修复机制，构建动态的市场运行考评体系，发挥旅游市场市场的自动调节作用。

3. 行政创新：政府数字化转型，推进旅游市场监管创新

行政管理部门是旅游市场监管主体，首先，需要依法监管；其次，以服务促监管实施理念创新，综合监管促进体制创新，源头治理促进管理创新，常态化监管促进过程创新，现代信息技术促进监管智能化发展、数字化转型。具体来讲，以服务促监管强调行政管理部门服务在前，监管在后，通过官方网站、移动设备、旅游问询中心等渠道将线路参考价等旅游信息透明化，引导旅游及相关企业规范经营，引导旅游者理性消费。综合监管强调明确各部门监管权责，使各部门各司其职，建立联合执法机制，利用综合监管平台促进信息互通，形成综合监管转办机制，并以绩效考评为抓手提高综合监管效能。源头治理强调国家、各地区转变旅游发展模式，深化旅游及相关企业体制改革、导游体制改革等促进旅游市场规范运行。行政创新还要促进旅游市场监管向常态化监管、专业化监管、智能化监管转变，提高精细化监管能力。

4. 行业创新：规范旅游市场交易，实施旅游行业自治管理

旅游市场交易是旅游市场运行的核心。规范的旅游市场交易包括旅游信息合规、旅游合同合规、旅游合同履行以及旅游市场管理主体对交易关系的规范。首先，良好的旅游市场交易需要旅游目的地和旅游经营者提供合规的旅游信息，包括旅游信息是公开透明的、真实的、无误导性、不违反法律法规。其次，旅游经营者与旅游者需要依法签订旅游合同，或者具有双方交易的要约或凭证，合规的旅游合同是游客感知测评旅游市场秩序的重要维度。所以，交易双方签订的旅游合同中应该明确说明所含产品项目、明确说明自费项目，且合同中旅游产品应明码标价。再次，旅游市场各经营主体需要按照签订的合同从事商品经营或者营利性服务，旅游者也需要依照签订的合同进行旅游活动。对于旅游经营者和旅游服务人员，要求其提供的旅游产品与合同一致、旅游服务符合约定的服务标准和规范、无强制游客消费的行为、旅游企业或服务人员不欺诈游客等内容。最后，良好的旅游市场交易还需要旅游市场管理主体依法对交易关系进行规范管理，推进旅游市场交易的公平、公正、公开。另外，可以通过实施旅游行业自治管理来规范旅游市场交易。

5. 监督创新：健全旅游投诉处理机制，构建法治监督体系

旅游投诉频发源于旅游投诉反馈渠道的不完善、旅游反馈处理机制的不健全。因此，为了规范旅游市场运行，旅游市场监管主体需要健全旅游投诉处理机制，包括通畅旅游投诉反馈渠道、规范旅游投诉反馈处理程序、监管部门和旅游经营者对旅游者的投诉做出迅速反馈、能够依法快速解决旅游者的投诉等内容。

由于旅游业属于综合性的产业，同时我国正处于旅游业的快速发展期，旅游市场投诉涉及多个主体、多个层面，所以可以通过构建法制监督体系以进一步优化旅游反馈处理。对于政府而言，一方面要建立公众广泛参与监督的机制，加强信息公开，能够接受公众、企业或者协会的质询，另一方面要健全旅游市场投诉治理和纪检监察的联动机制，充分发挥旅游纪检监察部门的监督作用。对于协会而言，由于委托—代理的目标存在不一致，需要建立内外部双重监督机制。在其内部，可以建立问责制，形成从普通员工开始，直至理事会的问责交代制度，同时疏通举报渠道。在其外部，政府需要对协会所形成垄断价格、扰乱市场运行等行为进行依法处理，也要加强信息公开，接受会员、公众、政府的质询。

三、学术价值、应用价值及社会影响和效益

（一）学术价值

一是运用质性研究方法构建了旅游市场投诉的类型模型，丰富了中国本土化的旅游管理科学内涵与理论逻辑。二是深度剖析旅游投诉的发生机制，运用批评话语分析批判性反思旅游市场投诉发生的内在原因和外在因素。三是构建旅游市场投诉协同治理体系，拓展了旅游投诉研究的深度。

（二）应用价值

基于多方参与的协同治理体系可以促使旅游监管主体有效分析其他利益相关者的主体地位和功能，从利益相关者视角调整旅游市场治理策略，促进市场运行的协调规制不断趋于合理化，推动我国旅游业健康可持续发展。

（三）社会影响和效益

本课题的研究成果包括 2 篇论文和结项报告，其中一篇发表于 2021 年第 91 期 *Annals of Tourism Research*（SSCI，Q1 区，影响因子 9.011），另一篇发表于 2021 年第 11 期《西南民族大学学报（人文社会科学版）》，随着时间的推移和社会各界对旅游市场秩序与监管问题和解决方式的日益关注，这些研究成果将会发挥越来越大的社会影响力。此外，本课题的结项报告为《旅游市场投诉处理机制与协同治理体系研究》，系统分析了旅游投诉的类型、发生机制及产生原因、协同治理体系，对于我国旅游市场治理理论与实践具有指导与借鉴价值。

文化旅游诚信价值观促进的法治保障研究

负 责 人：汪青松
依托单位：西南政法大学
起止时间：2021 年 4 月—2021 年 10 月

一、研究的目的和意义

（一）研究意义

文化与旅游的融合是促进国家经济发展的新机遇。伴随我国社会主义建设步伐的加快，我国社会的主要矛盾转变为人民日益增长的美好生活需要和不平衡不充分的发展之间的矛盾，解决这一矛盾的有效路径便是在物质财富创造的基础上，进一步满足人民在精神文化层面的需求，而文化产业与旅游产业均是实现这一层面需求的关键机制，二者融合而成的文化旅游更是解决社会主要矛盾的重要方式。

但近年来，由于文化旅游行业的快速发展及相关法治保障机制的不完善，以诚信为代表的社会主义核心价值观在文化旅游中的践行欠佳，极大地抵消了文化旅游的内生积极意义。

（二）研究目的

本课题通过总结文化旅游行业的失信现状，对其实践成因及制度成因予以揭示，进而提出制度完善的建议，在纾解现有文化旅游行业法治困局的同时，尝试建构文化旅游行业的德法融合治理新路径，在宏观上能够促进文化旅游经济的健康长远发展，在中观上推动法律制度的完善，助力社会主义核心价值观融入相关立法，在微观上塑造文化旅游参与者的诚信价值观，以期助益文化旅游的长远发展供给制度上的建议。

二、主要内容、重要观点、对策建议

（一）主要内容、重要观点

本课题研究总体上遵循“现象剖析—危机揭示—归因探讨—对策构建”的研究思路，综合运用比较分析、实证分析、文献资料统计分析等研究方法，从宏观与微观、理论与实践、横向与纵向、历史与现实、域内与域外等多角度多层次对文化旅游失信问题及文化旅游诚信制度的法治保障进行研究。

1. 文化旅游失信乱象现实表现

本部分内容主要是针对文化旅游行业失信乱象的现状进行分析，从三个维度展开，目的是通过不同实践领域的相关文书和问卷调查，从不同的角度全面揭示文化旅游活动的不同参与主体存在的失信行为及其成因。第一维度是通过课题组收集文化旅游失信行为的行政处罚文书、司法裁判文书及问卷调查方式，遵循将文化旅游活动参与者分为文化旅游经营者和文化旅游消费者的研究思路，对二者在不同实践层面出现的失信行为进行统计分析，从中梳理出当前不同文化旅游参与主体失信行为的现实样态；第二维度是在遵循主体二元化的研究思路上，进一步从法学的角度将前述实证统计分析后的不同文化旅游参与主体的失信行为进行类型化；第三维度则是对文化旅游失信行为进行归因分析，从文化旅游行业的行业特性、行业价值异化、文化旅游行业的诚信保障机制不足及文化旅游行业所处的社会背景四个角度对文化旅游参与者的失信行为进行剖析，从而找寻失信行为出现的诱因，为后续研究奠定基础。

2. 文化旅游诚信问题研究现状

本部分是对文化旅游诚信问题的学界研究成果进行梳理，从文化旅游诚信的基本内涵、文化旅游失信现象的分类、文化旅游失信问题的成因及文化旅游失信问题的规制对策四个研究视角展开，并从研究现状与不足两个层面进行了细化分析。

3. 文化旅游诚信促进制度现状

本部分的内容主要是对文化旅游诚信规制的域内制度进行梳理及评析。研究从两个维度展开：一是全国性制度的梳理，二是地方性制度的梳理。全国性制度层面主要是对现有的关于文化旅游诚信规制的法律、行政法规、部门规章等规范性文件的梳理，在此之下以原则层面及具体的规定层面为视角进行制度的梳理分析；从文化旅游经营者和消费者两个主体视角整理各个维度的制度现状，发现当前制度存在的不足之处，既为后续的研究供给现状认知提供基础，也为后文的制度完善提供基础。地方性层面的制度梳理主要是对部分地方性法律文件的梳理，对这些制度进行对比分析，揭示出不同地方性规范文件在制度设计和实施上存在的隐患。现有的制度设计主要存在着“对诚信概念的使用存在模糊性”“对消费者的失信行为关注不足”及“对信息化发展趋势的回应不足”这三个方面的问题。

4. 文化旅游诚信保障国际经验

本部分主要关注的是域外关涉文化旅游的相关制度设计，主要是对现有的国际性旅游消费者保护组织或者旅游行业组织的制度进行梳理，如《联合国消费者保护准则》《全球旅游伦理规范》等，此外，课题组还对全球其他法域的文化旅游相关制度进行了梳理，如欧盟、英国等法域。在具体的梳理思路上，依然从文化旅游参与主体二元划分的思路展开，通过从主体维度以及主体维度之下的细分维度的交叉分析，本研究对域外涉及文化旅游经营者和消费者的失信行为规制或诚信促机制进行了较为完善的研究和梳理，以期从中汲取有益经验，并揭示其制度存在的不足，以为我国后续制度完善提供镜鉴。

（二）对策建议

主要从四个方面展开，分别是“加强文化旅游诚信促进的法制建设”“完善文化旅游行政执法的监管手段”“提升文化旅游纠纷解决的公平效率”“推动文化旅游健康发展的多元共治”。

1. 加强文化旅游诚信促进的法制建设

本课题从三个角度出发提出了制度完善的建议。首先，应当制定充分弘扬社会主义核心价值观的文化与旅游法，即《中华人民共和国文化与旅游法》，通过这一立法来满足文化旅游产业融合发展的法治化需求。在具体的立法过程中，应当注意文化旅游诚信相关概念的界定，特别是诚信概念作为道德与法律兼具的特性，应当注意不同领域和不同层次中的“诚信”概念内容。其次，应当将诚信价值观念原则融入文化与旅游立法的基本维度，这一目的的实现需要从“价值引领维度”“地方差异维度”“层次区分维度”及“实施效果维度”出发，全面关注诚信价值观融入文化旅游立法可能出现的问题以及基本的制度需求，从而扫清文化旅游诚信价值观在法律制度建构与实践层面的障碍。在“价值引领维度”层面，文化旅游立法中应依照诚信价值观的分层定位依次分别融入立法目的、法律原则与法律规范的设计中；在“地方差异维度”层面，应关注到文化旅游时空异化的特征，应当给予地方性立法在自身地方特色上的关注；在“层次区分维度”层面，需要关注到诚信价值观的不同层次界分，不同内容、

要求和目的的诚信应当采取差异化的对待方式，以免出现不同失信行为规制机制的错位；在“实施效果维度”层面，需要关注到法律制定后的激励机制设计。针对不同维度的诚信，应当采取不同的激励措施。最后，应当加快推进弘扬与惩戒并重的统一社会信用立法。这一层面主要是结合信息化的时代背景提出文化旅游行业信用立法层面的建议，以期通过信用立法的方式对文化旅游失信行为予以一定的规制。在具体的内容展开上，主要对关涉文化旅游诚信价值观促进的社会信用立法的模式、立法的技术及策略进行了讨论。在立法模式上，课题组认为我们应当采取统合型立法的策略，即既需统一性的《社会信用法》，也需分散于各部门法中的分散性社会信用法律条款，在《社会信用法》之外针对文化旅游行业的特殊性制定适用于文化旅游行业的信用立法，以为文化旅游失信行为的规制提供更为完善和可行的规制机制。在立法技术上，应当注意概念间的界分，要把握好道德和法律的界限，应当注意失信与违法的界分、明确信用信息的归集与公开的条件等。

2. 完善文化旅游行政执法的监管手段

充分发挥失信惩戒机制的威慑功能，尽快实现诚信信息平台的协作共享。在失信惩戒机制的威慑功能发挥上，一方面，应当完善现有的文化旅游失信公示平台，加强对文化旅游失信行为的披露，同时应当建构相应的文化旅游失信行为全国层面的及各省级层面的文化旅游失信平台交互机制，解决现有文化旅游失信平台信息对于文化旅游失信主体的惩戒结果在地域上的限制；另一方面，现有的失信信息处理采取的是单一性的思路，应当注意文化旅游行业的“陌生人交易”属性，建立完善的信用监管网络来规制文化旅游行业的失信行为，从横向与纵向、内部与外部两个维度、四个方向完善文化旅游参与主体的失信监管。在“横向与纵向”维度，应当采取纵横结合的诚信促进保障机制建构思路，在纵向上，尽快建立全国性与地方性文化旅游失信行为信息公示平台之间的高效信息共享机制；在横向上，应当关注文化旅游行业的失信信息与其他行业的失信信息公示平台的共享机制，以建构高效的信用监管机制。在信用信息的公示系统设计上，应当采取内外有别的思路，即所公示的信息应当根据信息查询和使用对象的不同内外有别。于内而言，应当针对政府部门建构自身适用的失信公示记录系统，在这一系统中记录的信息与公示于社会公众的信息应当在时间存续及信息的详略上有所差别，以遏制部分社会主体因信用信息存在时效的问题而采取机会主义行为。于外而言，应当在信用信息的公示时间及详略上作一定的限制，以免失信信息的披露导致社会主体难以维持日常的经营或生活。通过上述两方面的思路建构的高效信用监管机制将能有效解决当前模式下所造成的“信息孤岛”，向监管部门供给重要信息，同时缓解不同社会主体之间及监管者与被监管者之间的信息不对称，提高监管的效率与有效性。

3. 提升文化旅游纠纷解决的公平效率

在诉讼层面，应当充分发挥简易程序的效率功能，通过诉讼程序的简化来满足权益受损害主体救济的需求，而这种模式也正好契合文化旅游活动的短暂性对纠纷解决效率的需求。在非诉层面，应当积极促进仲裁和调解的重要作用。建构契合文化旅游行业特色的仲裁和调解机制，既能减轻司法资源的紧缺性对当事人救济实效性的限制，也能通过多种救济路径的完善，为文化旅游参与主体的权益维护提供更为完善的救济机制，从而推动文化旅游诚信价值观的建设。

4. 推动文化旅游健康发展的多元共治

在行政机关层面，应当加强政府的执法监管。各级政府和各级管理部门应抓紧建立健全旅游领域信用记录制度、信用信息公示制度、诚信评价制度、诚信结果运用制度、社会监督制度等完善配套的制度体系。在制度体系的建构上，应当遵循上述立法的基本理念，加强政府执法监管，使所设计的制度落到实处。制度的设计还应关注到文化旅游所具有的时空异化性，应当注重提高纠纷解决和失信惩戒的效率。除了制度的完善外，还应关注到制度的施行，即行政执法层面的问题。在政府的执法上，应当恪守严格执法的要求，既需要政府在明确法律授权之下行为，限制行为的滥用，也需要在执法依据、执法过程及执法保障因素三个层面，将社会主义核心价值观内化为执法的内容、程序及执法者的意识要素。在社会组织层面，应当发挥出社会组织在社会治理上的重要协助作用，这一作用既包括对已有规则的遵循，也应承认部分社会组织在社会规则层面的重要供给作用，使其能够在有限的领域范围内最大化其组织秩序的功能。具体来说，即应当让行业协会发挥更大的作用，注意到当前一些重要社会组织的作用以及其所面对的“能力不足”问题，疏解其发挥功能的阻滞，使其能够在多元共治的社会背景下发挥应有的功用。在社会大众层面，则需社会主体积极提升自身的法治意识，遵法、守法并“参与执法”。具体到文化旅游诚信价值观的促进维度，应当注意到社会大众对于法律的遵循与理解是失信行为得到遏制的重要基础，在文化旅游的日常相关宣传中，应当重视对文化旅游相关立法的宣传活动。在当前信息化的背景下，应当积极运用各种纸质、新闻媒介和互联网络的方式倡导文化旅游诚信行为，并通过对文化旅游失信行为惩戒机制的宣传来激起社会主体对于文化旅游失信行为的抵制情绪，通过社会主体的积极参与，自觉推动文化旅游诚信价值观的遵循与失信行为的抵制，以降低失信行为导致的损害及因失信行为的规制而产生的社会成本。

三、学术价值、应用价值及社会影响和效益

（一）学术价值

（1）通过对文化旅游行业的实践乱象梳理，进而从客体规制角度创新性地重构文化旅游诚信的履约与守法二维定义，为后续归因分析及法治保障构建奠定潜在的理论前提基础。

（2）明确了作为主体间行为纽带的诚信属于法律调整的应然范畴，作为主体价值追求的诚信法治精神的应然内核，创新性地为诚信价值观融入文化旅游行业的法治保障建设提供了理论基础，也进一步为后续社会主义核心价值观融入法治建设提供理论范式和指引。

（二）应用价值

（1）有利于营造诚信的文化旅游环境氛围，促进我国文化旅游行业健康可持续发展。

（2）从文化旅游行业着手，加快社会信用体系建设，优化诚信法治环境，逐步实现诚信建设制度化。

（三）社会影响和效益

（1）改善文化旅游诚信价值的法治保障。针对明晰的文化旅游诚信危机诱因，以诚信作为制度构建的核心价值取向，以客体区分作为制度构建的基本应对原则，从法治保障维度重塑文化旅游业的诚信文明旅游之风。

（2）推动社会主义核心价值观的法治实现。聚焦于文化旅游行业的“法治搭台，文旅唱戏”，通过本课题研究将诚信这一社会主义核心价值观融入文化旅游行业的法治保障建设当中，引发旅游行业参与者的文化自觉、制度自信，从而为其他领域的社会主义核心价值观融入法治建设提供基本方向和范式。

双循环背景下旅游产业链重构机制与路径研究

负 责 人：刘 佳
依托单位：中国海洋大学
起止时间：2021 年 4 月—2021 年 10 月

一、研究的目的和意义

（一）研究目的

本课题以积极融入、有效对接与服务支撑双循环新发展格局国家战略为前提，阐释并揭示我国旅游产业链重构的理论内涵、现状问题、影响机制与路径模式，从而拓展旅游产业链研究广度和深度。第一，从理论构建入手，系统梳理旅游产业链重构的概念内涵、内在逻辑与外在表征，构建双循环新格局指引下旅游产业链重构的综合分析框架，为我国实现产业链现代化、推进经济高质量发展提供理论指导。第二，从现实发展谋篇，整体剖析双循环背景下我国旅游产业链现状与问题，构建旅游产业链重构的多维度评价体系，识别“十五”时期以来不同空间尺度上（全国、区域及省域）旅游产业链重构水平，确定我国旅游产业链重构的方向与着力点。第三，从政策建议落地，揭示双循环背景下我国旅游产业链重构的关键影响因素及其作用机制，探讨提出新时期我国旅游产业链重构的新方案与新路径，为服务双循环新发展格局提供战略支撑。

（二）研究意义

1. 理论意义

第一，深化拓展了旅游产业链重构研究的理论体系。本课题立足于双循环新发展格局战略背景下产业链重构的重要性和必要性，提出“理论内涵—现状评价—影响机

制—形成路径—案例分析”的研究脉络，深化拓展了旅游产业链重构的研究体系，有助于为后续研究提供理论指导。第二，系统构建了旅游产业链重构的评价指标体系。本研究构建了“价值链重构—企业链重构—供需链重构—空间链重构”四位一体评价体系，综合分析不同空间尺度上旅游产业链重构水平及其时序演进、空间分异与区域差异特征，提供了一个更加系统的旅游产业链重构测度体系与评价范式。

2. 实践意义

第一，有助于地方政府系统把握旅游产业链发展现状与问题。本课题全面分析了中国旅游产业链发展现状与问题，能够协助地方政府客观把握旅游产业链的现实发展与亟待解决的痛点难点。第二，有助于地方政府合理提出推进旅游产业链重构的决策建议。本课题在系统探讨中国旅游产业链重构的影响机制的基础上，深入挖掘旅游产业链的优化路径与提升模式，并基于“供给—需求—创新—政策”四个层面，提出具有针对性的旅游产业链重构的路径建议，从战略高度为中国旅游产业链重构与高质量发展提供决策依据。第三，有助于为海洋旅游产业链重构提供切实可行的路径参考。以海洋旅游为典型业态，以山东胶东经济圈为案例地，从价值链、企业链、供需链、空间链四个维度提出了胶东经济圈海洋旅游产业链重构的发展建议，为我国海洋旅游高质量发展提供决策指导。

二、主要内容、重要观点、对策建议

（一）主要内容

（1）双循环背景下旅游产业链发展现状与问题剖析。从产业经济、市场格局、产业地位和旅游需求等方面，梳理中国旅游产业发展现状；从产业链结构、组织形态和运营模式等方面，分析中国旅游产业链发展现状，剖析链条环节衔接松散、规模集群带动效应不足、链核主体模糊等发展问题。

（2）中国旅游产业链重构状态识别与时空特征。从价值链、企业链、供需链、空间链四个维度出发，构建旅游产业链重构状态评价指标体系系统评价 2001—2019 年全国、区域及省域旅游产业链重构水平，并分析其时间演变、空间分异与区域差异等演变特征。

（3）双循环背景下中国旅游产业链重构机制与路径。立足国内国际双循环战略的需求，从“供给—需求—创新—政策”四个层面提出相应的理论假设，阐述影响旅游产业链重构的关键因素；纳入空间关系探讨这些因素对中国旅游产业链重构的影响机制，运用基于组态视角与复杂理论的模糊集定性比较分析方法，探讨中国旅游产业链的重构路径。

（4）典型区域海洋旅游产业链研究。以山东胶东经济圈为案例地，从价值链、企业链、供需链、空间链对胶东经济圈海洋旅游产业链的构成进行全面解析，在对其发展现状与问题进行剖析的基础上提出该区域海洋旅游产业链重构的路径。

（5）双循环背景下推动中国旅游产业链重构的政策建议。基于重构机制与路径研究相关结论，从供给、需求、创新、政策四个方面，提出推动中国旅游产业链重构的政策建议。

（二）重要观点

（1）当今世界正面临百年未有之大变局，推动形成“以国内大循环为主体、国内国际双循环相互促进的新发展格局”是中共中央作出的全局性系统性的重大战略决策部署。旅游产业链重构是响应国家双循环发展战略现实要求的重要举措，也是全球产业链重构背景下我国产业链重构在旅游行业中的具体落实，对于扩大内需、拉动消费以及促进产业转型升级高质量发展具有现实必要性。

（2）旅游产业链是以旅游核心企业部门为产业链核心，以旅游相关支撑行业为纽带形成的复杂综合体。旅游产业链重构是产业链内部结构调整、组织纵向深化的过程，主要表现为产业基础提升和企业价值重塑的价值链重构、业态跨界融合和组织形态重组的企业链重构、供需实现平衡和消费驱动转型的供需链重构以及空间实现拓展和产业结构升级的空间链重构。

（3）当前中国旅游产业链存在着链条环节衔接松散、规模集群带动效应不足及链核主体模糊的问题，供给要素（如旅游资源禀赋、旅游人力资本等）、需求要素（如旅游需求总量、旅游需求结构等）、创新要素（如人工智能、互联网、技术创新等）、政策要素（如产业融合、对外开放水平等）是中国旅游产业链重构的关键动力，并由此形成“旅游人力资本”驱动、“旅游需求总量”驱动、“旅游人力资本 + 旅游需求总量”驱动三种复合型重构路径。

（4）胶东经济圈海洋旅游特色突出，产品体系较为完善，但海洋旅游产业链发展存在价值链竞争优势发挥不足、企业链产业部门合作力不强、供需链产品同质化较为严重、空间链辐射带动能力薄弱等问题。今后应加强整合海洋旅游资源，发挥海洋旅游价值链的核心带动力；推动旅游产业部门跨界跨区合作，优化企业链协作发展；创

新海洋旅游产品，提升消费升级水平；促进跨区域延伸，拓宽海洋旅游空间立体化发展，以此推进胶东经济圈海洋旅游产业链重构。

（三）对策建议

（1）立足旅游资源禀赋优势，提升旅游人力资本水平，优化政府投资结构。以加快要素驱动，支撑旅游产业链重构。其一，立足旅游资源禀赋优势，精准把握旅游需求，开发优质旅游产品。通过市场调研，以科学的策划和规划方案作为指导依据，准确把握旅游者需求，确定目标市场、主体形象和核心吸引力，并依据区域旅游资源特色，深度开发具有表现力的产品形态，提升旅游产品的附加价值。其二，提升旅游人力资本水平。加快发展旅游教育与培训，满足旅游业紧迫的人力资源需求。首先，旅游院校要突出办学特色，打造高质量的旅游教学品牌，提高人才培养质量和水平。其次，健全选拔与激励机制，加强行业培训，激发员工积极性和创造性，提高旅游从业人员的行业认同感、获得感和幸福感。其三，优化政府投资结构。从中国旅游业发展模式实践来看，政府在旅游市场的培育和促进产业快速发展方面发挥了至关重要的作用。因此，在投资结构上，要通过政策突破实现原有项目的经营性资产与非经营性资产分割，优化旅游投资结构，重点投资解决消费痛点，升级旅游产品结构，发挥重构旅游产业链的作用。

（2）提升本地居民旅游需求，优化旅游需求结构。以加快需求驱动，引领旅游产业链重构。其一，优化旅游产业供给本地，挖掘当地居民旅游消费潜力，提升本地居民旅游需求。通过开展本地旅游营销活动，将旅游目的地形象宣传和旅游产品推广有机结合起来；探索更为灵活的弹性休假模式和更为合理的节假日安排，刺激旅游需求；积极推进国家级旅游休闲街区建设，提升街区的服务设施与服务品质，打造主客共享的街区环境，更好地刺激本地居民在当地直接进行旅游消费的欲望，起到优化旅游价值链作用。其二，优化提升旅游需求结构，提升高弹性旅游活动的消费能力。应通过大力发展城市周边乡村“微度假”，提高中短程休闲度假频次，培育旅游消费聚集区；采用发放旅游消费券的方式，给予旅游者实际补贴，提升其消费高弹性旅游活动的可能性，促进旅游消费需求结构优化，从而有效发挥促进旅游产业链重构作用。

（3）推进人工智能场景应用，加速推进旅游科技创新，深化“互联网＋旅游”，实现数字化转型，创造新的旅游场景与体验，提升产业链各环节效率与效能，以加快创新驱动，推动旅游产业链重构。其一，推进人工智能场景应用。首先，鼓励技术应用创新，助推人工智能技术与旅游企业深度融合；其次，利用 AI 结合互联网、5G 通信、物联网、大数据、云计算等技术实现万物互联，为旅游新场景、产品和业态提供技术支撑；最后，利用现有技术创新符合消费主流人群的体验场景，打造智能化、个性化及便利化的链条式服务。其二，深化“互联网+旅游”，完善旅游信息基础设施，加快网络营销建设。一方面，提高各类旅游区域5G覆盖率，建设旅游数据综合服务中心，实现涉旅数据信息整合与共享。另一方面，通过互联网信息技术高效整合线下和线上资源，持续推进与创新直播带货、“云旅游”等互联网营销形式，提高旅游产业链的竞争力。其三，加速推进旅游科技创新。聚焦智慧旅游关键技术，以科技创新提升旅游数字化水平，研发旅游住宿智慧物联管理服务系统和平台、高端旅游系统装备和专用材料；丰富和优化数字旅游产品和服务供给，培育文化和旅游融合消费的新业态、新模式，优化旅游需求链和供应链，从而起到重构旅游产业链的作用。

（4）提升对外开放水平，加速旅游产业集聚，推动旅游产业融合，以加快政策驱动，支持旅游产业链重构。其一，提升对外开放水平。建立和完善旅游业对外开放政策体系，强化同其他国家经济、贸易、文化交流，深化人才、技术等领域的国际合作，以此带动旅游产业发展，通过营销共享、资源共享、交通互通互利等方式，提高资源的利用率。其二，加速旅游产业集聚。从政府层面来看，应综合考虑旅游资源禀赋、地理条件、客源市场等现实条件制定旅游产业的政策和文件，积极进行招商引资，拓宽融资渠道，吸引投资商聚集，形成旅游产业集聚区。从企业层面来看，通过吸引投资、共创旅游服务、共享旅游信息资源、开拓海外旅游客源市场等方式参与外部市场竞争，保持旅游产业集聚环境的开放性，形成区域旅游产业核心竞争力。其三，推动旅游产业融合。加快先进技术在旅游产业的应用与推广，结合地方资源特色，推动旅游业与地方特色产业深度融合，因地制宜逐步开展旅游产业融合发展。

三、学术价值、应用价值及社会影响和效益

（一）学术价值

（1）构建了具有中国特色的旅游产业链重构理论体系。本课题系统梳理了旅游产业链及其重构相关研究，立足于双循环发展战略，提出了“理论内涵—状态识别—重构机制—重构路径—案例剖析—政策建议”一体化的旅游产业链重构研究脉络，构建了中国特色旅游产业链重构研究框架，回答了旅游产业链是什么、为何重构以及如何重构等问题，丰富了旅游产业链重构的研究成果。

（2）创新了旅游产业链重构状态多维度要素评价体系。本课题基于产业链构成维度及旅游产业发展实际，从“价值链—企业链—供需链—空间链”四个维度构建了旅游产业链重构状态评价体系，并从全国—区域—省域等多空间尺度，识别了旅游产业链重构的时间演变、空间分异及区域差异特征，拓展了旅游产业链重构评价体系的应用空间。

（3）丰富了旅游产业链重构的研究方法与理论模型。本课题将规范研究与实证研究、宏观数据与微观案例、计量分析与定性比较等相结合，综合运用空间计量模型、模糊集定性比较分析、案例分析等研究方法，突出多要素、多尺度、多维度等系统评价与集成研究，提高了旅游产业链重构状态评价的精准性、重构机制的系统性与重构路径的有效性。

（二）应用价值

（1）有助于地方政府明晰当前旅游产业链重构状态水平及优势劣势，弥补不足迎头赶上。本课题识别了旅游产业链重构在全国、区域及省域尺度上的时间演变、空间分异及区域差异特征，对比了不同省域旅游产业链重构的优势劣势，能够为旅游产业链重构能力较差的省域提供示范借鉴。

（2）为地方政府推进旅游产业链重构提供给方向和着力点。本课题探讨了旅游产业链重构的影响因素及其作用机制，揭示了旅游产业链重构的路径与模式。旅游人力资本和旅游需求在旅游产业链重构过程中发挥着关键作用，为地方政府提供了加快旅游产业链重构及推进产业链现代化的方向和着力点。

（3）为海洋旅游产业链重构提供了样本示范和经验借鉴。本课题以胶东经济圈为典型区域，分析了其海洋旅游业发展现状、海洋旅游产业链发展现状及问题，并提出了海洋旅游产业链重构路径，为胶东经济圈海洋旅游业高质量发展提供了方向路径，也为其他地区海洋旅游产业链重构提供了一定的参考借鉴。

中等收入阶段的旅游需求国际比较研究

负 责 人：姚王信
依托单位：安徽大学
起止时间：2021 年 4 月—2021 年 10 月

一、研究的目的和意义

（一）研究目的

本课题通过国别研究和国际比较，研究样本国家（地区）的收入水平与结构等主要因素对旅游需求的影响机制，从而为进入中等偏上收入阶段的中国吸收经验和总结教训，更好地制定高质量发展旅游产业、满足旅游需求相关的公共政策，指导市场主体有针对性地改进经营管理，提高发展质量和效益。

（二）研究意义

1. 理论意义

旅游需求涉及旅游经济和旅游管理两个层面，连接着宏观经济政策和微观市场主体。本课题从国别研究和国际比较视角构建旅游需求及其影响因素相关的理论分析框架，丰富了相关的研究方法，扩大了研究视域，弥补了国别研究成果数量上的不足。

2. 政策与实践意义

各国发展阶段有先后的差异，先发国家为中国在内的后发国家提供宝贵的经验和教训。本课题通过国别研究和国际比较，总结了四类国家的政府公共政策和市场主体管理策略，并进行了比较，从而为中国政府制定相关公共政策提供借鉴，也为旅游市场主体提高管理能力提供经验指导，共同实现中等收入阶段旅游业的高质量发展，增

强旅游服务能力，从数量、质量和结构上更好地满足日益增长的高质量旅游需求。

二、主要内容、重要观点、对策建议

（一）主要内容

世界银行按照人均国民收入标准把国家（或地区，下同）分为低收入、中低收入、中高收入和高收入四类经济体。其中，中低收入和中高收入构成“中等收入”，即本课题所说的中等收入阶段。

1. 中等收入阶段旅游需求特征与发展现状国际比较

选择了由 18 个国家（地区）组成的四类样本作为国别比较的基础，分别是：成功跨入高收入国家的大规模经济体国家或地区，选择美、日、韩和欧洲的德国、英国、法国；成功跨入高收入国家的小规模经济体国家或地区，选择新加坡、巴拿马、中国台湾地区和香港特区；中等收入国家中的大规模经济体国家或地区，选择中国大陆、俄罗斯、印度、印度尼西亚和巴西；中等收入国家中的小规模经济体国家或地区，选择佛得角、古巴和马尔代夫。

首先，梳理了样本国家（地区）进入中等收入阶段的时间线，初步得出其发展阶段的时间差异。其中 11 个大规模经济体进入中等收入阶段的时间相差 91 年以上；7 个小规模经济体进入中等收入阶段的时间相差 41 年。

其次，描述性统计分析了样本国家（地区）中等收入阶段的主要旅游基本数据，主要发现有：全球旅游总收入存在较大的地区差异，发展极不均衡；中国大陆出境游人数连续 8 年位于全球首位，其中 2019 年出境游的消费总额也位于全球首位，出境游人均消费和十年增长率位于世界前列；中国大陆入境游相关数据位于后列；新冠肺炎疫情对样本国家旅游产业造成严重影响但也存在地区差异。在此基础上，总结了中等收入阶段旅游需求的 7 项主要特征，分别是：全球旅游需求总体上呈现持续扩张的趋势；经济发展水平对旅游需求的影响更为显著；全球旅游需求存在较大的地区结构差异；旅游需求主体结构发生变化；旅游需求的内容发生变化；旅游需求的空间日益扩大；新冠肺炎疫情对全球旅游需求的冲击巨大但不均衡。

最后，描述性统计分析了中国大陆中等收入阶段主要历史旅游数据和预测旅游数据，主要发现有：中国国际旅游（入境游）与国内旅游人数总体稳定增长；国际旅游与国内旅游收入稳步增长；如果没有疫情影响，国内旅游收入将有可能在

2024—2025年间达到10万亿元；疫情只是短暂改变了国内旅游收入的趋势。在此基础上，总结了中国大陆中等收入阶段旅游需求的8项主要特征，分别为：旅游需求提质升级；大众旅游需求稳中有升；旅游消费者的异质性带来多样化和差异化的旅游需求；旅行时间对旅游需求形成的约束更加显著；消费信心对旅游需求具有重要的影响，人均旅游消费水平持续提高；旅游产品供给或服务的方式也影响旅游需求；旅游需求的城乡二元格局仍然存在；新冠肺炎疫情对有效旅游需求产生了重大影响。

2. 构建中等收入阶段旅游相关理论与政策分析框架

理论框架主要包括旅游需求层次理论、旅游动机理论、支付能力理论、闲暇时间理论和旅游需求规律理论，作为一个整体构成理论分析框架，能够为开展相关的国别与比较研究提供正确的理论指导。公共政策框架主要由旅游产业政策、旅游基础设施政策、旅游投融资政策、旅游国际协调与合作政策、旅游公共服务政策、文化与旅游资源保护政策、旅游市场与环境政策和旅游职业道德规范等组成，为进一步的国别与比较研究奠定政策分析基础。

3. 中等收入阶段旅游需求影响因素总结与旅游政策国别比较

共梳理、总结、分析和筛选出15个主要影响因素并大体按重要性高低进行初步排序，这些因素分别是：闲暇时间、收入水平、旅游政策与公共管理、旅游产品质量、旅游时间、旅游产品价格、旅游基础设施、旅游产品供给、旅游营销与品牌、消费习惯与消费限制、人口特征、突发事件、通货膨胀、汇率波动、政府管制。同时，在对收集样本国家（地区）和有关国际组织的340项（篇、部）旅游政策文本进行分析的基础上，总结出它们中等收入阶段旅游政策的6项共同之处，分别是：基本法律保障；公共管理与服务相关的政策；旅游产业发展相关政策；旅游市场主体微观管理相关政策；旅游人才相关政策；旅游业可持续发展相关政策。同时，总结出它们中等收入阶段旅游政策的4项不同之处，分别是：旅游产业发展过程中，各国（地区）政府主导与市场主导的程度不同；旅游品牌形象差异化；发展阶段和政策侧重点不同；应对突发公共危机政策差异。

4. 提出与中等收入阶段旅游需求相适应的政策与管理建议

在比较研究各国中等收入阶段旅游政策的基础上，进一步实施政策文本分析，能够更加清晰地揭示相关公共政策轨迹和规律，作为提出政策与管理建议的基础。

首先，对样本国家（地区）中等收入阶段已有旅游政策文本实施分析。按照点度中心度排序，得出的20个高频词从高到低依次为：国际协调与合作、旅游目的

地营销、信息服务、旅游产品数量、资本市场、旅游基础设施、旅游服务中介、旅游资源保护、旅游人才培养、可持续发展、旅游市场主体与高级人才、旅游便利措施、旅游产品质量、旅游品牌建设、旅游规划与开发、公共目标、客户需求与体验、政府监管、社会责任、全球联系。这个研究结果有效提高了相关政策与管理建议的针对性。在此基础上，分别总结了已有政策的成就和存在的主要问题。已有政策的成就是：致力于国际协调与合作等 20 个主要方面（或环节、节点），体现了先发国家或地区为满足中等收入阶段旅游供需关系相关政策的核心着力点，具有极强的政策参考价值。已有政策的主要问题有：根源于社会基本矛盾的旅游供需脱节问题更加严重；不利于旅游产业的整体转型升级和旅游产品与服务质量的提升；旅游政策（包括政策研究和政策制定环节）缺乏前瞻性，容易陷入就事论事和细枝末节；旅游环境整治往往得不到应有的重视，旅游目的地治安（尤其是在出入境旅游中）等相关问题频发，不利于保护旅游消费者的利益，最终不利于旅游行业的健康可持续发展。

其次，分别提供了适应中等收入阶段旅游需求变化的 8 项旅游政策建议（包括闲暇时间、收入水平、转型升级、国际国内协调、消费者素质与旅游人才、公共危机管理、信息化与标准化建设和政府监管）和 6 项管理建议（包括旅游产品与服务开发、投融资管理、旅游目的地营销与品牌建设、区域与国际合作、数字化转型和社会责任管理）。

（二）重要观点

一是中等收入群体的消费升级，深刻影响着旅游需求。

二是在中等收入阶段，闲暇时间取代收入水平成为影响有效旅游需求的首要因素。

三是实现旅游产业转型升级是适应中等收入阶段旅游需求变化的核心路径。

（三）对策建议

对策建议体系包括政策建议和管理建议两个部分。

1. 中等收入阶段的 8 项旅游政策建议

（1）改进和完善劳动和休闲的相关法律政策，有效释放包括中等收入群体在内的职工闲暇时间，扩大有效旅游需求。具体主要包括：完善带薪年休假制度；完善休假体系（寒暑假、探亲假、学术假、病假、事假等）；完善休假管理体系；探索居民无酬劳动相关的休假制度；优化法定节假日与周末双休制度。

（2）改进和完善收入分配政策，稳定中等收入群体的收入预期和扩大中等收入群体的规模，促进旅游需求的稳步增长。具体主要包括巩固和完善生产要素按贡献参与分配的初次分配制度；发挥全社会创新创业示范作用，有效释放知识性和技能性等人才群体的财富创造潜力；居民收入来源多元化与增加居民财产性收入；完善收入差距调节政策；发挥高质量经济增长的收入分配效应；构建和完善代际收入分配制度。

（3）在国家治理体系与治理能力现代化建设和高质量发展进程中，加强和优化旅游政策规划和顶层设计，促进旅游产业结构转型与升级，更好地满足中等收入群体的旅游需求。具体主要包括：提高旅游产业规划的系统性和前瞻性；优化旅游基础设施供给；强化旅游资源保护；全面实现文旅融合发展；在《“十四五”文化和旅游科技创新规划》的指引下，重视发挥科技对旅游产业发展的支撑作用；完善旅游服务社会中介体系；坚持旅游可持续发展理念。

（4）在新时代改革开放思想指导下，加强国际国内协调与合作，促进出入境旅游和国内旅游的高质量发展。具体主要包括：实现旅游业内部协调发展；实现区域旅游协调发展；实现旅游与其他产业的协调发展；实现文化与旅游协调发展；实现旅游与教育协调发展；实现国际旅游与国内旅游协调发展。

（5）以社会主义核心价值观为指引，有序推进中国特色文化和精神文明建设，提高旅游消费者素质，培养各层次旅游管理人才。具体主要包括：加强旅游消费者素质教育，发挥政府、旅游市场主体和旅游消费者的协同作用，有效贯彻《中国公民出境旅游文明行为指南》和《中国公民国内旅游文明行为公约》；完善旅游人才培养体系，加强旅游从业人员素质教育。

（6）以最广大旅游消费者的消费利益为依归，尊重科学规律，有效实施公共危机管理，保障旅游业健康有序发展。具体主要包括：进一步保障旅游消费者权益；科学管理旅游领域相关的公共危机。

（7）总结和借鉴国内外先进经验，运用数字技术等科技创新成果，加强旅游信息化和标准化建设，服务旅游业高质量发展。具体主要包括：借鉴、研发并建设游客行为识别和消费感应服务系统提高旅游服务质量；借鉴、研发和利用旅游市场新型监管技术（线上线下黑名单管理、联合惩戒、互联网＋监管、违规违法实时监测、移动执法、网络监测等）；加强信息科学技术成果在旅游产业中的应用；进一步推进旅游信息化建设；优化旅游标准化建设。

（8）坚持新发展理念和系统监管的理念，不断优化和创新旅游市场监管方式，营

造和维护优质旅游环境，增强旅游消费者的获得感。具体主要包括：加强并优化旅游市场监管；发挥政府和市场在旅游市场环境建设中的协同作用。

2. 中等收入阶段的 6 项旅游管理建议

（1）旅游市场主体应在研究消费者特征、供需规律和科学决策的基础上，开发适销对路的旅游产品，提高旅游产品与服务质量，更好地满足旅游消费需求。具体主要包括：考虑旅行时间对消费者的约束；考虑消费者的消费习惯；围绕转型升级实施旅游产品全过程管理。

（2）旅游市场主体应重视研究资本市场，优化投融资管理。具体主要包括：实施科学和规范的旅游项目管理；制定项目投融资方案；进行项目投融资决策；实施项目投融资活动。

（3）面向消费者旅游需求的特征及其动态变化，制定旅游目的地营销（或旅游项目营销）和品牌建设策略。具体主要包括：在旅游产品全过程管理的基础上，进行旅游市场细分并界定目标旅游市场；旅游产品定位和品牌形象设计；确定营销目标；制定营销战略；确定营销组合；执行旅游营销计划。

（4）积极参与区域和国际合作，参与旅游相关国际标准制定等工作。具体主要包括：共同参与区域合作；积极参与国际合作；实施国际化发展战略并巩固取得的成果；积极参与旅游相关国际标准制定，建立或引入国际化的旅游标准体系。

（5）重视信息技术和数字化管理的应用，构建符合自身发展要求的统计体系。具体主要包括：平台化和数字化转型；数字化管理；统计服务转型。

（6）重视履行社会责任，树立良好形象。具体主要包括：经济责任；法律责任；政治责任；环境责任；顾客责任；员工责任；伙伴责任；社区责任。

三、学术价值、应用价值及社会影响和效益

（一）学术价值

本课题可能在国别研究和国际比较方面，丰富了收入水平与旅游需求之间关系的理论研究成果。在定性研究的过程中，采用政策文本共词分析等特色研究方法，并拓展了研究视域。

（二）应用价值

本课题的国别研究和国际比较研究成果，为在中等收入阶段实现旅游高质量发展、满足日益增长的多样化旅游需求提供公共政策借鉴；为旅游市场主体提质增效、改进管理、提高服务质量和水平提供管理策略建议。

中国汉字文化的艺术创意理念体系构建研究

负 责 人：王晓明
依托单位：中国美术学院
起止时间：2021 年 4 月—2021 年 10 月

一、研究的目的和意义

（1）汉字文化的艺术创意是高速发展旅游和文化产业无法规避的课题，它不是简单的标志、标牌中汉字的标注，它的艺术形态本身就是一种中华民族优秀文化的传播途径。汉字所承载的优秀传统文化作为文化基因一直激励和促进着中华民族的伟大复兴。

（2）旅游和文化的发展其实是传播和传承中华民族优秀文化的有效途径。汉字文化是最有力量的中华民族的文化基因之一，我们需要充分认识、理解和传承。把汉字文化的进化和发展重新整理，发掘汉字文化应有的价值。

（3）中华民族的文化精神符号是旅游和文化视觉形象最直接的手段之一。汉字的艺术创意包含了汉字书法、篆刻但不局限于此。汉字的艺术创意在计算机、多媒体、雕塑、空间、建筑、水墨、综合材料、商标、标志等庞大的艺术范畴中都有应用。随着中华民族文化自信和文化的伟大复兴的进程，汉字文化的艺术创意理念体系构建势在必行。

（4）传承汉字文明，让世界上更多的人认识汉字文化，以艺术的方式呈现汉字有利于中华文化走向世界，有利于世界人民认识中国。汉字文化的艺术创意理念体系构建是为了汉字文化的艺术创意更好更健康地发展，提炼文化因子，是对汉字文化发展阶段的文化建设的调查、梳理；进行综合性系统性的分析，提出前瞻性的理念体系，同时也是核心价值观的模型构建。

二、主要内容、重要观点、对策建议

（一）主要内容

汉字文化的艺术创意体系的构建可以将中西艺术形式相融合，具备国际视野和艺术全球化，是继承优秀传统文化又弘扬时代精神、立足本国又面向世界的当代中国文化创新的有效路径。

1. 汉字文化的艺术创意概念和定义研究

文化的进化是其物质内容消失了，但作为文化形式的古代思想和行为模式被保留了下来。文化基因进一步解释了文化的进化，它是指存在于民族或族群集体记忆之中的普遍性的文化内涵元素。汉字文化的艺术创意是传承和发展汉字文化，以艺术的方式对汉字及其内涵的文化进行充分发掘和弘扬，汉字文化的艺术创意依托材料与中国文明关系等角度为汉字文化基因研究奠定了理论基础，其中包括汉字文化的艺术创意的具体属性，以及社会历史发展中的承传机制。

2. 汉字文化艺术创意的创作现状研究

汉字文化所具有的独特思维方式及汉字中承载的信息将会对人类未来的政治、经济、文化发展产生巨大影响。我们也发现了从事汉字文化艺术创意的艺术家和设计师在近些年有快速增长的态势，汉字文化的艺术创意是在这样的文化背景下，有序地发展了包括但不局限于传统书法、篆刻、计算机、多媒体、雕塑、空间、建筑、水墨、综合材料、商标、标志等多领域的艺术表现形式，它是与其他学科交叉但是因汉字文化的识别性而相对独立的全新艺术创意形式。

3. 汉字文化为主题的艺术创意教育现状研究

随着时代的进步，以汉字文化为主题的艺术创意的教育课程纷纷出现，例如北大资源美术学院汉字艺术系成立，培养了一批具有汉字艺术创作和汉字艺术设计的高端人才。2018年国家艺术基金项目《“一带一路”汉字力量——汉字水墨国际创作人才培养计划》共培养了36名人才。天津师范大学美术学院首开汉字艺术硕士研究生的招生，2019年推出慕课课程《汉字艺术及创作实践》，线上授课共招生3000余名。多所高校开展汉字水墨等课程的公开课和选修课，共有2000余名大学生接受了课程教育。杭州淳安千岛湖梓桐艺术基地开展社会公益性汉字水墨创作课程教育活动，共有2000余人次参与创作实践课程。这些课程和教育的推进，为汉字文化的艺术创意人才的培养奠定了基础。

4. 汉字文化艺术创意的理念构建基础研究

汉字文化的艺术创意包括跨学科的视角研究汉字艺术的魅力，研究汉字文化艺术创意的审美和鉴赏以及创新和发展。其中包括汉字书写、汉字设计、汉字表现，以及汉字多元化、多维度艺术形式等不同角度开展研究形式多样、风格迥异的优秀艺术作品的文化内涵、艺术价值、审美原则、创意创作规律。

5. 汉字文化艺术创意的应用探索研究

汉字文化艺术创意是汉字通过艺术的多元表达和不同视觉艺术领域、工艺美术领域、设计艺术领域、公共空间领域的呈现，如汉字书写与水墨创作、工艺美术设计制作、艺术设计、时尚设计、雕塑与装置、公共空间及景观园林到所有这些汉字艺术多元形式的创作创新、设计创新、应用创新等。

6. 汉字文化的艺术创意与文旅产业研究

随着经济、文化的发展，人们越来越追求品位设计满足精神需求，汉字艺术的当代艺术元素、国际化视野和现代设计的完美融合契合现代人的审美需求，有广阔的市场空间。汉字艺术的创新应用，可以将既具传统文化特质又具当代性的汉字艺术审美与设计相结合，研发独具特色的文创产品，同时开发汉字艺术与非遗文化、时尚文化相结合的文旅产业，创造经济价值。

（二）重要观点

1. 汉字的艺术创意的乱象

以当代艺术为幌子进行恶俗的汉字书写在社会上造成了极坏的影响。中国汉字文化艺术创意诞生和发展的历史背景中经历了从改革开放之初对世界打开了政治、经济和文化的窗口，学习西方文化以及对自身文化的深度反思。中国汉字艺术创意在中国改革开放的全部历程中，与中国的整个政治进程和经济进程一道在学习反思和创造过程中走到今天的。在今天的角度了解中国汉字文化艺术创意的整个发展历程是极其重要的，只有这样我们才能在了解历史的基础上，建立起对汉字的文化自信，从而坚定不移地展开汉字文化艺术在未来旅程的创造性工作。

2. 汉字文化艺术创意的体系构建容易形成的障碍

汉字文化艺术创意在历史发展过程中一直扮演着中国文化的重要角色，但是作为体系构建却发现了一些问题。比如，艺术系统中的理论建设、创作建设以及产业、教育等方面在很长一段时间内没有系统地进行梳理。在非汉语国家对汉字艺术的接受是无障碍的，因为他们不会到作品中认读汉字，他们只做审美的接受，然而汉字圈的受众普遍困惑，他们常常在汉字作品中去寻找是否有认识的汉字，不知该如何理解汉字文化艺术创意。

3. 西方艺术的冲击使传统文化艺术一度陷入混乱

在中国进入对西方认知平衡期的过程中，中国传统文化艺术得到了较为充分的肯定，同时美国当代艺术在中国开始式微，很多当代艺术家也开始关注中国艺术的存在，在自己的艺术观念和艺术创作中引入中国文化。汉字文化艺术创意在这一时期得到了巨大的发展，特别是在政府层面得到了各地政府主管官员的充分认可。虽然他们不从事艺术创作，但他们都能直觉地认识到汉字艺术是代表中国艺术未来的发展方向。形成这一现象的根本原因就是在政府各级官员思想中形成的牢不可破的中国文化情结，因此汉字文化艺术创意得到了巨大的发展。

（三）对策建议

1. 建立文化独立性的文化自信

中国汉字的线性或书写的二维性被美国作为诀别欧洲绘画传统的利器，由此形成的“方法论”却一直被美国去东方化，《重构抽象表现主义：20世纪40年代的主体性与绘画》一书，更是把其取材的对象，抛向了遥远的原始思维。直到中国的整体国力提升，文化开始渐渐被接受，中国的汉字之美开始被逐渐接受，他们开始正视来自东方古国的人文精神。习近平主席反复强调要结束西方文化肢解中国文化的历史，恢复中国文化传统，建立文化自信，开创面向未来世界局面的创新文化。因为中国汉字艺术的诞生是从传统书法发展而来的，它继承了传统书法所拥有的汉字文化和艺术传统，同时吸纳了西方文化和艺术的先进内涵，无疑是中国文化自信所产生的艺术系统的代表。

2. 加强汉字文化艺术的学习与国际传播

汉字从甲骨文到现在的繁体字、简化字，其中蕴含了中国的哲学思想和生命观，也就是和谐处理关于人与自然、人与社会、人与人、国家与国家关系的思想基础。汉字艺术既具中国传统又具当代表达的艺术形式，更具有国际视野和艺术全球化，更能让世人所认知。项目研究将继承优秀传统文化又弘扬时代精神、立足本国又面向世界的当代中国文化创新成果传播出去。

3. 汉字文化艺术的教育课程建设

（1）大学教育

《汉字艺术创作实践》作为一门艺术类通识课程，具有通专融合的特点，既是绘

画、设计等专业学习者在线开放课程，同时也适合不同专业的大学生和社会学习者结合个人兴趣学习。课程分别从汉字书写、汉字设计、汉字表现，以及汉字多元化、多维度艺术形式等不同角度介绍形式多样、风格迥异的优秀艺术作品，讲解其中的文化内涵、艺术价值、审美原则、创作规律等内容。

（2）中小学教育

《汉字水墨少儿美育教材》由 120 余个甲骨文汉字字根出发寻根溯源，结合中国水墨特色进行创意性表现，通过课程训练以艺术的形式去了解汉字的美学和汉字文化的悠久历史，以及从中体验中国汉字几千年传承的文化基因。把汉字文化延伸到自然、人文、历史、典故中，衍生到动手造型创意实践中，从而打开创意思路，全方位培养创造力和创新能力。

（3）海外教育

汉语传播与汉字艺术的推广同时进行，创造一些条件让汉字艺术体验课作为学习汉语的途径之一。海外教育将汉字文化推广到全球范围，既能让表音文字的使用者体会到象形文字的魅力，也让海外华侨的后代能够回归根本，更好地了解中国的传统文化。因此海外华文教育的传播，可以让世界看懂中国字，讲好中国故事，听到中国话所传达的中国声音。

4. 以汉字文化创意人才培养促进文旅及文创产业发展

汉字文化创意的产业、文旅文创的发展，离不开汉字艺术多方面的人才培养，这是重要基础，也是重要环节。汉字艺术是一个具有传统与当代意识并存、创作手法多元、应用范围广泛等特性，社会需求大、艺术表现丰富，但是大众审美和认知还缺乏普遍性，人才培养就显得尤其重要，以培养多元及复合型人才为方向，知识多元、创作多元，理论与实践、创作与传播复合，使我们培养的人才更多地担负起对外交流的责任和义务，在世界艺术的舞台上呈现中国艺术魅力。

5. 提升汉字艺术文创的设计研发

社会经济的发展，人们日益提高的生活水平、消费水平、文化水平、审美水平和文化消费观念，以及文化与旅游的紧密结合，都需要大力发展文化艺术产品的研发和创新，传统的旅游文化产品已经从根本上被淘汰于当下的大众需求，越来越多的具有地方特色、地域文化精神的文创产品研发被提上日程。汉字艺术作为具有中国传统文化又具当代艺术特色的形式，更需要加强其文创产品的设计研发，提升其文旅文创的价值。

6. 结合时代需求服务社会发展

汉字文化创意的设计研发必须尊重艺术自身的发展规律，发掘体现社会主义核心价值观的艺术素材，进行艺术的升华，树立正确的世界观、人生观和价值观，以服务社会、提升社会效益为目标做好人才培养、文创产品设计研发。以不同地域文化为背景，与当地政府及企业开展产学研转化，积极参与地方文化、旅游、经济建设，以期实现更大的社会效益。

7. 以汉字文化创意促进对外文化交流

汉字文化创意不应只是闭门造车的艺术形式，而应该使艺术创作、艺术延伸、文创产品设计研发进入更广阔的空间，产生更重要的影响和社会效益以及经济价值，加强国际合作，促进对外文化交流是汉字艺术发展的必经之路。

（1）联动国际艺术资源，打造汉字文化创意的国际艺术生态环境；

（2）以汉字艺术国际展览和活动，提升汉字文化创意的国际影响；

（3）国际化、时尚性文创设计研发，推动汉字文创产业的国际交流。

8. 科技和艺术双动力推进文创市场

科技的发展促进社会进步，更带动文化艺术的变革，以科技为手段，将汉字文化创意的理念和实践融入艺术表达，有步骤、有条理、有目标地推动科技与艺术融合，实实在在推进汉字文化创意的提升和文创市场的壮大。

三、学术价值、应用价值及社会影响和效益

（一）学术价值

课题成果以学术研究结合产学研，提出汉字文化创意理念的理论建构、教育培养、传播途径、成果转化等，有较高的学术价值。

（二）应用价值

课题开展以来的成果较为丰富，汉字艺术具有独特的文化价值，有多篇论文发表，成果被引用与推广；有多项高端人才、领军人才的立项、获奖，并通过成立文化创意企业，将汉字文化的创新设计应用与推广；积极推进汉字文化与艺术创意的教育，形成较为丰富的教育成果；积极进行汉字艺术教材的研发，并即将出版发行；以学术研究带动文创与产业合作，将汉字文化创意表达融入文创与产业拓展，提升学术与应用

结合的价值。

（三）社会影响和效益

组织、策划、实施多项汉字文化创意相关的展览、活动；做好汉字文化创意项目与课题申报；做好汉字文化服务振兴乡村的实践工作，社会采纳共建汉字艺术文化项目多项，与浙江省湖州市“湖笔小镇”善琏镇政府签署 10 年的合作协议，已建成汉字艺术国际研创中心，与浙江省淳安县梓桐镇政府合作，已建有汉字艺术高级研修基地，“汉字艺术文化村”项目启动设计。

研学旅行中的乡村民宿利用状况的中日比较研究

负 责 人：黄怀谷
依托单位：珠海城市职业技术学院
起止时间：2021 年 4 月—2021 年 10 月

一、研究的目的和意义

研学旅行和乡村旅游，作为我国高度重视的两个领域，目前融合发展的历史只有数年。日本除了拥有一百年以上的研学旅行发展史以外，也是一个乡村旅游大国。“农泊观光”占了日本旅游业总产值的 60% 以上，其最大客源是研学旅行的学生，并且重在“泊”字，给乡村住宿业带来巨大收益。通过比较中日研学旅行中的乡村民宿利用状况，可以预测中国面向学生的乡村旅游住宿业今后的发展中可能出现的机遇和挑战，提前做好应对，也可以把日本乡村研学旅行中与我们国情、民情相符的模式引进过来，加快中国乡村研学旅行的发展。

二、主要内容、重要观点、对策建议

（一）主要内容

本课题从四个方面对中日两国的乡村民宿利用状况进行了对比，找到了日本的经验中值得我们学习和借鉴的部分。

1. 中日两国扶持和管理乡村民宿的政策法规的比较

中国针对乡村民宿在国家层面上陆续出台了《中共中央　国务院关于落实发展新理念加快农业现代化实现全面小康目标的若干意见》《旅游民宿基本要求与评价》等政

策法规。结合这些政策法规，中国各地根据地方实际，出台了不少管理民宿和民宿经营者的条例，大多是对民宿规模、安全管理和营业执照上的规定。在扶持政策上，各地主要根据乡村民宿的床位多寡给予补贴，差异在于补贴金额的大小和次数。部分地区还会根据民宿级别给予一定的奖励。

日本陆续出台了《绿色旅游法》《国土形成规划》等全国性政策法规，鼓励各地乡村民宿根据自身特点和地区条件走“内生发展”之路。随着日本人口的老龄化和少子化程度加剧，日本吸收了欧美的“新内生发展”理论，制定了“人才活动对策”，把补助金制度改为交付金制度。

日本的全国性政策不适用于中国，因为两个国家的城乡差距在细节上有很多不同之处。首先，中国的乡村青年与日本的乡村青年入城后的流动趋势具有差异；其次，日本的城乡人口差距远远高于中国；再次，中日两国村民的受教育程度和创业意愿不同；最后，中日两国的民宿用地的使用权不同。

日本的地方自治体根据本地的特征和需求推出了很多非常有特色的政策和发展模式，其中有不少适用于中国的地方政策。在研究报告中有详细讲解。

2. 中日两国在乡村研学的活动管理上的比较

日本的研学旅行更加市场化，国家主要对经济困难生给予财政补贴，而中国各地一般会根据收入水平给予所有学生均一补贴。日本政策上是允许研学活动营利的，所以在利益驱动下民间推出了丰富多样的研学产品，选择哪个产品主要由学生组成的研学旅行委员会决定。中国在政策上禁止研学活动营利，研学产品主要由政府推动研发，各地陆续推出了大量日本没有的研学基地。

中国学校的乡村研学一般不安排住宿，当天来回的方案比较常见。与研学基地合作的方案一般会安排在研学基地住宿一晚，当中也包括研学基地征用乡村民宿的情况。日本学校的乡村研学一般安排四天三晚的农家寄宿生活，而且研学旅行一般会避开旅游旺季实施，让乡村民宿在旅游淡季也能获得稳定的收益，

除了学习农务知识、培养动手能力和强化集体意识外，中国的乡村研学更重视爱国教育和文化传承，主要是想影响年青一代的价值观和文化观，日本更重视培养学生设计旅游产品和对外宣传故乡的能力，更接近于一种职业课程。

目前中国的乡村还不像日本的乡村一样急需“交流人口”，因此乡村研学在研学活动中的迫切性不如日本，日本的经验我们应该参考，但在研学项目的安全性与教育性均达到较高水平之前不应急于冒进。

3. 中日两国农家寄宿活动开展前后的中间组织的比较

在乡村研学中，中国学校经常依靠的中间组织是研学基地，研学基地有时甚至不是中间组织，而是旅行目的地。日本乡村研学最重要的中间组织是地方政府以及行业协会。地方政府主要为研学项目做宣传和协调各方利益。行业协会是日本研学旅行的重要预约窗口。通过这些窗口，了解各地学校需求，及时与当地的民宿沟通，根据市场需求调整当地民宿的住宿条件、餐饮服务以及体验活动，劝退经营不善的乡村民宿，鼓励有条件的农民参与建设市场稀缺的新民宿，并协调各家民宿进行差异化经营。一般开展乡村研学的日本学校需要提前一至三年到当地的教育委员会备案研学项目。当地的教育委员会根据项目特征委派旅行社，旅行社向目的地的观光协会协商，确定研学活动能否进行。地方观光协会或乡村民宿会在地方政府的配合下，与当地的乡村民宿以及农务体验组织沟通，确定研学项目能否开展。日本的地方观光协会或乡村民宿会在挑选民宿的时候有一套标准，一般优先挑选空巢老人经营的民宿。

比较之下，我们发现中国的研学基地几乎兼任了日本所有中间组织担任的职务的总和。我们可以组织研学基地到日本的研学中间组织学习，也可以发展与日本类似的中间组织，减轻研学基地的负担。

4. 中日两国乡村民宿的农林渔业体验项目的比较

中国的乡村研学一般不是以学校为主导，更多的是以家庭为单位实现。其中“农家乐”是最流行的一种形式。日本的乡村研学主要采用学校管理的形式，在《综合探索与研究》这门必修课中安排学生寄宿农家，其主干部分是四天三晚的农林渔业体验项目。这个项目一般由民宿主人或主人委派的房东兼任研学导师。项目既给村民带来了经济上的创收，同时学生的欢声笑语也缓解了空巢老人的孤独感，给乡村带来了生气。农林渔业体验项目还可以扩大乡村民宿经营者的耕种面积和类型，促进日本农业的更新换代。为了减少学生的不安或紧张，除了全职农民外，一般也会安排当地的学生与研学学生交流，通过同龄人的互动让学生更好地融入寄宿生活。日本在项目结束后有购买地方特产回赠亲戚和朋友的习俗。乡村的地方特产和民间手工艺品会放在民宿寄卖，成为民宿的又一项收入。

日本通过学生寄宿生活期间的各种学习和消费活动，给区域内的各种经营主体都带来了创收的机会，带动了乡村整体的经济效益，同时丰富了村民的精神生活。在乡村基础设施、民宿安全管理以及研学发展水平达到一定程度后建议把这种寄宿活动引入中国学校。

从以上四方面的中日比较中我们可以发现乡村民宿在中日研学旅行中扮演着不同

的角色。其中日本的乡村民宿在研学旅行中占有较高的分量。中国的乡村研学通过发展乡村研学基地，在教学管理上的计划性和系统性上比日本强，但真实性上较日本欠缺，乡村民宿和村民通过研学活动在经济上和精神上得到的反馈还达不到日本的水平。随着我国经济与社会的发展，乡村民宿也可能在近年内出现与日本研学市场类似的机遇与挑战。日本的相关经验和教训，我们应该在预测未来产业走向的基础上批判、吸收和进行本地化的改良。

（二）对策建议

基于本次比较研究，我们对中国今后的乡村研学民宿发展提出以下六条对策建议。

1. 发挥乡村基层党组织在乡村民宿建设中的指导作用

日本的乡村民宿归农林水产省管理，中国各地的乡村民宿目前没有明确的管理机构，多头管理的现象比较常见。权力和责任不明确经常会导致部门政策无法落实，农民和学生利益得不到保障。既然法律不健全的现实暂时无法改变，我们就应该进一步发挥党员的先锋模范作用。国家应该赋予乡村基层党组织一定的权力，让党组织监督村民进行旧房改造，合理布局民宿。用民宿经营获得利益保护传统建筑，强化民宿服务中的人文底蕴，让乡村传统文化以及农耕文化成为民宿附带的研学体验活动的重要部分。通过研学民宿拓宽特色农产品与手工艺品的销售渠道，通过监管民宿的基础设施和卫生状况保障研学师生的生命健康和财产安全。

2. 进一步完善乡村民宿法律政策管理服务体系

在法律上，我们应该在《旅游民宿基本要求与评价》的基础上，针对乡村研学的特殊性，在全国范围内推出乡村民宿管理基本法、乡村研学管理基本法等宏观性规范条款，然后各地政府机构或主管部门再针对当地的具体实际，出台地方乡村民宿与研学管理的具体条例。在政策上，应该从土地和金融等领域强化对乡村民宿的扶持力度。在土地领域，探究乡村未利用土地配合邻近民宿开发研学体验项目，扩增乡村旅游的土地指标。在金融领域，简化村民贷款手续，鼓励用权益抵押的担保形式，方便乡村研学和民宿经营者及时获得贷款。在管理上，中国的乡村研学也应该有更多的政府部门参与，而且部门间应开展实质性的合作。在处理研学事务上，应重服务轻管理，在地方培养更多的研学协会等中间组织。在服务上，应要求参与研学项目的民宿及时向地方主管部门反映周围公共环境。地方主管部门协调民宿整修周围道路、停车空间以及网络等服务设施，同时民宿的一部分经营利润应上交地方主管部门。

3. 加强政府财政投入，同时拓宽民间资本参与民宿开发的渠道

加强以政府为主导的财政投入力度。建立以公共财政为引导，以农民、企业和社会其他资本为主体的多元化投入机制。中央财政主要投入民宿周边的公路、停车场以及网络等基础设施的建设，地方财政与既有乡村补贴或扶持政策相结合。应该给予在民宿开发上有创意无土地的年轻人发挥才能的机会。用他们的创意和民间的资金开发研学农园、寄宿农庄，还可以与当地既有的农业项目合并经营，促进当地的农民就业，或以提供副业的形式增加农民收入，加速脱贫。

4. 加强专业人才的培养，并充分利用学生的创意

鼓励酒店从业人员向民宿管理人员转型。国家可以成立相关的中间组织，把面临下岗的酒店从业人员引荐到乡村民宿，给予适当的培训，打造一批乡村民宿经营管理的专业团队。向全体教师普及乡村研学的知识，提高他们应对乡村民宿寄宿生活中的突发问题的能力。安排空巢老人和乡村失业人口担任乡村民宿管理人员。通过学生和老人的互动，缓解老人的孤独感，还能让上一代人的文化通过真实的体验活动传承下去。地方政府应该结合本地特点，定期在乡村开办研学知识讲座与技能培训，选拔经营管理民宿的苗子，鼓励其往这方面发展。学生最了解学生的需求，为了让研学课程加入创新元素，我们可以通过大学生创新创业项目，让学生担任乡村民宿的设计师，设计范围包括民宿装饰、体验活动以及周边产品等领域。

5. 发展以地区为中心的中间组织

成立由地方的教育界人士、村干部以及优秀民宿创办人构成的行业协会。协会可以对地区内的研学项目和相关民宿进行统一的监督和管理，积极拉拢地区内的合格民宿参与研学项目，搭配各个民宿配套的农业体验项目，使研学项目更加多姿多彩。当地研学耗材可以通过中间组织采用集体采购的方式，解决农民个人采购所造成的成本高或质量低等问题。行业协会还应设立市场调研机构，及时了解周边城市的学校和学生的需求，建立农民与师生沟通的桥梁。各地区的行业协会可以定期举办学术研讨会，交流成功案例和推广性强的研学方案。安排地方政府协同研学基地的员工访问外地学校，使研学项目更能体现学生的需求。研学基地跟本地区的行业协会合作，凝练出独具本地特色的研学项目，开发本地的研学品牌。研学基地通过行业协会设立专门的研学咨询窗口，及时了解社会最新需求和吸纳当地人的新创意和新资源。

6. 探索“动漫圣地巡礼”类的旅游扶贫项目

有针对性地把部分扶贫乡村列入重点“动漫圣地”开发地。政府出资邀请漫画创作团队、动画工作室到本地取材，把本地居民的文化和生活融入动漫剧情中，请背景

和美术负责人员把本地区的风景制作成各种角度的动画或漫画背景，作为免费素材供世界各国的动漫制作人员使用，使扶贫乡村有尽可能多的机会在世界各国的动漫作品中登场。当乡村成为“动漫圣地”后，政府请了解动漫文化和产业运作的专业人员，帮助乡村规划和开发“圣地巡礼”项目，以项目为基础，制定当地的民宿配置和设计方案。在民宿中安排动漫作品中主人公吃过的当地美食，主人公从事过的体验活动，并协助他们设计动漫旅游周边产品在民宿销售。

中国在发展乡村研学民宿上，比日本具有先天性和后天性的优势。通过批判性地吸收他们的经验，未来也能在我们国土上打造出更多同时能推进乡村振兴和研学旅行的特色民宿。

三、学术价值、应用价值及社会影响和效益

（一）学术价值

本课题通过中日比较，归纳总结了日本发展乡村研学和开发乡村民宿上的各类经验，在乡村研学的计划性与真实性、乡村民宿的合作共赢与个性发展、乡村农民的经济扶贫与精神富裕、乡村旅行的国内市场与入境市场的融合上，较既有研究做出了突破，并提出了对策建议。

（二）应用价值

我们计划设立一个研学师资培训基地，每年送校内外教师到日本学习其百年研学旅行教学经验。此课题的研究成果也会直接运用到本基地的课程建设。

（三）社会影响和效益

本课题已完成了三篇论文和两篇研究报告，因为只有七个月的研究时间，论文还处于投稿阶段，其中一篇研究报告被政协珠海市委员会采纳，另一篇提交珠海市社科联审核中。

面向再生设计的中国文化遗产中情感因素研究

负 责 人：吴　通
依托单位：西北工业大学
起止时间：2021 年 4 月—2021 年 10 月

一、研究的目的和意义

本课题旨在剖析传统文化的同时对传统色彩的情感化进行研究，分析比较传统色彩与当代语境下的情感认知后，在实践中探索中国色彩文化的新时代的表达方式。

采用“提出问题—分析问题—解决问题”的研究思路，在充分调研的基础上，依据文化基因理论和中国传统色彩五行理论，结合情感分析、PAD 模型、色彩提取技术、脑电信号技术等，对中国历史文化遗产的色彩领域进行研究，挖掘清朝宫廷服饰色彩体系中的情感因素，深入分析中国传统色彩与情感之间的关系。

基于特定的中国历史文化遗产提取色彩基因，分析色彩的情感因素，总结中国遗产中色彩文化的设计规律，提出新的色彩情感研究方法，并将其应用到实际案例中，完成对传统文化遗产基因中情感因素的提取、再设计，实现从“文物保护”到“遗产再生”到“文化传承”的转变。

主客观相结合的情感化分析方法为文化基因研究及活化再生设计提供新的思路和研究途径，有利于继承和推广中国传统文化，赋予当代设计更加浓厚的文化内涵。

二、主要内容、重要观点、对策建议

（一）主要内容、重要观点

本课题首先对中国传统色彩“五色”观的色彩体系及传统色彩的情感认知进行了梳理，研究中国传统色彩的特征与内涵，以此对清朝宫廷服饰的文化基因进行识别和主要色系分析，为后续的色彩提取工作提供了理论基础。其次，阐述了情感的生理基础，并从现有的研究中选择了 PAD 三维情感模型和脑电技术为后续的研究提供技术支持。采用 K-means 聚类算法，以清宫服饰为载体对传统色彩进行提取。通过 PAD 情绪量表和脑电实验对提取后的色彩进行了情感研究，分析人们对不同色彩的情感认知，总结了传统色彩在当今环境下的认知变化与发展规律。最后通过色彩设计方案实践案例，验证了提取历史遗产的传统色彩基因用于再生设计的可行性。

1. 文化遗产中的色彩基因——以清朝宫廷服饰色彩为例

“文化遗产”的概念从“文物”一词延伸而来，“文化”意义是这个概念得以成立的核心。色彩在传统文化及情感认知分析中具有特殊意义，千百年来，中国政治、经济、文化等各个方面都深受“色彩观念”的影响，许多典型的配色方案被赋予了特定的情感。

中国历史发展过程中，清朝宫廷服饰在服饰史上具有重要的历史地位。清朝的等级制度严谨，宫廷服饰的划分十分严格。色彩作为清朝宫廷服饰中的显著特征，其内涵极为丰富，本报告将研究对象限定为清朝宫廷服饰的色彩基因，在整理清朝宫廷服饰资料、图片及文献的基础上，将色彩分为四大色彩体系（红色系、黄色系、蓝色系和绿色系）加以研究。

2. 图像色彩特征提取及色彩样本的建立

在图像识别与图像检索中被最广泛使用的是色彩特征，它是一种全局特征，用来对图像的表面特征进行描述。当前，色彩特征提取技术已被广泛研究应用，本报告采用 K-means 聚类算法以清宫服饰为载体对传统色彩提取方式并进行色彩研究。

采用上述方法，选取了 50 幅清朝宫廷服饰图片。从色彩集中随机选取四组色彩系统，提取单个图像的色彩。以提取的色彩数为 6，迭代次数为 20 为例，从每张图片中提取的六种色彩，并计算出主色、辅助色和平均色彩的具体值。

3. 情感模型分析与运用

在情感模型领域，PAD 三维情感测量模型涵盖了绝大多数的情感维度，被广泛应用于各个领域。该模型认为情感具有P愉悦度（Pleasure-displeasure）、A激活度（Arousal-nonarousal）和D优势度（Dominance-submissiveness）3个维度，在这三个维度上，不同特定的情感分布在不同的位置。本报告研究实验采用PAD三维情感测量模型对被试者进行心理测量，同时采用中国科学院心理学研究所改编的PAD参考值对中国人的情绪进行评估。

4. 情感数据获取及分析

选择被试者，安排实验，以前文归纳的4个色系的提取色彩样本作为PAD和脑电实验刺激材料，测量被试者对实验材料产生的不同情感变化得到测量数据。分析不同情感变化所对应的脑电波的平均波幅，最终得到不同情感状态下脑电数据以判断色彩所对应的情感状态。

5.PAD色彩情感数据分析及结果

根据中国版本的情绪量化项目打分表，请被试者对每一个测试的色彩样本打分，一共12行，依照顺序，分别记为V1~V12。按照情感维度原始分数计算公式，将打分表中的V1~V12数值分别代入，可计算出每个维度的P、A、D分值。

对测试数据采用Pearson相关性分析及Excel拟合处理得到情感数据结果。可以看出，三维PAD情感模型中每组样本所对应的情感相关性数值，反映了色彩情感的本质关系。

6. 脑电信号EEG数据分析及结果

通过对脑电信号进行预处理、特征提取、模式分类、特征选择操作，选取脑电信号中的α波作为脑电实验情感测量的数据对象，对应于各个样本进行实验，采集脑电原始数据。实验将四组被试的实验样本在不同情感状态下的脑电数据分别进行叠加，再平均即可得到四组实验样本在11种情感下的α波的平均功率。

使用情绪词与色彩对应进行实验得到11种不同情感（中性、放松、温顺、惊奇、喜悦、轻蔑、厌恶、恐惧、悲伤、焦虑、愤怒）下的平均α波脑电反应。所选择的色彩引发了不同情感状态下的不同的大脑激活模式，通过平均α波的均值绘制雷达图可以直观地看到被试者对不同的色系在脑电信号的情感状态。

7. 遗产文化色彩基因再生设计案例

通过两个案例对中国传统色彩的色彩情感进行了设计实践，将色彩情感方案与文创产品设计相结合，进行色彩基因在文创产品设计中应用，验证了提取历史遗产的色彩基因用于再生设计的可行性。

（二）对策建议

1. 文化挖掘方面

文化基因概念伴随着文化传承和文化内涵挖掘而受到国内外学者的关注。文化基因在文化传承和保护，甚至文化产业中的作用日益凸显出来，并被迅速应用于各行业领域研究中。

加强对文化基因的研究，利用人文、艺术、技术等多学科交叉手段对文化资源相关问题进行深入研究与分析，更好地保护和传承中国传统文化。此外，可以结合诗词、戏曲、小说、民俗、礼制等方面的内容，深入挖掘隐藏在历史文物背后的中华民族的文化基因，通过对文化基因提取与表达，从而让人感受到中华民族文化基因的厚重，了解许多后人不知的历史场景，为中国历史、文化和艺术发展史提供更丰富的资源。

按照文化基因的不同表现形态，采集并搭建文化形态素材库，以文化基因形态提取、数据挖掘、意象整合与智能分析来绘制文化基因图谱，打造更多具有中国传统文化基因的优秀数字内容产品。建立人类文化基因库，对中华民族文化构成体系进行深入系统研究，在这一数量庞大的存在内涵的文化中进行挖掘、整理、解码和保护，更有效地体现再生和再创造价值。可以更进一步探索和形成平台创新、业态创新、产品创新的文化基因工程服务平台，为文化创意设计提供技术支持。

2. 遗产保护方面

通过对文化基因的提取，可以开拓考古及遗产保护的深度和广度，发掘其本原逻辑及其历史脉络，从而建立对文化遗产本真面目和代际传承过程的系统认识，为文化遗产保护增效。

对文化基因的识别和分类，利用数字化手段，结合历史文化遗产虚拟现实展示、数据库建设等工作，实现数字化保存、传输和共享，从而为考古领域研究、文物古迹保护及各类数据存档等提供信息化支持，将原先割裂的不同门类的历史遗产建立联系，拓展遗产保护的新途径。

3. 遗产旅游方面

深度挖掘历史遗产中的文化基因，对现有文化遗产整体进行开发，从中提取具有历史特征、科技特色、文化价值等的建筑、艺术符号等文化元素，将其运用到特色旅游新项目的建设中。让文化遗产资源走商业、旅游、教育科研之路等，利用文化产业园、文化娱乐场所、纪念馆等带来传统文化元素开发与现代文化需求的匹配，让遗产保护与文化项目开发相结合。开设文化遗产旅游专题项目，推出特色遗产旅游路线，

以低成本的投入带来文化遗产的“活化”。

4. 再生设计方面

在再生设计中，应该尽力挖掘湮没在漫漫历史中的文化基因，将蕴含其中的文化元素进行解构与重组，概括提炼具有代表性的文化元素，用现代化的设计理念和手段进行创意构思，形成符合当下审美的新的视觉形象，使再生设计的品牌和产品更具时代性；并在新的设计或者修复中使文化基因得以重新展示在世人目前，达到使其实现活化、再生的目的。

5. 文创产品方面

在文创产品设计过程中，应当加强对文化基因进行提炼，将文化元素进行视觉上的归纳、加工，并考虑现代人的审美需求，使文创产品更具生活性及文化意蕴。同时，发掘更深层次的文化基因，营造历史遗产的人文基调，触动民众对文化的交流与再传播，从而延展和表达文化遗产的精神内涵，并以历史故事、重要文物等为重心进行系列产品创造，以此来刺激民众的消费与认可。

通过文化基因的研究，大力挖掘各地文化内涵，将其品牌化、规模化，这种文化创意设计理念不仅可以应用在单一文创产品领域，也可以在服装、配饰、书籍、包装、化妆品、装修、环境设计、平面设计等领域中得到体现，充分利用目前互联网和新媒体的宣传优势，进行品牌宣传和推广，导入流量，为发展带来新的资金和活力，从而提高文化竞争力。

6. 色彩研究方面

加强对中国传统色彩文化的研究，尤其是对中国传统色彩配色的研究和分析，挖掘中国传统色彩背后的文化精神内涵。深入了解中国传统色彩配色的内在规律和原因，可以在现代设计中渗透融合中国传统色彩的配色技巧，实现中国传统色彩配色的延续性。现代色彩观可以借鉴继承中国传统色彩观，审视五色观、等级观、哲学观等对色彩搭配要求，将传统文化中优秀的理念和意义进行传承和发扬。

建立中国传统色彩大数据数据库的形式，将中国传统色彩观中的类别和元素进行集中归类、处理、分析与运用，科学化地进行中国传统色彩的配色研究，其关键技术主要有大批量素材的建立制作、自定义选择图像进行色彩提取、批量素材的一次主色提取、每幅素材的最大主色提取、批量素材库的色彩总特征归纳等。在信息技术赋能的前提下，中国传统色彩在艺术设计中的应用优势明显，对于中国传统色彩的内容创新和设计方法创新都能起到积极的推动作用。

7. 设计研究方面

在设计研究中，可以将从色彩基因的研究到应用到再设计这一思路及方法进行推广，使文化基因的研究不仅局限于色彩方面，而是将其延伸到诸如造型、纹样、结构、图案等文化遗产的多个方面，并应用到后续的设计过程中，满足消费者的不同需要。通过联结各基因之间的相互关系确立设计研究及再生设计的新思路，形成适应当代审美的文化特性，进而达到弘扬中华优秀传统文化、增强文化自信的作用。

三、学术价值、应用价值及社会影响和效益

（一）学术价值、应用价值

（1）对历史遗产进行研究，提取了历史遗产中的文化基因，以清朝宫廷服饰为例，研究色彩及色彩的情感因素，分析了传统色彩的主要色彩体系以及内在情感特征，不同色彩所对应的文化内涵；提取了清朝宫廷服饰的四种色彩基因，为后续的研究建立了理论基础。

（2）研究情感的产生和认知，研究了中国传统色彩情感研究模型，即 PAD 三维情感模型，构建了 PAD 三维情感量表，对 P（愉悦度）、A（激活度）和 D（优势度）三个维度的情感值进行测量并进行相关度分析。为研究色彩情感提供了模型支持。

（3）构建色彩情感评价实验，对情感体验词汇进行筛选、降维，确定了主观情感体验量表。构建评价指标体系，通过主观评价问卷采集并分析数据，得到了色彩情感的主观评价结果。

（4）使用脑电信号技术研究样本与情感的对应关系，测量了样本的平均 α 波脑电反应以及专注度和放松度与情感对应关系，并结合 PAD 情感量表的分析，得到了色彩情感的客观评价结果，最终探索了中国传统色彩情感的一些基本规律。

（5）设计了文创产品色彩设计案例，验证了利用提取的中国传统服饰色彩进行再设计应用的可行性，并使得这一思路可以推广到诸如造型、纹样、风格等其他基因的再生运用。

（二）社会影响和效益

本课题以清朝宫廷服饰色彩为例对民族传统文化的设计基因及其情感化因素进行了研究，分析清朝宫廷服饰的色彩带给人的主观心理感受，归纳其配色规律，将传统

遗产文化中的配色方案应用到当代设计领域指导色彩设计，可为文创产品、服装服饰、包装设计、广告招贴、用户界面等文化再生设计提供理论依据及技术支撑。

文化遗产凝聚着人类的文明与传承，描述着历史与文化的故事，满足着人们精神文化的需求，对于文化遗产的情感因素研究，已成为当下的热门研究课题。而在丰富繁茂的中华民族文化中，色彩文化无疑是突出和醒目的。传统色彩更体现了各个民族的历史、文化、政治、经济、宗教、地理的发展，贯穿于历史的方方面面，形成了独具艺术风格的中国色彩观，但我国对色彩情感的研究相对落后，而色彩在情感方面与各个民族的历史文化、地理政治、宗教信仰等息息相关。因此，对文化遗产的色彩领域进行研究，分析其中的情感因素，有利于准确表达产品设计、视觉设计、包装设计中色彩情感的内涵。

长江经济带旅游流的空间格局及优化调控研究

负 责 人：刘大均
依托单位：成都大学
起止时间：2021 年 4 月—2021 年 10 月

一、研究的目的和意义

（一）研究目的

揭示长江经济带旅游流空间格局的现状特征与影响因素，提出旅游流空间格局的优化调控策略及对策建议。

（二）研究意义

1. 理论意义

总结长江经济带旅游流空间格局的地理规律，并进一步识别长江经济带与其他地区旅游流所具有的共性特征以及长江经济带旅游流所彰显的个性，丰富和拓展了学界对旅游流领域的研究。

2. 实践意义

多角度、多层次、有针对性地提出优化调控策略及建议，为长江经济带旅游空间结构的优化提供科学依据，促进旅游主管部门、旅游企业等相关利益主体制定科学、合理的发展措施，从而更好地推动长江经济带建设。

二、主要内容、重要观点、对策建议

（一）主要内容

1. 长江经济带旅游流空间格局的现状特征

从地理分布、流动格局、网络结构三个方面提炼旅游流空间格局的现状特征。基于GIS平台，分析旅游流地理分布与空间流动格局的特征。以存在旅游流关系的地区为网络节点，将节点间的旅游流数量关系作为网络边，构建长江经济带旅游流网络。分析长江经济带旅游流网络的整体结构、节点结构、网络复杂性，识别不同城市或地区在旅游流网络中的角色地位。

2. 长江经济带旅游流空间格局的影响因素

一是基于旅游资源禀赋、旅游产业基础、交通能力等方面构建长江经济带旅游流空间格局影响因素的理论框架。二是通过地理探测器对影响因素的影响程度进行定量分析，识别长江经济带旅游流空间格局的主要影响因素，并对主要影响因素及其影响程度的空间异质性进行专题研究。三是对旅游流空间格局的影响因素进行交互作用，提炼主要因素的互动机制。

3. 长江经济带旅游流空间格局的优化调控

诊断长江经济带旅游流空间格局的现存问题，明确旅游流优化调控的方向。基于长江经济带旅游流空间格局的现状特征与影响因素，并结合旅游空间结构理论、社会网络理论、协同理论等相关理论，就长江经济带旅游流空间格局的优化提出建议。

（二）重要观点

1. 长江经济带旅游流空间格局的非均衡性强，冷热点区分布呈梯度渐变的特征

长江经济带旅游流的空间集聚态势较为明显，地理分布总体呈现出“大分散、小集聚”的特征，其中长三角地区的旅游流呈片状分布格局，长江经济带中、西部地区的旅游流多围绕省会城市、旅游资源富集区呈据点式发展格局。长江经济带旅游流的冷热点区分布呈梯度渐变的特征，与长江经济带的经济社会发展梯度格局相吻合。

2. 长江经济带旅游流主要集中在大城市、旅游城市之间，地理邻近效应明显，“>”字形空间骨架雏形显现

长江经济带旅游流具有大城市指向性和旅游城市指向性的特征，邻近效应明显，游客流动主要集中在大理—丽江、成都—甘孜、迪庆—丽江、上海—苏州、成都—阿

坝、贵阳—安顺、昆明—大理、上海—杭州、贵阳—黔东南等地区间，有 20.77% 的流动关系控制了 79.54% 的旅游流联系强度，游客流动遵循“二八定律”。旅游流在空间上具有沿上海—南京—合肥—武汉—重庆—成都、上海—杭州—南昌—长沙—贵阳—昆明轴线集散的态势，“>”字形骨架格局雏形显现，但仍处于发展阶段。

3. 长江经济带旅游流空间网络处于多中心延伸扩展模式发展阶段，多极化层级结构突出，存在五大组团板块

上海是长江经济带旅游流网络的核心节点，成都、南京、武汉、重庆、长沙、杭州、昆明、苏州、南昌、合肥是次级核心节点。长江经济带旅游流网络具有明显的社团结构特征，存在长三角、中三角、川渝、云南、贵州五大组团。长三角组团呈多核心结构，层级特征显著，网络发育较为成熟；中三角组团呈以武汉、长沙、南昌为主导的多核心结构，整体联系较为松散；川渝组团呈以重庆、成都为双核驱动的发展格局，缺乏次级网络节点；云南组团呈单核心结构，昆明占据核心主导地位，大理、丽江、迪庆等是次级重要节点。贵州组团的规模较小，呈相对均势的发展格局，贵阳、黔东南、安顺、铜仁、遵义是重要旅游节点。

4. 旅游资源禀赋、旅游关注度、旅游产业基础是长江经济带旅游流空间格局形成与发展的主要因素，旅游资源禀赋的影响力最强

长江经济带旅游流的空间格局受旅游资源禀赋、旅游产业基础、交通能力等因素的综合影响与交互作用，其中旅游资源禀赋、旅游关注度、旅游产业基础是主要影响因素，旅游资源禀赋的影响力最强。旅游资源禀赋的影响具有显著的空间异质性，云南、四川受其影响最大，上海、浙江、重庆受其影响较小。

5. 长江经济带旅游流既印证了其他地区旅游流的共性特征，也彰显了自身的个性

长江经济带旅游流与其他地区旅游流具有典型的共性特征，比如旅游流空间集聚态势明显、不均衡性强，游客流动遵循距离衰减规律和“二八定律”，旅游流网络具有社团结构特征和空间层级现象；也彰显了长江经济带旅游流的个性，比如长江经济带旅游流空间发展模式的地带差异明显，呈东部发育程度较好、中部次之、西部相对较差的梯度分异格局。

（三）对策建议

1. 重点打造“1+10”集散枢纽，强化核心辐射带动

一是提升“1+10”核心枢纽能级：强化“1+10”（上海 + 成都、南京、武汉、重庆、长沙、杭州、昆明、苏州、南昌、合肥）核心城市在航空网络中的航空枢纽地位、在高铁网络中的高铁枢纽地位，提升其旅游流集散能力。推动“1+10”核心枢纽城市的旅游基础设施和服务设施建设，进一步丰富城市旅游的功能、旅游产品类型与形态，提升旅游消费能级与国际化水平。

二是加强核心枢纽城市的协同互动：推进“1+10”的旅游合作与互动，强化枢纽城市间的高铁、航空联系，实现核心枢纽城市间的旅游交通与服务无缝接驳。以“1+10”核心枢纽为依托，设计并打造精品旅游线路，建立“1+10”旅游联盟。强化核心枢纽的信息化能力，实现旅游信息共享，打造旅游宣传营销集群，发挥旅游整合效应。

三是彰显核心枢纽的辐射带动效应：强化“1+10”对周边城市或地区的旅游带动效应，推动核心枢纽城市与周边地区旅游交通线路的打造，特别是与周边旅游资源禀赋较好地区之间的高铁、高速公路交通及服务接驳。核心枢纽的周边地区要树立旅游错位发展理念，突出差异化和特色，开发互补性强的旅游产品和服务，形成相对合理的功能协作与旅游产业分工体系。周边地区以核心枢纽城市为重要旅游客源市场拓展对象，建立针对性营销及服务体系。

2. 进一步夯实“>”字形骨架，多维拓展发展空间

一是增强“>”字形骨架沿线地区的旅游流互动：“>”字形骨架是长江经济带旅游流网络空间的重要支撑，要进一步发挥其集聚效应与空间溢出效应。充分依托沪昆高铁、沪蓉高铁，打造高铁旅游带，强化重庆—武汉、武汉—合肥、南京—合肥、昆明—贵阳、贵阳—长沙、长沙—南昌、杭州—南昌等骨架沿线地区间的旅游流空间联系，进一步夯实“>”字形发展格局。

二是拓展纵向旅游流发展轴线和空间：依托高铁、航空网络，加强成都—贵阳、成都—昆明、重庆—贵阳、武汉—长沙、武汉—南昌、合肥—南昌、合肥—杭州等纵向毗邻省会城市之间的旅游流联系，加快培育纵向发展轴线的形成。强化纵向轴线地区旅游交通网络的对接，对旅游线路及市场进行整合，推进旅游信息和市场共享。

三是推动“>”字形骨架和纵向发展轴联动发展：基于纵向发展轴和“>”字形骨架，依托“1+10”核心枢纽和重要旅游节点，加快成都—昆明—贵阳—重庆—成都、武汉—长沙—南昌—武汉、上海—南京—合肥—黄山—杭州—上海等高铁客运环线建设，构筑旅游产业发展圈环，推动旅游消费大联动，实现沿线地区旅游整合与共赢发展。健全沿线地区旅游联盟交流合作机制，塑造长江经济带旅游新格局、新动力，推动长江经济带旅游空间多维发展。

3. 构建多元主体协同治理，着力完善区域合作机制

一是构建多元主体空间治理模式：加强旅游主管部门及相关政府部门、旅游协会团体、旅游科研机构、旅游企业、游客、媒体及网络等不同利益主体的交流，通过组织、对话、协商、合作等方式强化不同利益主体互动和合作，定期对长江经济带旅游发展以及存在的问题进行探讨，寻求高效解决。促进多元主体形成紧密联系的关系网络，发挥社会多元主体的力量，推动长江经济带旅游高质量发展。

二是健全长江经济带旅游协同发展机制：建立长江经济带旅游联动机制，克服因行政差异所带来的政策倾向影响和资源市场分割，打破行政壁垒现象。从国家层面加强对长江经济带旅游协同发展的指导，形成政府协调治理和资源市场调节等多元主体力量有机结合的区域旅游流空间治理模式，实现长江经济带旅游流区域协调和协同发展。采取市场化运作方式，实行长江经济带旅游一卡通，鼓励旅游企业打造跨区域精品旅游线路，对跨区域旅游实行优惠政策，突破市场壁垒限制。

三是强化上游三大组团的协同能力：重视长江经济带上游川渝、贵州、云南三大旅游流组团的发展，加大对这些地区的旅游流调控。充分利用成都、重庆、昆明等核心枢纽的区位和资源禀赋优势，深化重庆、成都、昆明、贵阳的联动发展，提升川渝、贵州、云南三大组团的协同能力。加强三大组团与长三角、中三角旅游流组团的旅游合作，发挥成都、重庆、昆明、贵阳在旅游合作中的带动示范效应。

4. 持续提升旅游发展品质，增强影响力和吸引力

一是丰富旅游产品供给：挖掘长江经济带旅游资源优势，实施“旅游 +”战略，大力推进长江经济带旅游业与相关产业的资源型融合、生产型融合、服务型融合。充分利用长江经济带丰富的传统村落、文化遗产、民俗文化以及都市文化资源，充实旅游产品形态。推动医疗、康养、体育、文化、会展、林业、商务、农业、装备制造业等与旅游的融合发展，着力培育一批具有国际影响力的旅游产品。

二是提高旅游服务质量：对长江经济带的旅游市场进行全面监管和综合整治，严厉打击损害旅游者合法权益的行为，积极维护长江经济带良好的旅游市场秩序。充分利用上海、南京、武汉、成都等地区的高校优势，对旅游从业及服务人员进行及时培训和技能提升，提高旅游服务人员的综合素质。坚持以人为本，提高旅游景区的信息化水平，增设无障碍旅游通道，提高旅游服务的温度。

三是增强旅游市场影响力：提升川西、云南、贵州的旅游知名度，扩大在全国乃至海外的影响力。除了进一步强化传统旅游营销模式外，还可以结合微博、微信、抖音等方式，积极策划开展节庆活动宣传和重大事件宣传，构建多元化的营销方式。重点利用 YouTube、Facebook、Twitter 等国际主流社交媒体和网络平台，做好长江经济带旅游境外线上推广。举办长江经济带文化和旅游发展大会、旅游博览会、交流会，推介重点旅游项目，洽谈旅游项目投资，提升长江经济带的旅游发展活力，扩大市场影响力。

5. 营造一流发展环境，全面提升旅游地韧性能力

一是设立旅游专项发展资金：创新金融政策，打造“产业 + 资本”发展模式，通过市场化运作，设立长江经济带旅游专项发展资金。鼓励中国旅游集团、中青旅、锦江国际集团、春秋集团、同程等大型旅游集团投资，扩大社会力量参与，引导社会资本投资长江经济带旅游建设。专项发展资金向重点项目、经济发展滞后地区的旅游开发倾斜，支持跨省级边界毗邻地区互联互通，旅游交通及基础设施的完善、旅游服务的无缝接驳。

二是加强基础配套设施建设：全面加强长江经济带旅游基础配套设施建设，优化旅游服务与发展环境。进一步改善中、西部地区的通达条件，完善区域交通网络，特别是雅安—西昌—丽江、甘孜—迪庆、宜昌—张家界、重庆—湘西等地区间的交通联系，提高旅游可进入性，强化边远地区与核心集散枢纽的交通联系。重点加快高速公路、高速铁路的建设力度，提高长江经济带中、西部旅游资源禀赋较好地区的交通可达性，缩短与客源市场的时空距离。

三是强化旅游地韧性能力建设：提高旅游企业风险意识，加强应急管理，减少危机事件带来的负面影响。加强旅游相关部门协同，建立预警系统，制定危机事件的应对与防范策略，提升风险应对能力。推动旅游景区转型发展，丰富旅游产品功能，建设复合型旅游目的地。

三、学术价值、应用价值及社会影响和效益

（一）学术价值、应用价值

对长江经济带旅游流的空间格局进行宏观把握，深化了对长江经济带旅游流空间格局的认识，弥补了现有研究对长江经济带旅游流关注不足的缺口；研究识别出长江经济带与其他地区旅游流所具有的共性、长江经济带旅游流所彰显的个性，丰富和拓展了学界对旅游流领域的研究。

（二）社会影响和效益

研究成果可为旅游学、人文地理学等领域的研究人员、大学教师、学生，以及从事旅游开发与管理的相关企业参考阅读；研究成果可较好地应用到长江经济带旅游发展规划、主要城市或地区旅游发展定位与战略决策中，为旅游相关行政部门提供决策参考。

空间贫困陷阱对民族地区文化资源旅游活化的影响及对策研究

负 责 人：倪向丽
依托单位：云南大学
起止时间：2021年4月—2021年10月

一、研究的目的和意义

习近平总书记在全国脱贫攻坚表彰大会上指出："要切实做好巩固拓展脱贫攻坚成果同乡村振兴有效衔接各项工作"，"对脱贫地区产业要长期培育和支持，促进内生可持续发展"，"坚决守住不发生规模性返贫的底线"。作为西部民族地区的一种特殊类型——受"空间贫困陷阱"制约的地区，大多地理禀赋不足，位置偏远、地形复杂、基础设施落后，但生态和文化资源禀赋较高，自然风光优美、民族风情独异，过去通过发展民族特色旅游实现了脱贫，但其仍是需要预防规模性返贫的高风险区域。本课题针对空间贫困陷阱约束下的民族地区文化资源，立足将"沉睡"文化资源优势转化为经济资源优势，探索民族文化资源旅游活化利用的机制及文旅融合发展的路径，有助于夯实乡村振兴产业基础，构建空间贫困陷阱约束下民族地区长效脱贫和可持续发展内生驱动力，为职能部门和其他利益攸关方相关决策提供战略思路、决策依据和对策建议。

二、主要内容、重要观点、对策建议

本课题聚焦"文化资源富饶，地理资本贫困"的民族地区，研究如何减弱"空间贫困陷阱"的影响和制约，推动优质民族文化资源的旅游活化利用。研究报告基于理

论推演和实证研究，深入分析空间贫困陷阱影响民族地区文化资源旅游活化的作用机制和主要制约因素，进而通过对云南香格里拉这一具有典型“空间贫困”特征的民族地区发展旅游业的经验总结和问题反思，从驱动机制、活化路径和保障措施三个维度提出突破空间贫困陷阱约束，推动边远民族地区文化资源旅游活化利用和文旅产业发展的对策建议。

（一）主要内容和重要观点

1. 影响分析

贫困是自然地理环境与经济社会、文化政策等人文环境双重影响下的产物。本课题从“空间”视角出发，基于统计分析，指出中国的贫困呈现时空分异特征，进而从聚集与持久两个维度证明西部民族地区农村存在显著的空间贫困陷阱。受“空间贫困陷阱”约束的民族地区，地理资本禀赋不足导致后天的产业发展要素缺乏，存在返贫的高风险。

（1）民族地区空间贫困陷阱形成机制

空间贫困陷阱（Spatial Poverty Traps），是由“空间地理位置禀赋”缺失所导致的某地区的收入陷于低水平均衡的一种持续的贫困状态。“空间地理位置禀赋”所包含的诸多要素，可用“地理资本”（Geographic Capital）一词来涵盖，即空间地理位置与自然环境条件所形成的物质资本、社会资本与人力资本等组合差异的空间表现。“空间”对贫困的影响途径主要体现为偏远的地理区位、恶劣的自然条件、落后的文化制度等，由于存在地理、经济和文化等各种外部性，贫困主体和生产要素难以在地区之间流动，从而形成集中、持续且自我强化的贫困锁定（Locked-in）效应。空间贫困陷阱是自然地域空间和社会空间的交互作用累积的结果。

（2）民族地区文化资源旅游活化机制

文化资源的旅游活化路径是对有形或无形的文化资源进行全面综合的旅游开发。民族地区文化旅游资源的活化过程就是民族文化旅游资源的资本化过程。要将文化资源作为一种生产要素，以有形或无形资产的形式投入旅游开发，与其他生产要素（劳动、资金、物资、技术等）相结合，生产出文化旅游产品，再通过文化旅游产品的运营获取经营收益，实现投资主体的资本收益和资源的价值增值。文化资源旅游活化的实现路径可归纳为：价值驱动—机制激发—要素聚集—资源转化—文旅融合—市场开发—产品运营—品牌推广—价值增值。首先，文化资源要具有旅游吸引力和经济价值，且经济价值能够被评估并被社会资本认可。其次，民族文化旅游资源的资本化和产品化，要以市场化交易和运营推广为基础。再次，要以获取文旅产品经营收益和文旅品牌无形资产的资本运营收益为输出，还需要有组织机构、交易市场、法规制度、技术方法、机制体制等全方位要素的支撑和保障。

（3）空间贫困陷阱对民族地区文化资源旅游活化的影响

①影响机制。空间贫困陷阱对民族地区文化资源旅游活化过程中的三个关键节点，即价值发挥、机制激发和要素流动形成了制约。第一，“地理资本”不足导致这些地区的可达性不强，制约了文化资源的价值发挥，降低旅游市场主体的开发意愿和引资能力。第二，自然地理空间贫困与经济空间、社会空间的交互影响，形成低水平均衡的锁定状态，制约了生产要素的流动和集聚，增加开发运营难度。第三，自然、地理、经济、社会、人力等综合弱势，整体制约民族地区产业化和综合化发展空间，产业带动能力弱。②制约因素。交通可达性差、生产要素聚集难、基础设施和公共服务弱是影响“空间贫困”民族地区文化旅游资源开发的主要因素，其中，交通基础设施、资本和人才是关键制约因素。对云南省16个地州交通基础设施综合水平、旅游景区资源开发程度和旅游产业集聚效应相互关系的实证研究揭示，发展交通基础设施能够促进旅游景区资源开发，且有助于推动旅游产业集聚。交通基础设施的改善对资本、人才等要素的聚集和流动也起到正向的促进作用。

2. 案例研究

香格里拉位于云南省迪庆藏族自治州，是“文化旅游资源富饶，地理资本贫困”民族地区的典型代表。从1997年开始，香格里拉在“大滇西开发”“二次创业”背景下开始发展文旅产业，目前实现了地方经济的增收与国际性旅游品牌的树立。其主要经验做法包括：一是深挖本地资源，促进文化旅游资源活化利用；二是积极吸引外部资本，推进文旅产业生产要素的聚集与配置；三是鼓励本地居民参与，优化文化旅游收入分配；四是注重基础设施的建设提升，优化地方交通可达性。但是，空间贫困陷阱的影响并未完全消除，旅游发展仍存在如下问题：一是旅游主体地位不显，市场活力亟待激发；二是地方特色逐渐消退，文化资源利用不充分；三是文化旅游资源转化不充分，文化旅游产业扶贫效率低下；四是旅游市场管理机制不健全，高端人才队伍建设待强化。香格里拉经验给类似处于“空间贫困陷阱”中的民族地区以如下启示：一是要强化对文化旅游产业的建设，聚集生产要素，激发市场活力；二是要活化文化旅游资源价值，优化价值转换途径和手段；三是要进一步加强基础设施建设，为文旅产业高质量发展奠定基础。

（二）对策建议

就如何减弱“空间贫困陷阱”的影响和制约，推动民族地区文化资源旅游活化提出如下对策建议。

（1）构建激发市场活力和驱动要素集聚的驱动机制。第一，推动政策松绑。特别是在土地、税费、行政审批、融资、人才等要素方面，对部分产业及企业适当给予政策放宽或倾斜，以激发市场活力，聚集生产要素，稳固扶贫成果。第二，强化政策集成。争取中央和国务院支持，由文化和旅游部门牵头，整合并优化各部门政策，推动在文化旅游资源富集的民族贫困地区出台特殊政策，强化文化旅游业的产业带动作用。可考虑在具有“空间贫困”特征的返贫高风险民族地区启动文旅融合乡村振兴试验区这一工作载体，以有效促进这些地区文化旅游在财税、金融、土地、门票等方面的政策集成。第三，推进可达优化。一要推进地理交通的可达性优化，打通地理空间的阻隔，便于外部资本和市场需求的有效注入；二要优化网络信息的可达性，加大对网络信息基础设施的建设力度，保障光纤、网络等信息渠道的畅通，引进信息数据分析技术人才。第四，鼓励模式创新。一是创新文化旅游产业的商业模式，大力发展旅游文创、云旅游、旅游数字化等新模式，打造有内涵、重内容、可传播的文旅新产品。二是创新融资模式，扩展融资渠道，鼓励文旅项目开发过程中的多元资本注入。第五，调动社会力量。通过政策鼓励、表彰示范等方式进一步调动社会力量参与边远民族地区旅游开发，加强外部资源导入，形成文化旅游振兴乡村的合力。第六，促进共建共享。鼓励村民通过创业就业等方式获取经营性收入和工资性收入，在有效管控风险的基础上，探索引导贫困村民以土地经营权、宅基地使用权、房屋产权等投资入股文旅企业或专业合作社，将旅游项目扶持资金折算成贫困户股份投资入股等方式，促进资源变资产、资金变股金、农民变股东。

（2）构建推动文化资源资本化和旅游活化的路径。可遵循“价值驱动—机制激发—要素聚集—资源转化—文旅融合—市场开发—产品运营—品牌推广—价值增值”的具体活化路径。第一，价值驱动。应挑选出具有较强旅游吸引力并具备稀缺性、存量性、价值性和收益可能性，产权明确、经济价值可被量化评估的文旅资源作为活化对象重点开发，通过资源内在价值驱动要素聚集。第二，机制激发。地方政府应构建具有针对性和倾向性的政策激发机制，通过有吸引力的发展政策或制度，创造政策环境优势，进而吸引外部资本，激发市场活力。第三，要素聚集。地方政府应发挥好资源调动和聚集职能，集中生产要素并积极吸引外部生产要素资源，优先发展具有区域经济带动作用的文旅项目。第四，资源转化。通过转让、作价入股文化旅游资源的所有权、使用权、经营权、资产证券化等资本化运作手段，让文旅资源进入经济生产过程，转化为文化旅游资本和资产。第五，文旅融合。一是将稀缺文化资源打造成具有特色的旅游产品。二是充分发挥旅游业的综合产业带动作用，提升民族文化产业地位，强化民族地区的文化自信。第六，市场开发。强化文旅项目或产品的市场化开发，激发市场主体活力，通过健康的市场运作，实现文化旅游资源经济价值的可持续转化。第七，产品运营。通过特色文化旅游产品的策划、开发和运营，把资源变成产品，把旅游吸引力变为游客的消费力，进而转化为经营收益和资本增值；通过品牌打造，持续提升文化旅游产品的市场知名度和品牌价值。第八，价值增值。把市场前景良好、品牌价值较高的旅游产品通过资产证券化、发行信托产品、上市融资、并购重组资本运营手段，让文旅资源在资本市场中流动起来从而获得增值。

（3）构建夯实发展基础和强化要素供给的保障措施。第一，强化政府组织引领。地方政府做好文化旅游产业乡村振兴的战略布局，选调优秀的党员干部进行驻镇、驻乡、驻村，党员带头引领当地居民参与到文旅产业建设中，使居民有方向、有组织、有纪律地进行经济增收，创新创业。第二，完善旅游基础设施。借鉴以前利用国债资金建设旅游基础设施等经验做法，加大对边远返贫高风险民族地区的旅游公路、停车场、旅游咨询中心、卫生间等公共服务设施建设的支持力度，并对乡村旅游经营户实施改厨、改厕、改院落、整治周边环境进行资金补助支持。引导、鼓励地方社区、居民开展旅馆、民宿、餐厅等旅游基础服务设施的建设与运营。第三，提升旅游公共服务。各级财政在文化旅游公共服务投入方面向贫困地区倾斜，支持符合条件的地区建设一批富有吸引力的专题博物馆、乡村图书馆和文化馆等，支持贫困地区开展文化和旅游公共服务融合试点。第四，完善配套政策支持。积极吸引外部资本，出台减税、免税等优惠政策，鼓励龙头文旅企业入驻办企。优化地方财政性资金支出方向，集中力量培育和支持优质文旅项目和企业。第五，加大人才队伍培养。建立柔性引人用人机制，建立人才培训培养基地，通过与龙头文化旅游企业、发达地区政府合作机制来培养实用型人才。第六，完善监管服务体系。加强对文旅企业及从业人员的教育培训，引导诚信经营，规范服务；利用大数据对市场进行实时监测；完善执法部门相关的联动机制；积极推进旅游违法行为入刑，严以治理，保证市场规范。

三、学术价值、应用价值及社会影响和效益

（一）学术价值

一是从“空间贫困陷阱”约束视角拓展了民族地区文化旅游资源开发和返贫路径阻断的相关研究；二是基于空间贫困理论，探讨地理资本匮乏地区如何实现文化资源旅游活化进而转化为文化资本的路径对策，丰富了空间贫困理论和文化资本理论研究，延展了“空间贫困陷阱”“地理资本”和“文化资本”等概念内涵。

（二）应用价值

一是为“文化资源丰富，地理资本匮乏”、存在返贫高风险的西部民族地区探索长效脱贫和全面振兴路径提供思路指导和范例借鉴。二是为“沉睡”少数民族传统文化的复兴，探索一条借“旅”还“魂”，进而活化利用、活态传承和价值增值的效路径。

（三）社会影响和效益

一是完成并向政府相关部门提交两项研究报告。研究报告《借鉴浙江经验，加快推进云南数字文旅发展的建议》被云南省人民政府研究中心采纳刊出并上报云南省委、省政府；《推进云南民族文化创意产业与旅游产业融合发展思路及路径建议》上报云南省民族宗教事务委员会，为民族文化的旅游活化提供了发展路径和典型成功实践范例。

二是开发撰写两个边远地区民族文化资源旅游活化产品案例，即“印象丽江”和“森林学校”的活化案例，均被中国管理案例共享中心收录，其中“印象丽江”案例入选“全国百篇优秀管理案例”。

三是公开发表相关学术论文。相关论文从活化路径、融资渠道、开发与保护等角度对具有“空间贫困”特征民族地区的文化资源旅游开发问题进行探讨，适时分享理论研究成果。

玉磬画语·良渚遗址的文旅融合研究

负 责 人：吴立君
依托单位：浙江旅游职业学院
起止时间：2021年4月—2021年10月

一、研究的目的和意义

（一）研究目的

浙江人文古迹众多，尤其是良渚遗址是中华五千多年文明史的重要文化实证。2019年中国良渚古城遗址获准列入世界遗产名录。文化和旅游部也提出在旅游景区的建设中，要把遗址文化内涵和特色文旅融合产品作为遗址建设的一个组成部分。玉磬画语·良渚遗址文旅融合研究，应具有多元结构、多样性渠道，其设计从功能上要满足纪念、欣赏、实用的原则。在精神取向及文化品位上，具有准确定位的良渚文化主题来表现特色项目设计、图纹故事、体验形式等，具有独特良渚风格和遗址情调使游客感受到文化自信和感染力。

（二）研究意义

对良渚文化的遗址文旅融合艺术项目的研究，正是为了增强浙江省文旅之品位，增强中华文化吸引力和影响力。良渚文化产品与“世遗良渚”的整体形象很不协调，需要扩大社会知名度和良渚文化影响力。

良渚文化资源既是显性又是无形的文化积淀。如何开发并利用这些资源，为浙江乃至全国的遗址文旅融合产品、文化和旅游发展方向定位，是亟待研究实施的、具有深意的文旅融合课题。

二、主要内容、重要观点、对策建议

（一）主要内容

本课题主要研究“玉磬画语”：“良渚”玉文化的原始歌舞，遗址文物图纹样式与寓意的绘画摄影视觉语言。“玉磬”——厘清内在理路，根据遗址湿地特点，结合现代旅游演艺风格，艺术欣赏（原始舟舞演艺）项目结合原始遗址特点，将游客的艺术审美学习（绘画与摄影基地）；“画语”——艺术体验（玉器陶器雕刻）项目进行文旅融合的可行性研究。通过概念界定、厘清内容、解读产品，对“良渚”遗址系统化分析与整理，对“良渚”遗址文旅融合项目进行了前瞻性探讨。

（二）重要观点

课题主要分析研究了良渚遗址的现状和问题，在探讨三种文旅融合体验形式方面，建议实施体验旅游。一是从视觉上，是一种新的糅合了心理艺术课题——移情式原始舟舞表演项目；二是从触觉上，用良渚文物图案和纹饰符号，来进行直接创作体验项目；三是从感觉上，建立绘画和摄影等艺术基地，审美力培养项目。分别从智慧旅游、搭建平台、拓展文旅产品内涵等方面，进行了文化遗址科学保护和利用的体系建构探讨和研究。

（三）对策建议

1. 从体验旅游的视角探讨

（1）开发艺术欣赏型的原始舟舞文化——提升听觉、视觉上的体验

良渚遗址是我国长江下游地区新石器时代最重要的考古遗址之一。“良渚”也寓示了美好湿地的小水岛，而古老原始艺术能召唤人类的原始集体情感，触景生情，移情艺术的植入原始地域文化，进而感召促发了民族自豪感。

切实地深入良渚地域文化特性研究，探索良渚遗址文旅融合产品，必须与湿地水域文化、探古心理、原始舟舞意味等相符合。不但要对遗址文化产品的渊源历史、场景表演、实践参与体验等深入分析，而且要将游客曾经情怀情感、幻想体验等各种意识感觉融入原始舟舞演艺活动中，使游客的直观感觉与情感相结合，引起游客的原始感想、远古体会、移情与共情、舟舞情景体验交融等，使游客获得相应的移情新感知——移情式文旅融合体验。

如果游客全神贯注于原始舟舞演艺时，这些活动仿佛具有了感觉、思想、情趣，将游客体验从听觉和视觉上，赋予了旅游参与者的全新情感色彩。这种移情式的舟舞演艺产品，将移情理论与原始舟舞文化演艺结合起来，体验文化旅游中的美，探奇原始美，融入共情艺术，优化现代旅游产品理论、促进体验旅游拓展研究，拓展了旅游者的听觉和视觉感受力。

（2）打造艺术创作立体式艺术创作体验——提升触觉、感觉的体验

旅游景区的特色纪念品内涵通常是以一个主题为核心的文化系列，即通过具有准确定位的文化主题来表现特色设计、材质、形式及相应的风格等，来形成旅游景区的特色纪念品的主题概念和特色风格，借此创作出某种浓厚的风格和独特的情调，使宾客感受到旅游景区的特色纪念品文化感染力。

因此，研究良渚遗址文旅融合的特色纪念品内涵，就要重视对良渚遗址旅游景区的文化主题研究。旅游者首先参观了整理过的良渚遗址玉器图纹、陶器文字符号、器物形态等，初步认识了良渚遗址文化，引导旅游者进行良渚文物图案和纹饰符号的创作体验项目。

以上艺术创作体验结合良渚遗址文物图形与造型，具有超时空的文化体验和社会教育意义。既结合艺术审美，让旅游者认识文物，关注其工艺创作本身，又有效利用了良渚文化的图纹资料，提高旅游者实践能力和审美能力。而且，拓展了旅游者艺术视野，引起他们对良渚文物器件的真切认识和关注，增强了旅游者对良渚文化资源的保护和宣传意识，对文明起源的自豪感和归属感。

（3）建立艺术审美力培养基地——提升知觉、直觉的体验

结合良渚自然地理环境、人文风情环境、开发背景等，开发艺术学习项目，提高审美理解能力，必须使之树立健康的审美观，才能辨别美和丑，从而爱美，并接受美的陶冶，进行设置绘画和摄影体验项目。

①绘画体验项目

在绘画体验项目过程中，需要引导游客能直接看到示范者作画的具体过程，让他们在掌握绘画技能的同时，感受示范者的每一笔和每一画所表现的对大自然和社会生活的审美观。在体验活动过程中，要充分运用一些良渚风景范例及名家名作来进行讲解，感悟作者的审美品质。游客在良渚遗址公园玩中学，也在玩中获得美的享受与乐趣，并留下深刻的印象，从而更能激发起游客的艺术学习兴趣。

②摄影体验项目

摄影艺术修养是指一个人在理论、知识、艺术、思想等方面的综合文化艺术水平。

具体地讲：包括“摄影知识、艺术理论和实践操作体验”三个环节。在良渚摄影艺术创作项目过程中，首先要引导旅游者进行摄影认识。因为摄影过程中甚至常常没有充裕的时间去思索，酝酿构图。往往都是摄影者的文化艺术的积累，厚积而薄发，瞬间形成的。然后通过旅游者相机或者手机，进行实际构图和讲解，结合优秀的摄影作品进行启发，分析摄影艺术价值在于选择和发现。

因此，在良渚遗址公园中，对摄影的实践体验是在良渚人文风景认识中获得的体会。在良渚遗址的艺术审美学习体验中学会“审美的观察力”，培养艺术家的“眼睛思维”。

2. 从智慧旅游的视角探讨

（1）建立良渚遗址保护空间数据库

在发展良渚品牌网站基础上，应基于文化遗产保护体系建立良渚遗址保护空间数据库。要借鉴国内外经验，利用地理信息系统（GIS）技术，从人口、资源、环境、发展问题入手，建立良渚遗址保护空间数据库。运用该数据库，让公众享受文化遗产保护的成果，同时进行大遗址保护以及遗址环境变化的动态监控。

（2）打造“良渚”IP 文化品牌创意网站，建立数据库

当前，网络的发展已呈现商业化、全民化、全球化的趋势，几乎所有行业都在利用网络传递商业信息，进行商业活动，从宣传企业、发布广告、招聘雇员、传递商业文件乃至拓展市场、网上销售等，创意网站具有文化内容丰富、信息传播快、受众广泛等优点，是展示良渚 IP 文化创意发展、推广良渚 IP 文化创意产品的重要平台。运用空间信息技术，建立大遗址保护空间数据库。

（3）增加音像与多媒体技术的比例

有动态的画面、有可以聆听的声音、有随手点击就可以出现相应的阅读内容，是网络区别于传统平面媒体的绝对优势。良渚 IP 文化网络传媒管理者必须牢牢地把握这一优势，以努力增加网站的点击率和提高读者的阅读兴趣为目标。然而在现实中一些网站的版面内容依然是以单纯的新闻为主，很少配套图片，想要有音像资料以及多媒体技术则更是困难，这对于网站的健康发展是十分不利的。因此，在进行良渚 IP 文化创意产业网站管理时，应当有意识地增加音像与多媒体技术的比例，网站首页以及重要新闻上必须有音像资料作为辅助。

（4）积极发展三维动画设计

三维动画凭借更加高超的技术手段，在模拟真实物体、表现影视特效以及后期合成上都有着传统技术难以企及的优势。在实际中，三维动画由于摆脱了地点气候、人

员不足的现实制约，在制作成本上，与实景拍摄相比也更加经济，因此受到越来越多的网站与技术人员推崇。良渚 IP 文化品牌网站以地域良渚文化创意为主题，在现实运行中不可避免地会受到人力、财力等原因限制，以至于无法现场拍摄。为有效地解决这一问题，网站管理者应当注重引进三维动画设计人才。

3. 从搭建平台的视角探讨

（1）搭建良渚遗址文物鉴定平台

良渚文物鉴定网集良渚文物征集、考古收藏研究、展示于一身，将系统收藏反映中国古代、近现代、当代历史的珍贵良渚文物，可以打造网络展示平台，向国内外公众全面地展示与宣传中华良渚文明的伟大历史进程与辉煌文化，介绍遗址文明与优秀文化。良渚文物鉴定网将尽可能地聚集文化研究力量，参与各种内容与形式的展览展示和学术研讨会，打造国内、国际良渚文物学术交流的中心。

（2）举办良渚遗址文化交流展示活动

举办良渚遗址文化交流展示活动有利于促进文物资源开发、文物产品流转和价值实现。要结合互联网产业，推进良渚遗址文化与会展业等业态的有效结合，打造以文化创意与良渚遗址文化为内容的信息咨询、服务、宣传平台。

（3）重视项目策划与管理

在具体的项目策划时，网站管理者不应当仅仅根据良渚文化发展现状进行循规蹈矩的项目策划，还应当根据读者需求，传递出不同信息，增强读者对良渚文化的了解程度。网站还可以通过网友调查活动，关心的内容，进行有效的整合，研讨项目策划方案才能真正做到为受众服务。除此之外传统项目文化类网站也应当加大管理力度，专人负责每日更新、每周看点和总结回顾。

4. 从拓展文旅产品内涵的视角探讨

拓展文旅产品内涵要求开发衍生品，打造文旅产品整体概念。文物衍生品就是对文物、文化遗产生产性保护的方式之一。通过发展文物衍生品，打破文化遗产保护主要靠国家资助的局面，打通文化遗产保护、民众文化消费需求以及文创产业之间的藩篱。在此同时，要规范良渚文物复制产业，适当发展文物复制产业。

（1）应加强市场准入

根据相关法律规范的要求，良渚文物复制单位应具备必要的文物复制生产场地、生产设备、检验设备和专业技术人员。其文物复制资格由省、自治区、直辖市文物行政管理部门认定。

（2）拓展有效传播

良渚文物复制品可以有效传播传统良渚文化。在博物馆中，文物复制品展示是重要的展览方式，可以保护珍稀文物免受运输、光照等造成的损害，能够满足人们对古代艺术品审美的体验。在开发衍生品方面，建议良渚遗址公园 / 博物院借鉴故宫做法，从开发低端衍生品向文创精品过渡，注重产品设计、用料、功能等品质方面的提升，重点打造文创精品，与此同时，线上线下拓展文化衍生品的渠道。

（3）与高校合作

在中国文化遗产保护进程中，要发挥好高校与博物馆的合作效应。高校是文化的教育与传承机构，针对当今日益增长的文化需求，高校要加入文物的研究部门以及文物衍生品的设计机构中去。运用高校师生的创意，研发出专属良渚的文创 IP 符号，以及符合现代消费者审美的文化创意衍生品，把不断创新的设计理念融入广大群众的时尚生活之中。

三、学术价值、应用价值及社会影响和效益

（一）学术方面

1. 将“移情”研究导入“良渚”文化及其独特文化内涵研究之中

玉磬画语·良渚遗址的文旅融合研究，是一种新的糅合了心理艺术课题——移情式项目，移情说是审美心理学的研究成果。移情在文化旅游产品领域是指设计者通过对文化产品的渊源历史、环境道具、原始表演、实践参与体验等，将游客的记忆情感、原始幻想、切身体验等融入演艺体验活动中，使游客自身的直观、情感、与场景结合，引起其与原始情感、经验感受、情景化的记忆，获得相应的现场感官体验——移情式文旅产品的体验。这对浙江乃至全国遗址文旅融合研究新探索，有着一定的旅游美学价值和重要哲学理论意义。

2. 拓展和充实了良渚学术研究的范围和内涵

“良渚文化”的美术遗存主要表现在玉器、陶器等器物上。“良渚人”是生活在杭州的良渚人，是与自然界文化交流的一种文明，而重新探索性研究良渚时期的古城遗址建筑、图腾装饰、墓葬、信仰、地域交通、湿地文化等，会更具有新发现、新时代学术价值。

（二）社会影响和效益

1. 探索遗址文化产品的文旅融合项目特色和内涵

旅游者旅游的共同动机是享受异地特色文化、民族差异文化，旅游产品设计简单，缺少参与性。良渚文化产品与“世遗良渚”的整体形象很不协调，需要扩大社会知名度和良渚文化影响力。开创绘画和摄影体验项目，探索对良渚遗址的文旅融合项目研究，正是为了增强浙江省文旅之品位和内涵，增强和扩大中华文化吸引力和社会影响力。

2. 运用新理念整合“世遗良渚”的文化旅游资源

良渚具有典型的江南文化符号。良渚文化资源既是显性又是无形的文化积淀。如何开发并利用这些资源，需要与时俱进的新思想新理念，为浙江乃至全国的遗址文旅融合产品发展方向定位，是具有前瞻性研究的深远的影响力。

疫情后国际旅游发展趋势与目的地形象修复作用机制研究

负 责 人：梁心见
依托单位：成都师范学院
起止时间：2021 年 4 月—2021 年 10 月

一、研究的目的和意义

（一）研究目的

本课题研究的目的在于通过探究后疫情时代国际游客的心理及风险认知变化特点，构建目的地形象修复的作用机制，研判疫情后国际旅游发展趋势，为各级文旅部门和目的地管理机构制定形象修复策略、开展旅游营销提供科学决策依据。

（二）研究意义

新冠肺炎疫情后国际游客的心理和旅游行为有何变化？外国游客对我国（尤其是武汉）的目的地形象是否更加负面？目的地形象修复能否增强旅游意愿？为了解答这些问题，本研究基于危机管理理论和形象修复理论，运用定性＋定量混合研究方法，对 TripAdvisor 上的国际游客对武汉的点评内容进行文本分析，探究游客对武汉的目的地形象感知维度。在形象修复模型基础上引入目的地形象变量和风险认知变量，构建新冠肺炎疫情背景下的目的地形象修复模型，验证认知形象、情感形象和风险认知在形象修复与旅游意愿之间的中介作用。本课题结果对于探究后疫情时代国际游客的心理及风险认知变化特点，研判疫情后国际旅游发展趋势提供了有益的参考，并探索和构建目的地形象修复的作用机制。

二、主要内容、重要观点、对策建议

（一）主要内容

本课题基于危机管理理论和形象修复理论，采用定性 + 定量混合研究方法，开展两个研究探究形象修复对旅游意愿的影响机制。

1. 研究一：西方游客眼中的武汉——基于 TripAdvisor 的文本分析

对 TripAdvisor 上的国际游客对武汉的点评内容进行文本分析，探究游客对武汉的目的地形象感知维度。收集了自 2020 年 1 月 23 日武汉疫情暴发以来 TripAdvisor 上国际游客关于“武汉”或“湖北”的点评文本，运用文本分析软件 Rost CM6 提取关键词并进行了高频词统计分析和情感语义分析。发现外国游客对武汉的目的地形象包含了正面评价和负面评价，为了探究外国游客对武汉目的地形象的感知因素，在高频词分析的基础上，本研究还运用扎根理论质性研究进行编码，以深入分析外国游客对武汉旅游目的地的积极和消极情感。正面评价方面主要在“中国目前是最安全的地方”“是一个好的旅游目的地”等，充分表达了对中国政府防控疫情成绩的充分肯定和信心，负面评价方面主要在疫情初期“信息不透明”“隔离措施烦琐”以及“缺乏信任”等方面。

研究结果表明：

（1）外国游客的关注点呈现阶段性变化。即在疫情初期更多关注武汉疫情、封城、对旅游业的负面影响等，在疫情中期更多关注安全、入境便利性、交通环境等。

（2）外国游客对目的地认知形象属性主要包括目的地安全、环境、交通、入境便利性等方面。高频特征词词云图中，“China”“Wuhan”“quarantine”“people”等构成了显性核心词汇，而“travel”“better”“lockdown”“transmit”等构成了次要核心词汇。

（3）外国游客对目的地情感形象属性中，主观积极情绪主要包括喜欢、好感、祝福，负面消极情绪主要包括不信任、不喜欢、厌恶等。尤其对疫情初期信息透明度、管控措施等方面表达不满情绪。

（4）危机沟通和形象修复的缺位影响外国游客的形象感知。在国外大型旅游点评平台上缺乏必要的危机信息沟通和正面宣传，尽管有少数网友积极为中国发声，传递正面、积极的信息，但用户—用户模式（C2C，customer to customer）缺乏官方—用户

模式（A2C，authority to customer）的有力支持。

2. 研究二：形象修复对旅游意愿的影响

研究二采用定量分析法。通过问卷调查的方法收集的相关数据，在形象修复模型基础上引入目的地形象变量构建旅游危机情景下的形象修复模型，运用 SmartPLS 软件，以形象修复为自变量，认知形象、情感形象和风险认知为中介变量，旅游意愿为因变量构建形象修复的结构方程模型，进行定量分析，验证风险认知、认知形象、情感形象等变量在形象修复与旅游意愿之间的影响关系。本研究在前人研究基础上引入形象修复温和型策略中的修正行动课题，调查疫情暴发地武汉的形象修复效果，并以以下材料作为被调查者阅读材料。2019 年年底，突如其来的新冠肺炎疫情袭击武汉，一时间全世界的目光关注武汉，经过 76 个日夜的艰苦奋战，2020 年 4 月 8 日，封城 76 天后的武汉终于解封。《武汉感恩有你》，一则包含 32 张感恩海报的宣传稿刷爆朋友圈，这不仅是对全国各地支援的感恩，也是疫情后的武汉对全世界的宣传："武汉依然美丽！"阅读完毕后开始填写问卷。调查共获得有效问卷 323 份。

（1）本课题检验了健康风险感知在形象修复和旅游意愿之间的中介影响。形象修复对健康风险感知有显著负向影响，武汉的形象修复效果越好，越能降低游客的健康风险感知。同时，健康风险感知对旅游意愿有显著负向影响，游客对新冠肺炎疫情引起的健康风险感知越低，赴武汉旅游意愿越强烈。因此，健康风险感知在形象修复与旅游意愿之间起中介作用。

（2）认知形象在形象修复和旅游意愿之间起中介作用。形象修复对认知形象有显著正向影响，武汉的形象修复效果越好，越能增强游客的认知形象。同时，认知形象对旅游意愿有显著正向作用，游客的认知形象越强，赴武汉旅游的意愿也越强烈。因此，认知形象在形象修复与旅游意愿之间起中介作用。

（3）情感形象在形象修复与旅游意愿之间起中介作用。形象修复对情感形象有显著正向影响，武汉的形象修复效果越好，游客对武汉的情感越正面和积极。同时，情感形象对旅游意愿有显著正向作用，游客的情感形象越强，赴武汉旅游的意愿也越强烈。因此，情感形象在形象修复与旅游意愿之间起中介作用。

（二）重要观点

（1）外国游客对中国旅游目的地更关注安全、健康、入境便利性等。

（2）外国游客对武汉的目的地形象认知呈现阶段性变化，从初期的负面形象到中后期的中性和正面形象。

（3）情感形象负面多于正面，负面消极情绪主要包括不信任、不喜欢、对疫情初期信息透明度、管控措施等方面不满，正面积极情绪主要包括喜欢、好感、祝福。

（4）危机沟通和形象修复影响外国游客的形象感知。在国外社交媒体平台和大型旅游点评平台上缺乏必要的危机信息沟通和正面宣传，没有进行及时的形象修复。

（5）游客对新冠肺炎疫情的风险认知会影响旅游意愿。

（6）游客对目的地的认知形象和情感形象会影响旅游意愿。

（7）认知形象和情感形象在形象修复影响旅游意愿的机制中起中介作用。

（8）后疫情时代出游更关注健康，智能化无接触设施得到运用。

（9）超过半数受访者对疫情后出境旅游持保留观望态度。

（10）大多数游客在疫情后出游会选择自由行。

（11）疫情后出境游首选目的地集中在日本、韩国、泰国、新加坡等周边国家。

（12）国际旅游会更加注重智慧化旅游。

（13）注重发展韧性会成为国际旅游发展趋势。

（14）开创可持续旅游新模式会成为国际旅游发展潮流。

（三）对策建议

2021年10月，中国疾控中心主任高福在接受采访时表示："只要我国疫苗接种率超过85%就可以考虑开放边境。"随着疫情持续向好，为迎接后疫情时代国际旅游业的"爆发式"增长做好充分准备，有必要探索后疫情时代国际旅游的发展趋势，尤其是了解游客的心理和旅游行为的变化，构建安全、健康的旅游目的地形象，恢复游客对旅游目的地的信心和信任。本课题在总结前人研究成果基础上，结合对武汉的形象修复研究结果，提出疫情后应对策略包括目的地形象修复、建立旅游危机沟通机制、开展恢复营销、出台政策纾困帮扶等策略。

1. 建立旅游危机沟通机制

（1）固定信息发布平台。及时在官方微信公众号、微博账号、官方网站等发布权威、及时、准确的信息，形成危机情景下统一的线上媒体声量信号，满足游客信息交流、情绪表达等需求，回应游客关切。

（2）建立旅游危机发言人制度。搭建危机应对团队，明确发言人职责和规范，形成统一的危机信息发布口径。

（3）建立多元化信息源。在如今西方传统媒体独霸天下的情况下，为了加强对西方游客的宣传和营销，可以绕开西方传统媒体，在YouTube、Instagram、Facebook等

西方社交媒体平台开设账号，宣传我国优秀文化旅游资源和自然风光。同时，在西方游客较为关注的旅游点评平台 TripAdvisor、Yelp、Lonely Planet 等通过开辟论坛、专栏，发起“# 话题”等形式，增强西方游客的目的地形象感知，加强正面宣传和营销。

2. 目的地形象修复

（1）修正行动。主要采取加大宣传修复损害、宣传恢复正常、传递安全信息等措施。向国际游客传递中国是安全的，武汉是安全的。

（2）降低攻击。可在西方游客较为关注的旅游点评平台 TripAdvisor、Lonely Planet、Yelp 等平台正面宣传事实，以正视听。本课题通过对 TripAdvisor 点评文本分析发现，有网友自发在该平台为中国武汉正言，对形象修复起到了积极作用。

（3）揭露与批评。主要针对西方传统主流媒体的歪曲报道进行揭露不实之处，批评其双重标准，在 YouTube、Instagram、Facebook 等西方社交媒体平台传播正面信息。

3. 开展恢复营销

（1）提供优惠或折扣。众多实例证明疫情后开展优惠或折扣活动对于增强对游客吸引力非常有帮助。无论是打折机票、优惠住宿券、美食券等都能刺激消费，促进旅游业增长。

（2）减免门票。疫情后全国各地的减免门票活动对于拉动内需，吸引游客消费产生了积极的作用。

（3）网红营销。2020 年被称为“文旅业直播年”，以携程梁建章直播带货为代表的文旅直播带火了疫情下的文旅业，旅游业的网红营销正在产生良好的经济效益和社会效益。可以邀请国外网红博主、意见领袖等到实地现场体验感受，通过他们生产的 UGC 图片、视频在国外社交媒体中形成口碑效应。

（4）数字化网络营销。借助互联网和信息技术打造云逛街、云购物、云展览、云走秀、云体验等新型消费场景，促进文旅产业数字化、智能化发展，同时开展数字化网络营销，充分运用好各类社交媒体平台，加强对国际游客的目的地形象塑造。

4. 出台政策纾困帮扶

由于政府部门拥有更多的权力和资源，它们往往是危机恢复的重要推动力量。危机后政府应对策略主要体现在三个方面：（1）恢复重建（包括基础设施等）；（2）为旅游企业提供财政援助和人力资源；（3）开展宣传沟通和营销活动，开拓新市场。尤其是在财政援助纾困帮扶方面，政府可以加大力度。疫情以来，中央和地方政府采取了一系列保证行业经营安全稳定、降低经营成本纾困帮扶政策，包括金融扶持，实施文旅市场振兴计划等，取得了积极的效果。但还要继续加大行业扶持力度，帮助小微企业渡过难关。具体的纾困帮扶措施建议包括:(1)减免旅行社质保金;(2)减免旅游业税收;(3)鼓励旅游业灵活就业;(4)进一步推动导游自由执业。同时，推动行业主体和个人开展自救，将帮扶与行业自救相结合。

总之，在恢复过程中，加强以政府为主导，各方力量共同参与，积极鼓励行业自救，提升发展韧性和可持续发展能力，打造安全、健康的旅游目的地形象，借助社交媒体和智慧化手段加强对国际游客的精准营销，必将会迎来国际旅游复苏的新篇章。

三、学术价值、应用价值及社会影响和效益

（一）学术价值

本研究的学术价值主要体现在以下五个方面:

(1)丰富了形象修复维度。验证了新冠疫情影响下武汉的形象修复修正行动三个维度的作用，为未来的目的地形象修复研究提供了借鉴。

(2)探索了目的地形象修复机制。通过探究形象修复、目的地形象、风险认知和旅游意愿之间的关系，明确了形象修复的关键变量，形成了目的地形象修复机制。

(3)构建了新冠肺炎疫情情景下的形象修复模型。通过引入形象修复变量、认知形象、情感形象和风险认知变量，构建了新冠肺炎疫情背景下的旅游危机形象修复模型，为预测旅游者未来行为意愿提供了理论基础。

(4)丰富了目的地形象研究。本课题将目的地形象的认知形象和情感形象两个变量引入形象修复模型，验证了认知、情感形象的在形象修复与旅游意愿之间的中介作用，丰富了目的地形象理论。

(5)拓展了风险认知研究。在前人研究基础上将风险认知引入形象修复模型，验证了健康风险认知在形象修复与旅游意愿之间的中介作用，拓展了风险认知研究。

（二）应用价值

(1)研判了疫情后国际旅游发展趋势。梳理归纳了疫情后国际旅游的发展趋势和变化，为开展疫情后科学应对提供了参考。

(2)提出了疫情后国际游客的风险认知变化特点。通过探索后疫情背景下国际游客的风险认知变化特点，为调整市场定位、开拓新兴市场和开展精准营销提供参考。

(3)提出了形象修复策略。通过探索后疫情时代的目的地形象修复对旅游意愿的

影响，归纳目的地形象修复策略，为文旅部门和旅游目的地重建目的地形象提供建议。

（4）提供了应对策略和恢复营销建议。通过构建旅游危机沟通机制，降低游客风险认知，增强游客的信心，为开展国际旅游恢复营销提供决策依据。

（三）社会影响和效益

本课题成果对我国开展后疫情时代国际旅游宣传和营销提供了可供借鉴的建议，对开展目的地形象修复提供了策略参考，对我国旅游目的地重塑疫情后目的地形象，构建目的地形象修复机制提供了科学决策依据。

自由贸易区（港）建设背景下文化和旅游开放与管理研究

负 责 人：田纪鹏
依托单位：上海对外经贸大学
起止时间：2021 年 4 月—2021 年 10 月

一、研究的目的和意义

（1）界定文化和旅游开放与管理的内涵与外延，分析文旅开放与管理的理论基础与自由贸易区（港）文旅开放与管理的制度创新现状与不足。

（2）从投资自由化便利化、贸易自由化便利化和营商环境优化 3 个方面，以自由贸易区（港）建设为载体和抓手，提出文化和旅游高水平开放与高质量管理的制度创新举措。

（3）以文化和旅游为试点，提出改革完善自由贸易区（港）制度创新体制机制的建议。

二、主要内容、重要观点、对策建议

（一）主要内容

1. 界定文化和旅游产业、产品和服务的概念

系统阐述文旅开放与管理的内涵，总结文旅开放与管理的现状，为研究奠定基础。第一，系统梳理《2010 年国际服务贸易统计手册》《联合国教科文组织文化统计

框架》《产品总分类（CPC）》《国际标准产业分类（ISIC）》《商品名称及编码协调制度（HS）》《扩大的国际收支服务分类（EBOPS）》《国际标准职业分类（ISCO）》和我国《文化及相关产业分类（2018）》《涉外收支交易分类与代码》等文献对文化产业、产品和服务的界定，提出本课题对文化产业、产品和服务概念内涵与外延的界定：文化是某一社会或社会群体所具有的一整套独特的精神、物质、智力和情感特征。文化包括文化事业和文化产业两大部分，两者相辅相成。文化产业凭借文化产品（有形）和文化服务（无形）满足人民对美好生活的文化需要，参与国际竞争，彰显文化自信。文化核心产业、产品和服务是指为直接满足人们的文化需要的产业、产品和服务。包括新闻信息、内容创作、创意设计、文化传播、文化投资运营和文化娱乐休闲等的产业、产品和服务。文化相关产业、产品和服务指为实现文化核心产业、产品和服务所需的文化辅助生产和中介服务、文化装备生产和文化消费终端生产等的产业、产品和服务。

系统梳理《2010 年国际服务贸易统计手册》等文献对旅游产业、产品和服务的界定，提出本课题对的旅游产业、产品和服务概念内涵与外延的界定：从游客旅游活动需求出发，将受旅游活动需求影响大的产业、产品和服务界定为旅游产业、产品和服务。根据受旅游活动需求影响的程度，分为核心和相关旅游产业、产品与服务。核心旅游产业、产品与服务指直接满足游客旅游出行、住宿、餐饮、游览、购物、娱乐等需要的产业、产品与服务。相关旅游产业、产品和服务指为游客出行提供旅游辅助服务和政府旅游管理服务等的产业、产品与服务。

第二，系统阐释文旅高水平开放与高质量管理的内涵。文旅高水平开放与高质量管理服务于文旅“双循环”新发展格局构建；文旅高水平开放与高质量管理的目的是增强我国文旅业国际竞争力；文旅高水平开放与高质量管理的理念是创新引领的新发展理念。

第三，论证文旅业是自贸区（港）总体方案的重要内容。自贸区（港）将文旅业作为总体方案的重要内容进行规划，未来自贸区（港）将是我国文旅开放与管理的最前沿。

2. 文旅投资开放与管理的现状、挑战与国际经验研究

第一，综合了全国版《外商投资准入特别管理措施（负面清单）（2020 年版）》《自由贸易试验区外商投资准入特别管理措施（负面清单）（2020 年版）》《海南自由贸易港外商投资准入特别管理措施（负面清单）（2020 年版）》和《海南自由贸易港跨境服务贸易特别管理措施（负面清单）（2021 年版）》在文旅领域的规定，得出结论：海南自贸港版负面清单较全国版和自贸区版开放力度更大。海南自贸港跨境服贸负面清单总体上相对于三个版本的外资准入负面清单开放度更高。自贸区（港）文旅事权开始下放。

第二，分析文旅对等开放的挑战与应对。对等开放的挑战是对等原则有可能违背最惠国待遇原则，成为歧视待遇的掩护。欧美文旅发达经济体要求我国对等开放是看中了中国的庞大消费市场。

对等开放的应对方面，2019 年 3 月《中华人民共和国外商投资法》颁布，准入前国民待遇加负面清单的管理制度被正式写入该法，意味着原则上中国对外资的开放程度不低于内资。

第三，研究文旅投资自由化便利化先进经验。全面总结美英等发达经济体文旅业吸引外资政策经验，详细研究了美国、英国、加拿大、澳大利亚、新西兰等发达经济体文旅投资自由化便利化经验。

近年来，周边经济体减税让利政策对我国文旅产业吸引外资产生较大影响，全面总结了日本、韩国、泰国、新加坡、中国港澳等周边经济体文旅业吸引外资政策经验。

3. 文旅贸易开放与管理的现状、问题与国际经验研究

第一，研究我国文旅产品服务出口现状与问题。文化产品服务出口问题包括：劳动密集型产品占比过大；文化产品开发与营销意识薄弱；文化服务产品缺乏延展性。旅游产品服务出口现状与问题包括：受疫情等外在因素影响大；产品服务国际市场竞争力不强；入境旅游便利性有待提高。

第二，研究我国文化产品服务进口现状与问题。文化产品服务进口问题包括：尚未充分发挥“鲇鱼效应”；人才引进机制不畅。旅游产品服务进口现状与问题包括：旅游产品服务进口来源过度集中；出境游客高度集聚；出境旅游便利性有待提升。

第三，深入总结高水平自贸协定贸易自由化便利化先进经验。深入总结美墨加协议（USMCA）、全面与进步跨太平洋伙伴关系协定（CPTPP）、欧日经济伙伴关系协定（EU–Japan EPA）和区域全面经济伙伴关系协定（RCEP）有关服务贸易的规定，从市场准入、国民待遇、当地存在、最惠国待遇等方面研究了先进协定经验。

第四，分析了中国在参加的区域全面经济伙伴关系协定（RCEP）对其他经济体的文旅服务贸易开放承诺。承诺主要呈现下列特点：对港澳承诺力度最大，体育和其他娱乐服务是主要的文化服务开放承诺，视听服务承诺差异在于是否允许进口电影，自贸区试点经营中国公民出境及赴港澳旅游业务。

4. 文旅营商环境的现状、问题与国际经验研究

第一，研究自贸区（港）营商环境现状。详细研究了自贸区（港）营商环境法治

化、国际化、便利化、跟踪评价等方面的进展和现状。

第二，阐述我国营商环境的主要不足。包括国民待遇和市场准入有待提升，海关管理与贸易便利化不足，知识产权保护还应加强，跨境服务贸易便利化不足，商务人员入境便利化不够，监管实践和监管合作不足，争端解决机制不足等方面。

探讨文旅营商环境优化国际经验。系统总结了 CPTPP、RCEP、EPA、USMCA 等全球及区域自由贸易协定对贸易营商环境的新要求。这些新要求包括：国民待遇与市场准入的新要求，海关管理与贸易便利化的新要求，知识产权保护的新要求，跨境服务贸易便利化的新要求，商务人员入境便利化的新要求，监管实践和监管合作的要求，争端解决机制的新要求等方面。

系统研究了中国香港、新加坡、日本、韩国、美国和欧盟在市场准入、开办（准营）和事中事后监管三个阶段的营商环境优化经验。

5. 以自由贸易区（港）建设为抓手，促进文旅高水平开放与高质量管理的举措研究

（详见对策建议）

（二）重要观点

（1）文化和旅游同属服务业范畴，其高水平开放和高质量管理面临新形势新要求，对文旅业加快构建“双循环”新发展格局，及建设文化强国与旅游强国具有重要意义。

（2）自由贸易区（港）是我国重要边境后规则与国际高标准规则接轨的先行区。文旅高水平开放与高质量管理的关键是以自由贸易区（港）建设为抓手，着力提升文旅投资、贸易的自由化便利化和不断优化营商环境。

（3）自由贸易区（港）进入以制度创新推动建设发展的阶段，文化和旅游可作为自由贸易区（港）制度创新改革的试点产业，以此探索完善自由贸易区（港）制度创新的体制机制。

（三）对策建议

1. 以自由贸易区（港）建设为抓手，促进文旅投资自由化便利化，加快内外资对等开放的举措

①坚持中国特色社会主义文化发展道路。习近平总书记强调：“没有高度的文化自信，没有文化的繁荣兴盛，就没有中华民族伟大复兴。”坚定中国特色社会主义道路自信、理论自信、制度自信，说到底是要坚定文化自信。坚持和发展中国特色社会主义

文化，就是以马克思主义为指导，坚守中华文化立场，立足当代中国现实，结合当今时代条件，发展面向现代化、面向世界、面向未来的，民族的科学的大众的社会主义文化，推动社会主义精神文明和物质文明协调发展。

②坚持文旅投资的自主开放与对等开放。一是要求投资的国民待遇和最惠国待遇，给予中方文旅投资公平公正待遇以及充分保护和安全。二是强调文旅投资例外原则和投资的监管措施正当性，保证流入的文旅投资可管可控，转化为发展中国特色社会主义文旅的正面资产；同时保证流出的文旅投资达到预期投资目的，切实提升我国文旅业国际竞争力。三是明确文旅投资争端处理的流程和依据。面向高水平开放与高质量管理，加快制定文旅相关法律法规，对接国际最新贸易协议的争端解决机制，规范我国文旅双向投资争端解决方法。

③在自贸区（港）试点扩大文旅投资自由化便利化。第一，进一步理顺文旅投资管理体制，组建海南自贸港文旅贸易投资促进办公室，统筹推进海南文旅贸易投资。第二，完善文旅投融资配套政策，理顺外资进出海南文旅领域渠道。第三，推出文旅吸引外资优惠举措。如重大项目优惠政策、总部和营运中心优惠政策、文旅人才支持计划、文旅中小企业优惠政策等。

2. 以自由贸易区（港）建设为抓手，促进文旅贸易自由化便利化，统筹国内国际两个市场的举措

（1）持续优化文旅贸易结构。自贸区（港）应加强项目合资和技术协作，帮助中国企业将技术与文旅内容进行有效协同、整体输出。发挥我国在人工智能、大数据等领域的比较优势，与文创旅游相结合，提升产品服务科技含量和创意水平。

（2）加大营销推广提升竞争力。第一，重点开拓与我国文化背景相似的目标市场。如东南亚等地区，日韩等历史上受中华文化影响较大的地区，新加坡等全球华人聚居区。第二，结合区域经济合作的契机，加快文旅产业国际化步伐。如借助“一带一路”倡议，提高我国文旅贸易的国际市场占有率。第三，国产剧、游戏、短视频、网络小说等是近年来我国文旅产品出口新兴的柔性传播方式，应充分利用这一优势，讲好中国故事。第四，各自贸区所在地区应开拓直达我国主要客源市场的国际航班，以自贸区为试点，放宽签证政策，简化人员出入境旅游手续，实现入境游客支付便利化。

（3）扩大文旅服务贸易开放力度。第一，以自贸区为试点，将文化领域的文娱服务和图书馆、档案馆、博物馆及其他文化服务的开放扩大到与中国签订 RCEP 协议的经济体，允许港澳以外经济体以合资形式在自贸区提供相关服务。第二，扩大引进协议经济体具有比较优势的特色文化娱乐服务，带动国内文旅产业转型发展。第三，扩

大优秀电影年度引进配额，由现在的20部提高到30部，根据市场反馈和监管要求，再进一步研究确定新的更高的引进配额。第四，格鲁吉亚在上海自由贸易试验区、天津自贸区和北京注册设立并符合条件的中国—格鲁吉亚合资旅行社和旅游经营者，可以从事中国公民出境及赴中国香港、澳门的旅游业务。第五，文旅产业发展人才是关键，不同自贸区（港）结合自身比较优势，研究颁布人才吸引政策，完善游戏动漫研发、影视制作、会展策划、创意设计、导游服务等领域外籍人才认定条件和标准，加快文旅业发展和贸易实操人员的引入，提高我国文旅产业发展质量。第六，尽快建立以市场主体获得感为导向的评估机制，形成服务贸易负面清单的定期更新机制，可以考虑以半年为一个周期进行迭代更新。

3. 以自由贸易区（港）建设为抓手，发挥有效市场和有为政府协同作用，优化文旅营商环境的举措

（1）扩大文旅贸易市场准入。第一，全面施行国民待遇，鼓励多元化开办文旅企业；除海南外，在其他自贸区推行跨境服务贸易负面清单，并进一步缩减跨境服务贸易负面清单。第二，进一步提升海关管理和便利化水平。探索全国自贸区（港）联动异地报关；对自贸区（港）符合条件的文旅企业试点贸易便利化措施，例如，降低实地检验和检查比例，加快放行时间，延迟支付关税、国内税、规费及费用，使用综合担保或减少担保等。第三，提升人员入境便利化水平。在其他自贸区复制推广海南自贸港和上海自贸区过境免签政策；在京津冀、长三角、珠三角推行区域过境免签政策；研究确定新的更长的过境免签停留时间。推动中国与其他国家的互免签证工作，不断扩大免签范围。第四，促进不同国家互相承认专业资质并便利许可、注册程序对优化文旅业准入十分重要。研究制定境外个人报考全国导游资格考试的条件，向符合条件的境外个人开放全国导游资格考试。

（2）优化文旅企业开办准营环境。第一，针对不具有比较优势但又亟须发展的文旅细分行业领域，如先进制造等，出台鼓励政策，在企业注册、税收优惠、人才引进等方面给予优惠。第二，在文旅细分领域属于转进型的行业部门，例如劳动密集型的简单来样、来料加工等，要出台政策，将这些细分领域及时转移到具有劳动力比较优势的国内其他地区或者其他经济体，完善企业破产法律法规，使文旅企业全生命周期有法可依。第三，不断提升知识产权保护力度，修订著作权法，将相关著作权保护年限提升到高水平贸易协定中的年限。加大知识产权侵权打击力度，在全社会营造尊重知识、尊重创造的良好氛围。建立各类知识产权管理服务机构，便利知识产权资讯协调。实行专利知识产权高速公路，对知识产权进行快速审查，提高审查效率，节约企业时间成本。第四，提升与企业开办准营的行政监管审批的效率。全面梳理审批清单，实现审批集中化，积极推进“互联网 + 政务”，实现审批信息化。

（3）优化文旅企业事中事后监管。第一，在自贸区（港）及所在城市，全面推行文旅企业监管电子化、单一窗口化，提升监管效率。第二，加强应对文旅商业领域各类违法犯罪行为的立法执法。统筹协调相关部门联合执法，动员社会力量，打击、预防、教育有机相结合，营造良好的文旅营商环境。第三，完善文旅贸易商务纠纷解决机制。对接高水平贸易协定，完善国内文旅行业商事制度；培养文旅贸易谈判和经贸人才，提升文旅商务纠纷处理能力。第四，加强新业态监管。数字文旅贸易是文旅贸易发展的重点，应对新业态新模式监管应采取鼓励包容态度，审慎监管，探索建立“首违不罚”清单制度，促进新业态发展。第五，关注市场主体需求，加强监管措施制定时的政商沟通。发挥市场在监管中的作用，在制定监管措施时，对监管措施进行影响评估和回顾性评价，评估过程中充分考虑对中小企业的影响；通过互联网方式提供监管措施草案细节，给涉及的各方充分发表意见的机会，并考虑吸收意见建议；每年公布一次未来 12 个月可能通过的监管措施清单；建立促进监管兼容性的机制，促进制定国际监管标准，加强监管合作。

三、学术价值、应用价值及社会影响和效益

（一）学术价值

本课题综合运用比较优势理论、竞争优势理论、产品生命周期理论、战略性贸易理论等理论和国内外经验，在界定文旅开放与管理内涵与外延基础上，从投资、贸易和营商环境 3 个文旅开放与管理的关键方面，构建了自由贸易区（港）建设背景下文化和旅游开放与管理的分析框架，进一步以文旅为试点，探索改革完善自由贸易区（港）制度创新体制机制的建议，弥补了该领域研究不足，突出了研究的前瞻性、创新性。

（二）应用价值

本课题坚持问题导向，将经济分析与管理对策相结合，有助于文化和旅游业在高水平开放与高质量管理过程中把握现状、研判趋势、聚焦重点、提出对策，有助于将制度创新的体制机制改革在自由贸易区（港）不断推向深化，有助于文旅领域践行新

发展理念和加快构建“双循环”新发展格局，有助于建设文化强国和旅游强国。

（三）社会影响和效益

（1）成果从服务于文旅“双循环”新发展格局构建、增强我国文旅业国际竞争力、贯彻创新引领的新发展理念等方面，将我国文旅开放与管理的内涵上升到一个新的高度，有助于全社会更加重视文旅开放与管理的重要性与紧迫性。

（2）成果全面总结了 2020 年全国版、自贸区（版）、海南自贸港版外资准入负面清单和 2021 年海南自贸港跨境服务贸易负面清单中的文旅相关服务开放措施，全面梳理了已公布的 21 个自贸区（港）文旅领域发展方案，有利于从宏观上全面认识和理解自贸区（港）建设下，文旅开放与管理现状和未来发展方向。

（3）成果比较全面总结了高水平自贸区有关文旅投资、贸易和营商环境的最新要求，比较全面分析了先进经济体和周边经济体在文旅投资、贸易和营商环境的经验，研究结论直接明了，方便决策者参考，具有实践参照价值。

（4）成果根据先进自贸协定文旅开放管理新要求和发达及周边经济体文旅开放与管理经验，结合我国自贸区（港）及全国文旅开放管理现状问题，提出了促进我国文旅投资自由化便利化、贸易自由化便利化和营商环境优化的对策建议，具有决策参考价值。

文化强国背景下旅游与中华文化认同和国家形象塑造的协同机制研究

负 责 人：吴茂英
依托单位：浙江大学
起止时间：2021 年 4 月—2021 年 10 月

一、研究的目的和意义

（一）研究意义

“文化兴则国运兴，文化强则民族强。”党的十九届五中全会将文化强国建设列为二〇三五年基本实现社会主义现代化的远景目标之一。立足这一现实目标，本课题重点关注社会主义文化强国建设过程中的两大使命任务——兴文化、展形象，并探究文化旅游活动在这个过程中的关键作用。“兴文化”即复兴中华文化，对内增强我国民众的文化认同感，对外提升中华文化的国际影响力，从而实现“更基础、更广泛、更深厚”的文化自信。“展形象”即展现温和、联通、包容的大国形象，这种形象既体现为我国政府、媒体和民众塑造和感知的国家内部形象，又体现为外国政府和公众叙述和表征中的国家外部形象。由此可见，兴文化和展形象的历史使命的完成，离不开国内和国际社会的双重认可，这与我国的新发展格局中“以国内大循环为主体、国内国际双循环相互促进”的要求不谋而合。

在文旅融合的时代背景下，文化和旅游活动相互促进、相得益彰，为新时期文化强国的建设提供了新的契机。在三大旅游市场中，国内旅游对应国内大循环的发展格局，通过鼓励国内游客的跨地域流动，引导民众深入了解和体验我国丰富多元的地域

文化和民俗文化，从而更加全面地认识我国国家形象。入境旅游和出境旅游对应国内国际双循环的战略布局，前者鼓励国际游客“走进来”直观体验中华文化、感受中国人民生活方式，后者通过国内游客“走出去”展示中华文明和大国形象。基于当前的现实状况和发展阶段，探究旅游活动如何增进文化认同和塑造国家形象，仍然具有强烈的时代意义和实践价值。

（二）研究目的

在此背景下，本课题重视旅游发展在满足国民文化需求、提升中华文化认同、增强国家文化软实力和国际影响力方面的积极作用，并紧扣国内大循环、国内国际双循环的新发展格局，从国内旅游、入境旅游、出境旅游三个层面出发，深层次、多角度探究旅游与中华文化认同、国家形象之间的关系。

二、主要内容、重要观点、对策建议

（一）主要内容

本课题以文化强国战略和习近平总书记对于文化强国建设的多项重要指示为研究背景，并结合文旅融合的大趋势，探讨旅游在巩固和提升中华文化认同、塑造和传播中国国家形象方面的重要作用。具体而言，分为五个专题，其中专题一服务于本课题理论框架的构建，专题二、三、四是实证研究专题，分别从国内旅游、入境旅游和出境旅游三个层面探究旅游如何增进中华文化认同、提升中华文化国际影响力、展现中华文明，以及如何塑造国家内部和外部形象；在前四个专题的基础上，专题五聚焦对策建议的探讨，以期为相关部门的决策提供依据。五个专题的研究框架如图 1 所示。

专题一：旅游助力中华文化认同提升和国家形象塑造的理论框架。本专题通过国内外文献阅读，归纳总结旅游、文化认同、国家形象之间的理论关系，为后续的实证研究专题提供理论依据和指导。研究发现，①旅游过程涉及多元文化的深度交融和碰撞，能够增进人们对于不同文明的了解和认同；②国内旅游有助于提升国民文化认同和文化自信，入境旅游能够扩大中华文化的国际影响力，出境旅游有助于向国际社会展示先进的中华文明；③中国国家形象体现出认知二元性特征，既包括国家内部形象，又包括国家外部形象，对应着“自塑”和“他塑”两条塑造路径；④国内旅游是“自塑”国家内部形象的重要方式，出入境旅游是“他塑”国家外部形象的主要渠道；

⑤中华文化认同和中国国家形象之间彼此关联，并相互促进和强化。

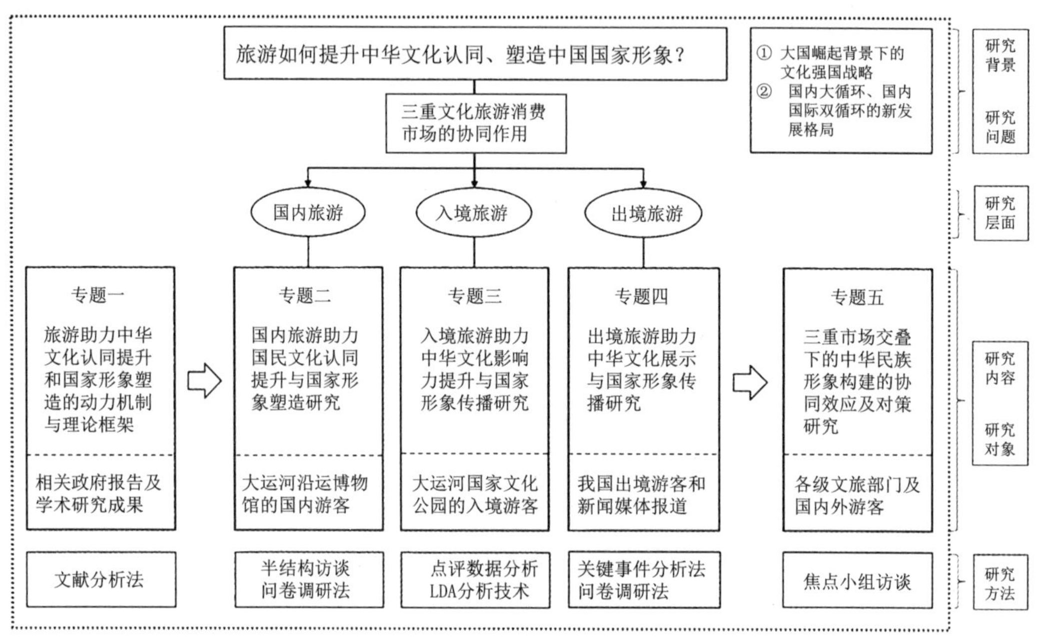

图1　研究框架

专题二：国内旅游助力国民文化认同提升和国家形象塑造。本专题以大运河沿运博物馆的家庭访客为研究对象，通过半结构访谈和问卷调研探究国内遗产地旅游的感知收益，并剖析居民游憩活动与文化认同提升、国家形象塑造之间的关系。研究结果表明，国内游客对遗产地旅游体验的评价非常积极，感知收益丰富，涉及个人、家庭、社区三大层面：①个人层面的感知收益包含个人成长和心理恢复；②家庭层面的收益体现为家庭纽带的增强；③社区层面的收益包括文化意识提升和社区依恋增强。单因素重复测量方差分析的结果显示，遗产地访客十分重视社区层面的收益，这表明遗产旅游有利于增强参与者与地方的情感纽带，增进游客的文化理解和文化感知，从而进一步促进文化认同的提升和文化自信的培育，强化对于中华民族形象的积极感知和全面认知。

专题三：入境旅游助力中华文化影响力提升和国家形象传播。本专题以猫途鹰（TripAdvisor）平台的入境游客点评为数据来源，运用LDA主题模型、显著性—积极性分析等多元分析技术，探究中国大运河遗产地的入境游客旅游体验和文化感知。研究发现，①入境游客的运河体验主题有五类，分别是历史文化底蕴、运河遗存、居民生活方式、游船游览方式、旅游休闲配套设施，这五个主题之间互相关联；②入境游

客对游船游览观光方式的感知最为强烈、评价最为积极；③入境游客对运河遗存和旅游休闲配套设施与服务的感知较强，但评价略显消极；④入境游客对历史文化底蕴和居民生活方式的评价非常积极，但感知相对较弱。这一结果也表明，入境游客“走进来”领略中国的大好河山的同时，也在积极地建构着对于中国文化、历史遗址、居民生活方式、服务基础设施等方方面面的印象和记忆，并以网络点评等形式讲述和传播他们感知到的中华文化和中国形象。

专题四：出境旅游助力中华文明展示和国家形象传播。本专题以出境旅游的中国游客为研究对象，运用关键事件法和问卷调查法探究出境游客对自身文明行为及其与国家形象关系的感知。研究表明，①我国新闻媒体对不文明行为的归因包含九大维度，分别是惯习和生活方式、公共空间意识欠缺、文明诚信意识淡薄、文化鸿沟、从众心理、猎奇心理、服务管理不到位、社会身份认知偏差、代际和区域差异；②问卷调研中，大部分受访者对中国出境游客行为的感知较为正面，多持乐观或中性态度；③中国公民感知较高的不文明行为集中于公共空间和生态环境方面，包括不遵守公共秩序、不注重维护环境卫生、不注重保护生态环境、不爱惜公共设施等；④中国公民对不文明行为的归因包括四类：按显著性从高到低依次为特定群体行为、惯习迁移及责任意识懈怠、目的地环境使然、猎奇心理驱使。本专题聚焦作为中华文明宣传使者的出境游客在海外旅游的不文明行为及其归因方式，其研究结果对于促进文明行为、彰显大国形象有着积极的借鉴价值。

专题五：三重市场交叠下的中华文化认同和国家形象构建的对策研究。本专题为对策建议专题，具体而言，结合对各级文旅部门官员、国内外游客和国内外学者的焦点小组访谈，从国内旅游、入境旅游、出境旅游三个层面，就“旅游如何助力中华文化认同和国家形象构建”这一问题，提出了相应的实践指导建议。

（二）重要观点

本课题的重要观点包含：①在提升中华文化认同和塑造中国国家形象的现实实践中，旅游是公认的最直接、最生动具体、受众接受度最高、社会及经济效益最突出的一种方式；②国内旅游是我国不同地域、不同民族的民众之间跨地区流动与交流的重要媒介，有助于中国百姓增强文化认同，形成对于丰富、多元、立体的中华民族形象的共同认知；③入境旅游是国际游客了解中国百姓生活方式和中华文化符号的生动窗口，是对外传播中国故事、树立中华民族形象的重要途径；④中国出境游客是我国公共外交的重要使者，他们的一言一行直接影响着国际社会对中华文明的认知，是中华

民族对外展示国家形象的重要非官方渠道。

（三）对策建议

在理论梳理和实证研究的基础上，本课题通过焦点小组访谈，深入探讨了国内、入境、出境三重市场交叠下的中华文化认同和国家形象构建的对策建议。

（1）针对国内旅游的对策建议包括：①树立文化消费理念，强化文旅融合效果。一方面，要求文旅部门和企业积极梳理地方历史文脉、挖掘在地文化价值，保障文旅供应端的规模和质量；另一方面，也要求政府、媒体、社区等引导和提升公众的文化消费意愿。②打造区域公用品牌，实现地方形象提质升级。应当提炼地方文化旅游形象，形成区域公用品牌，以此整合分散的资源和产品；应当落实品牌入驻认证，实施标准化管理，以保障品牌美誉度，维持公众对地方形象的积极感知。③优化解说系统设计，提高价值输出质量。一方面，多角度、全方位优化旅游解说系统，创新旅游解说服务的提供方式；另一方面，严格把控解说系统内容传递和价值输出的质量，保证解说内容科学合理、有章可循，并能够还原地方的独特文化和鲜明形象。④坚持文旅数字化战略，优化旅游供给服务体系。建议将分散的文化和旅游资源进行数字化转化、开发和集成，并积极利用数字技术培育新型消费形态，如云演艺、云展览、旅游直播等。

（2）针对入境旅游的对策建议包括：①积极弥合文化差异，增进跨文化理解与交流。一方面，针对海外市场进行精准营销，帮助入境游客做好文化适应准备，以积极弥合文化差异；另一方面，帮助国内民众拓展国际视野，增强跨文化理解力和包容力。②建设国际化旅游供给体系，培育入境旅游市场主体。打造国际化的旅游标识体系、解说系统和服务流程，帮助国际游客更好地融入中国社会、感受中国文化；在此基础上，重点培育一批面向国际入境游客的市场主体，为不同客源地的游客量身定制旅游产品和线路。③促进主客友好互动，持续传递中国温度。应促进入境游客与国内居民的友好互动，以文化交流工作坊的形式，邀请非遗传承人等现场展演和讲解自身的文化记忆；也可以带领入境游客深入中国百姓的日常生活（如具有浓厚生活气息的菜市场、夜市等地），感受中国社会的人情和温度。④关注国际话语表征，动态调整发展策略。文旅部门应跟踪和搜集国际游客在各大社交媒体和旅游网站上对于中国旅游目的地的话语表征，关注入境游客“走出去”之后如何进一步传播中国故事和中国形象，做到客观应对、适时解释、及时调整。

（3）针对出境旅游的对策建议包括：①树立公共外交理念，强化公民公共意识。

首先，应当在全社会树立公共外交意识，让每一位出境旅游者意识到他们是展现中华文明的使者，明晰自身的责任和使命；其次，加强素质教育和公共意识教育，全方面培育世界公民。②主动打破信息障碍，推进国际文明交流。首先，在全社会普及国际文化和礼仪习俗，帮助出境游客突破跨文化交流障碍；其次，建议落实出境游客的行前学习和行中引导机制，与旅行社、旅游电商、出境航线、大使馆等合作，将信息不对称的负面影响降到最低。③发挥新媒体力量，传播舆论正能量。首先，应当发挥网络新媒体在国际传播中的力量，借助智慧手段宣传文明出行方式；其次，应当引导媒体客观报道，实现舆论传播理性化，做到理性宣传、文明教化、合理疏导。④主动关注国际舆情，维护传播中国形象。首先，建议主动关心国际舆情，掌握国际受众感知；其次，建议主动传播中国符号，促进信息传播本土化，以生动活泼的中国游客形象推动世界树立积极正面的中国国家形象。⑤建立效用评估体系，完善高效反馈机制。首先，应建立多元反馈评估机制，践行新公共外交主体身份；其次，建议加强法律制度的保障，督促文明旅游的实施。

三、学术价值、应用价值及社会影响和效益

（一）学术价值

（1）研究层次上，从文化强国的战略高度出发，聚焦“兴文化、展形象”两大使命任务，探究旅游助力中华文化认同和国家形象塑造的理论关系，拓宽了中华文化软实力的提升路径。

（2）学术观点上，立足以国内大循环为主体、国内国际双循环相互促进的新发展格局，同时关注国内、入境、出境三重消费市场的协同作用，并以此探讨中华文化的国民认同度和国际影响力，以及中国国家形象的“自塑”和“他塑”双重路径。

（3）研究内容上，突破了以往研究大多聚焦单一消费市场的局限，系统梳理和总结国内旅游、入境旅游、出境旅游三大文化旅游消费市场在文化强国建设上的积极贡献，并明确了国内旅游在增进国民文化认同、塑造国家内部形象上的积极作用，以及出入境旅游在展示中华文明、提升文化影响力、塑造国家外部形象方面的重要角色。

（二）应用价值

实践应用上，本课题基于文献阅读和实证研究结果，与相关政府部门、文化旅游

消费个体、国内外学者展开广泛深入交流，使本研究的对策建议更具针对性、科学性和决策参考价值，能够切实地帮助我国在国内和国际舞台上讲好中国故事，展示中国形象，传播中国声音，弘扬中国精神。

（三）社会影响和效益

本课题的相关成果引起了深刻的社会影响和广泛的社会效益，获得了浙江省领导的批示，并被收录于中国大运河智库报告，能够为政府后续决策提供有益的参考。

影视剧促进文化旅游资源开发的可持续模式研究

负 责 人：郝小斐
依托单位：中山大学
起止时间：2021 年 4 月—2021 年 10 月

一、研究的目的和意义

视觉文化时代，影视作品在提高国家文化软实力，塑造区域形象，尤其是促进文化旅游资源开发上发挥的作用巨大。影视剧对文化旅游资源开发的促进符合时代需求与国家政策号召，是提高人民文化娱乐与休闲生活水平的有效途径。影视旅游不仅仅是两大产业部门的双赢合作，同时也是区域文化传播的重要手段，影视的“档案”记录效应保证了区域文化截面的留存，具有长时间影响观众的潜力。因此，厘清“影视＋旅游”开发的具体模式、探析影视旅游的可持续发展路径具有重要的理论意义和实践意义。当前，贯彻“文化强国”国家战略，本课题关注影视传播与旅游产业协同发展，通过研究典范案例收集，给出不同类型影视旅游产品的可持续发展模式，能够助力影视旅游发挥正反馈机制效益，降低负向效应，推动创新型文化业态发展，优化产业结构；在理论层面，首次尝试构建影视剧促进文化旅游资源开发的可持续发展模式，是对影视旅游研究理论的基础探索。

二、主要内容、重要观点、对策建议

（一）主要内容

1. 中国影视旅游资源分布情况

本课题将我国影视旅游资源分为五类，分别为影视专用拍摄地、非影视专用取景地、影视主题娱乐场所、影视工业科普场所和影视节庆。其中，非影视专用取景地在空间尺度上又可分为区域类和景点类。经资料比对和整理，本课题筛选了各省份知名度较高、有代表性的资源共 168 个。其中，影视专用拍摄地共 46 个；非影视专用取景地共 98 个，分别由区域类的非影视专用取景地 23 个和景点类的非影视专用取景地 75 个组成；影视主题娱乐场所共 9 个；影视工业科普场所共 6 个；影视节庆共 9 个。

从影视专用拍摄地的分布情况来看，我国的影视专用拍摄地多集中在经济较发达的地区（如京津冀地区、长三角地区、珠三角地区）以及旅游资源丰富且开发程度较好的地区。从非影视专用取景地的分布情况来看，我国的非影视专用取景地的分布较均匀，各省份均存在较为知名的取景地。细比较区域类的取景地和景点类的取景地，可以发现，景点类远比区域类多，且分布也更为广泛。区域类的取景地更集中在知名度较高的旅游城市中，部分区域或是能满足剧本特定情节的要求（如拍摄城市的追逐戏可能需要广场、火车站等），或是能反映城市某种生活气息或文化（如工业旧城区、学校、巷子等）。从影视主题娱乐场所的分布情况来看，我国的影视专用拍摄地也多建立在经济较发达的地区。影视主题娱乐场所的建立往往需要投入大量资本，是区域性的旅游吸引物，因此也是周边游、短途游的热门旅游目的地。从影视工业科普场所的分布情况来看，部分影视工业科普场所位于 20 世纪初经济较发达的地区，这些地区曾经作为殖民地或租界，见证了我国电影业的初步发展，或是作为我国大型制片厂的旧址，有着丰富的工业遗产；另一部分则是位于城市的文化产业区。从影视节庆的分布情况来看，我国的影视节庆多集中在影视资源丰富、影视作品知名度广的地区，此类地区或是有成熟的影视制作体系和知名度高的作品，奖项的分量受到影视工作者的重视；或是有较知名的影视创作者组织和推动发展。此外，近年来旅游资源发达、地方特色鲜明的地区也尝试开发新的影视节庆，或是争取影视节庆落户以提高地区知名度。

2. 影视旅游产品可持续性评价

本课题选择层次分析法，通过“建立评价模型—确认模型各层次权重—德尔菲打

分法”三步分别对我国影视专用拍摄地、非影视专用取景地和影视主题娱乐场所三类较重要的影视旅游资源进行发展影视旅游的可持续性评价。层次分析法结合了定性和定量的分析，能够较为全面地反映影视旅游目的地可持续发展需要衡量的各个方面，也有利于影视资源管理者根据短板采取相应措施以增强旅游可持续性，但也需要及时调整模型评价准则和因子以及相应权重以确保评价结果客观准确。通过分析并结合文献资料以及数据可得性，归纳出我国影视专用拍摄地、非影视专用取景地和影视主题娱乐场所影视旅游可持续发展的指标体系。三个指标体系都由相同的指标层组成，即由资源环境可持续、经济可持续、社会可持续、文化可持续、运营可持续五个指标构成。基于每类资源在发展影视旅游的偏向不同（如影视专用拍摄地较重视影视业务能力，非影视专用取景地更强调旅游影响，影视主题娱乐场所更强调旅游服务能力），不同体系的指标层包含的要素层因子有所不同。通过构造评价矩阵、权重分配、德尔菲打分，得出各类目的地影视旅游可持续模式的排名。

3. 影视旅游可持续发展的典范案例模式分析

通过整理、归纳选取的 168 个影视旅游案例模式，本课题将横店模式、长影模式、乌镇模式、上影节模式、迪士尼模式作为影视旅游可持续发展的典范案例，分别阐述其模式路径，探寻其可持续发展的原因。

横店模式、长影模式、乌镇模式、上影节模式、迪士尼模式分别代表了每一影视旅游地类目下最具有持续性的影视旅游运作模式，其可持续化路径各有千秋，但一言以蔽之，这些模式中的案例地都遵循着行动主体紧紧把握文化旅游资源、极致发挥影视与旅游的联动性、充分结合各方力量并产生持续效益的规律。

（二）对策建议

本课题梳理出了各类影视旅游资源可持续发展的典范模式路径，但必须指出：成功实现可持续运营的影视旅游产品只在少数，影视专用取景地普遍因为缺乏运维而导致空心化、空城化等问题，从而逐渐丧失文化内核，最终沦为建筑的躯壳；非影视专用取景地大多数红极一时，在影视热度过后游客逐渐褪去；影视主题娱乐场所大部分常年亏损，且规模小、区位不佳、影视 IP 不够火热的园区常常门可罗雀；影视工业科普场所也常常无法实现自负盈亏，依靠国家资金支持才得以维持运转；而影视节庆对旅游带动的效果欠佳，其优质的正外部性潜力并未发挥出来。少数可持续案例并不能代表我国影视旅游发展的整体水平，摸索其可借鉴的发展规律并运用于大多数影视旅游产品才能有益于各类旅游目的地的协同发展。因此，本报告提出以下建议。

1. 推动地方成立影视旅游发展管理机构，统合地方文旅资源

我国影视专用拍摄地由于在一段时期内项目扎堆、快速上马，且缺乏协调的运维管理，导致竞争严重，存在规模大的影视拍摄地率先占领市场导致寡头现象；同时，许多非影视专用取景地存在红极一时、过后便无人问津的现象。究其根源，这些取景地缺乏对当地文化旅游资源充分挖掘与维护，前有疏于管理的普者黑三次取景拍摄后致使游客流失，后有把一手好牌打烂的雪乡宰客拉低口碑。因此，推动旅游目的地建立影视旅游发展管理部门，统合地方文旅资源非常重要。

首先，影视旅游发展管理部门主要对标在影视热度前不知名的小众旅游地或尚未开始发展旅游的取景地，在影视 IP 提升目的地热度的契机下审时度势，研判市场走向及游客需求，并及时做出反馈，帮助突然爆火的影视取景地挖掘其优质文旅资源内核，建立一套合适的影视旅游发展路径，并及时动员当地相关行动主体介入运营，为其可持续发展做跟进式规划。

其次，机构应成立勘景协助部门，出台影视剧取景拍摄激励政策；鼓励各地出版便利于影视取景的勘景手册，勘景手册需包含当地适合作为影视取景地的景点以及非景点信息，且对它们分别适宜的影视剧作类型有较为明确的划分定义。此外，勘景协助部门可以和影视公司、制片团队等建立合作往来，充分掌握影视行业资源，适时将场地资源与跟其类型匹配的影视类型进行对接，与影视团队联袂，依据其拍摄需求帮其挑选合适的取景地并辅助其安排合作拍摄事宜，由此提高影视拍摄的效率，也提高影视取景地的综合利用率，促进供方与需方的合作共赢。

最后，建议文旅部设立专门的影视旅游拍摄补助基金，鼓励文旅融合的影视旅游发展，对有旅游发展潜力的地区和优质取景地，可以有针对性地设置专项拍摄补助基金，吸引剧组来拍摄影视作品，并为取景地规划后续的营销与传播方案，实时跟进大数据对旅游地发展趋势进行分析，及时更新后续的营销宣传策略。

2. 挖掘文化旅游资源，促进影视基地活化运营

在我国，大多数影视基地空城化严重，沦为只具备拍照打卡功能的仿古式建筑，冷冰冰的屋墙透不出一丝一毫文化底蕴与生机。缺乏运维的影视基地不仅不能吸引游客，还会造成建筑老化、风化腐蚀等现象而无法获得剧组的青睐。影视基地若想实现长期发展，需充分挖掘其文化内核，不论是基于史实的优秀传统文化还是基于影视的虚拟架空文化，将其充分提取并以游客喜闻乐见的方式呈现才是延续血脉的不二之选。还原年代的实景演出、塑造穿越感的服装租赁体验、复刻传统文化的节庆活动等。不论以何种方式，让游客体验到影视旅游地的生机与活力才是影视基地可持续发展的保

障。在内容挖掘与打造的同时，也要通过数字化运营、融媒体宣传等做好营销工作，让影城在游客心中真正地“活起来”。

3. 培育本土影视 IP，助力本土化影视主题娱乐场所崛起

我国较为成熟的影视主题娱乐场所均是舶来品已成为业内心照不宣的现状。在对影视旅游可持续模式的评分中，影视娱乐场所评分的前两名分别是来自西方的迪士尼乐园和环球影城，米奇米妮、迪士尼公主、变形金刚、哈利·波特等 IP 已经深深植入人心，包括新开业的北京环球影城，具有极大的旅游市场带动力。近年来，受人们文化自信加强的影响，国风、国潮渐渐崛起，中国风元素越来越受到大众喜爱，在这一大背景下，国内应大力培育基于本土 IP 的影视娱乐场所。纵观我国影视，不乏可深度挖掘的亮点，哪吒、《西游记》等经典影视经久不衰，仙侣题材、武侠题材的影视剧也层出不穷，《熊出没》《葫芦娃》等卡通作品也扣紧一代代国人的童年脉搏。在国产影视剧多元又精彩的当下，可以充分借鉴迪士尼、环球影城乐园等较为成功的经营模式，建立由中国人喜闻乐见的本土影视 IP 支撑的影视主题娱乐场所，由表及里地打造高质量的本土化影视乐园。

4. 引导影视旅游资源再主题化，促进体验项目再创新

影视旅游资源的“影视 + 旅游”具体模式有较大区别，但基本呈现出影视产业与旅游产业的相互赋能。例如影视专用拍摄地大多在维持自身影视业务的前提下，利用旅游赋能进一步发展与拓宽较成熟的影视产业，或是激活稍欠活力的影视产业；非影视专用取景地大多基于已有或潜在的旅游开发与运营项目上，进行影视文化赋能。不论是影视赋能旅游，或是旅游赋能影视，还是进一步的相伴相生，短期来看，两者的交融属于资源的创新发展，但长期来看，开发模式的生搬硬套导致的同质化现象使得影视主题吸引力大大降低，影视旅游资源再主题化迫在眉睫。影视旅游资源的再主题化，需要对原本的影视作品 IP 进行合理的延伸，与新时代具有活力的旅游体验项目进行融合。其一，拥有悬疑类影视作品 IP 的旅游目的地，可探索“影视 + 剧本杀”的主题创新，利用原著的人物角色开发剧本杀创作，通过符合当代潮流的二创形式对已无“更新”可能的影视作品进行再创新。其二，类似东平水浒影视基地，可将中国传统文化影视 IP 与研学旅游进行融合创新，针对中小学生群体，开发水浒历史的研学体验等。对于影视旅游目的地，在新媒体快速发展，视频娱乐方式日趋多元的时代，单纯的影视主题已不再具有超强的吸引力。政府规划部门、运营企业等都需要关注影视 IP 的再主题化，促进影视旅游体验项目的再创新。

5. 把握影视作品相性，建立长期的积极印象

对想要进一步发展旅游的地区来说，吸引好的影视创作者过来取景，参与到某部美誉度高、传播度广的影视作品中并作为主要场景出现，无疑是一种非常有利的策略。在理想的情况下，影视作品在不同媒介的广泛传播能为地方提供充足的曝光度，从而提升地方知名度。同时，影视作品的内涵也能丰富地区本身的符号价值，增强地区吸引力，能吸引更多游客前来参观。但值得注意的是，影视作品的影响力度往往存在一定时效，除少数深入人心的经典作品能长期改变地方印象外，绝大多数作品都存在一定时效性，当热度缓缓降下，影视作品为地方带来的收益也会随之减少。所以会出现这样一种情况：当某地点在成为取景地后，其管理者在制定旅游开发策略时，通常会在景区内植入大量与影视作品相关的标志物，以取得更多旅游效益。但这些标志物往往是作为信息的载体，并不能为游客重现影视作品的场景，而过多的布置反而会破坏目的地固有的吸引力，成为一种干扰，对地区旅游产生负效益。为了避免这类情况，管理者必须充分把握影视作品的契合度，不能只在影视作品的名头中做文章，而应深入了解影视主题以及观者的审美取向，以营造良好的体验。例如，对强调氛围感的剧集，管理者应少用海报、雕塑等具象的标志物，而应注重影视作品的布景，强调再现；对有话题度高、粉丝数多的明星参演的剧集，管理者可以利用明星效应，开展与明星相关的合作活动，发展周边，从而赢取粉丝的好感。此外，管理者仍需意识到，地区作为取景地的印象并不仅仅是面向公众，更是面向影视创作者这一群体。单部作品的时效性往往只存在几年，但如果地区能与影视创作者实现长期的合作，就能使目的地得到持续的曝光，有效维持影视作品为地方带来的热度。因此，目的地在进行进一步开发时，不仅仅要注意旅游资源的开发，为游客提供良好体验，也要注意资源维护，使其能长期呈现良好的影视形象，以吸引更多的影视创作者进行相关创作。

三、学术价值、应用价值及社会影响和效益

（一）学术价值

影视旅游类型化是系统性探析其促进文旅资源开发路径的前提，但目前涉及影视旅游的研究尚未形成影视影响旅游的统一分析框架，多聚焦于游客主体的研究缺乏对影视及其目的地的分类探讨，一概而论得出的“普适性”结论的可行性有待考证；此外，鲜有将某种类型的旅游目的地整合探讨或将不同类型的目的地做对比分析。鉴于

此，本课题通过梳理我国影视旅游资源的代表性案例，对影视旅游分类、空间分布进行了探讨，并通过层次分析法对影视旅游产品或资源的可持续性进行了评价，最后对典型案例的可持续模式进行了探讨。研究发现能够为今后影视旅游的可持续发展提供科学性的规划与指引。

（二）应用价值

可持续发展不管对于影视传播还是旅游目的地来说都是最佳发展路径，挖掘影视旅游可持续发展成功案例背后的机制，本课题报告针对性地提出适用于同类型影视旅游资源的发展方案，可为初出茅庐或出师不利的影视旅游地注入新的能量，提升中国整体影视旅游发展水平。

（三）社会影响和效益

基于贯彻“文化强国”国家战略，本研究成果聚焦影视传与旅游产业协同发展的重点案例，探索其发挥正反馈机制的效益，以降低其负向效应，以推动创新型文化业态发展，优化产业结构，并以优秀实践案例为范例，构建影视剧促进文化旅游资源开发的可持续发展模式，能够为各类型旅游目的地影视旅游发展、旅游目的地形象再传播提供有效借鉴。

基于体验营造的“三全互嵌”数字文旅创新战略与策略框架研究

负 责 人：王 怡
依托单位：浙江工商大学
起止时间：2021 年 4 月—2021 年 10 月

一、研究的目的和意义

文化和旅游融合发展是新形势下弘扬中国文化传统与传递中国文化自信并举的时代语境中的新境象。新冠肺炎疫情重创国内外文旅产业，数字文旅战略是这种新境象的必然产物。以数字化手段及其产品为载体，提升文旅深度融合、促进产业系统复兴，成为新形势下中国旅游高质量发展，实现弯道超车的时代机遇。此时，创新数字文旅战略及其策略框架重要性凸显。

本课题将“全效”概念引入语境，从体验营造视角提出了基于全需求、全交互、全价值的“三全互嵌”新概念、新理论，旨在为当下数字文旅创新提供新战略、新路径。

二、主要内容、重要观点、对策建议

（一）主要内容

1.“三全互嵌”及数字文旅概念界定

（1）基于体验营造的“三全互嵌”，界定为以满足利益相关人多层需求为核心，以提供用户高效交互为通路，以提升文旅产品全面价值为目标的全程体验。

（2）本课题将新形势下数字文旅及所依托的载体，限定为与文化旅游相关的各类实体及数字产品之总和。

2.“三全互嵌”式数字文旅战略的理论体系建立

梳理拓展体验理论，结合实施过程，展开“需求为核心，交互为方式，价值为目标”的“三全互嵌”理论研究。

（1）在经典需求理论基础上，将新时期人的多元需求映射到体验领域，建立需求的复合体验层次，并分析需求实现的体验层次触点。

（2）结合数字交互及体验策略前沿理论，探索数字文旅产品与人、事、物、场、境在内容、技术、表现、意义等层面的互动体验，并探讨互动实施的触点。

（3）借助战略价值理论，进一步研究数字文旅产品在复杂系统中的全面价值，探索价值对象、类型、实现触点等内容。

（4）整合上述三大理论，明确其相互关系与整体架构，建立“三全互嵌”数字文旅创新战略理论体系。

3.“三全互嵌”式数字文旅的策略框架构建

凝练前期理论研究成果，依照“需求→交互→价值”三段流程中的“双融合、双融智、双融通”内容，分步构建实施策略。

（1）双融合界定策略。通过供给需求体验融合、复合层级体验融合策略，精准需求目标。

（2）双融智营造策略。通过文化数字交互融智、虚拟实体交互融智策略，增强交互效果。

（3）双融通提升策略。通过复合向度价值融通、线上线下价值融通策略，放大价值产出。

（二）重要观点

1. 产品内容的极度个性化

伴随着现阶段中国进入小康社会后，人民消费观念、经济实力、文化认知等综合因素的变迁，促使旅游者开始倾向于选择个性化、定制化的旅游产品，而非前期粗放型的标准化产品，甚至出现对个性化产品和服务需求与日俱增的趋势。更多的游客倾向于追求那些能够促成个人IP形成、彰显自身独特魅力的产品或服务。因此，诸如草地露营健身、野外生存训练、极限挑战拓展等极具个性的旅游项目，发轫于移动互联网传播，以裂变的形式吸引越来越多的游客。也正为此在体验旅游中，从产品的传播链路开始，更加注重产品的个性化设计，根据旅游者的不同需求提供不同的旅游产品，即实现旅游产品市场的高度细分化和产品类型的高度差异性。

2. 产品内涵的丰富情感化

依托互联网技术的迭代与传播方式的颠覆性改变，体验旅游产品将旅游企业从原来只重视走马观花式的旅游开发模式中摆脱出来，开始注重游客追求快乐体验的旅游目标。从旅行前期的互联网内容植入、用户教育开始，依托游客更加注重情感愉悦、渴望满足、温暖舒适的愿望，增加了旅游产品中情感要素的比重，拓展了产品体验的领域和类型。情感化文旅产品，主要包括娱乐、教育、逃避、审美等，希望旅游者在自然或人工营造的体验中得到真实的审美刺激，进而融入其中获得心理愉悦，消除疲劳，留下难忘美好的个人回忆。

3. 产品设计的高度自组织

在体验旅游产品中，游客的角色发生了巨大的变化：从“被组织”“被安排”转变为“自己组织”“自己安排”。人们已经不再满足于被动地接受企业的引导和安排，而是利用互联网在线协作形式，主动地参与文旅产品的设计与制造。主要表现在：旅游者从被动购买整体产品发展到自己组织旅游产品和旅游路线；从跟随他人去名胜古迹到发现旅游胜地；在旅游过程中，更愿意选择散客旅游而非团队旅游；从只重视消费到注重旅游环境的保护和改善等。

（三）对策建议

1. 全层级体验中的“双融合界定”策略

（1）需求、共创与共赢点体验

在物质资源相对丰裕的当下，人们对物质的消费需求得到了极大的满足，同时受服务经济、体验经济影响，消费需求转而对精神类、文化类产品提出了更高的要求。大众更加期待能够获得个性化、互动性、高情感性的产品或服务，以此也成为体验经济时代下“文旅融合”新的消费需求。初级层面的城市游览显然不能满足现代人对文化的需求，从“被动式”跟随转变为“沉浸式”文旅体验，也成为在旅游过程中，实现文旅内容植入性传播的有效手段之一。

（2）复合层级体验融合

文旅消费历经了传统的以物质或物化形态为基础的产品消费，到以精神文化或创意内容为核心的消费模式。星巴克线上 App 联合线下旗舰店、苹果线上线下复合体验等成功案例的实践不断证明，提供更多以文化为中心、具有个性化的产品，可以不断

满足精神需求，获得认同、达到精神愉悦的高层次消费体验。

“三全互嵌”式文旅战略及其产品。作为当代中国文化遗产传承、旅游资源拓新的中继器，不但是文旅体验过程中不可或缺的部分，而且是体验者深度感知当代中国文化、多维互动体验当代中国生活方式的承载物。对应体验经济时代的全层级消费需求，高效敏捷地传达文化的内涵，可以将文旅产品中传递的复合层级体验分为以下四类。

①感官体验：感官体验是以体验者的视觉、触觉、嗅觉、味觉、听觉五个感官为切入点，通过对色彩、材质、肌理、气味、声音等方面进行设计，从而增加产品互动属性，带来的感官体验。但是，感官体验是目前文旅体验设计手法中最为常见且完善的方法，多以视觉切入点为主，缺乏多重感官间的体验设计，其只能作为“三全互嵌”体验的补充部分。

②功能体验：功能体验主要关注基于产品相对客观特征（如输入法）的功能实用性体验。“三全互嵌”的体验预设计过程中，特指在满足产品作为工具性使用的前提下，植入文化因素，合力形成的“功能 + 情感”综合体验。将文化元素不经意间植入日常生活，使得“文旅”自然伴随现代工作生活中，接触频次最高的设备，其曝光频次及其文化传播效能不言而喻。

③文化体验：文化体验是通过对产品外观、功能和内涵的设计，增加产品因文化认同感引发的情感属性。文化体验类的产品，需要与体验者的先验知识相结合，在对产品的使用过程中，将体验与经历、记忆融合，感受情绪、引起共鸣。目前文化体验类产品出镜较为频繁，总体而言，其通过文化传递的情感层次深浅不一，大多仅出现在产品外观和功能设计中，文化体验仍然滞留在感知的本能层和使用的行为层，鲜有触及反思层的设计。

④社会分享体验：社会分享体验产品是依托高流量社交类、互动类平台，不仅让体验者在产品使用中感受到愉悦，并且在使用后促使其主动对体验经历进行交流分享，以此激发更为广泛的人群产生体验欲望。但是现今文旅市场中分享体验类产品较少，大部分仅停留在利用新媒体平台单向展示，较之建立体验者间分享互动的产品鲜见，也为“三全互嵌”式文旅产品设计开发的蓝海。

2. 全交互情境中的“双融智营造”策略

（1）文旅 + 数字交互融智

在“数字化”与“数智化”的技术浪潮下，具备文旅融合资源的城市或地域，需以其文化内容为旗帜，主动出击，借助移动互联网精准传播、高速裂变的特征，主动进入创新场域，开拓数字交互式文旅产品战略创新模式。在传统线下实体文旅产品的红海中，“文化内容＋数字传播＋数智推送”是新一轮产品战略变革的蓝海与驱动力。

（2）虚拟＋实体交互融智

新冠肺炎疫情冲击传统文旅产业，就目前而言还将持续受其影响。受众的文化消费转向线上释放，以互联网技术为基础的线上内容获得更大的市场空间，以网络游戏、网络视频为代表的数字文化产业逆势上扬，热度持续攀升，用户活跃度走高。线上消费倒逼传统文旅产业转型升级，催生“云观影”“云演艺”“云会展”“云旅游”等依托实体内容的虚拟交互新业态。凭借5G、虚拟现实等技术还原文化内容展示暂未开放区域，提升观众体验感；相较于走马观花式旅游，直播更便于讲解历史文化知识；景区在打造“网红”的直播过程中带货，刺激线上消费的同时，通过新颖的文旅产品形式赋能文化遗产。

虚拟＋实体交互技术正成为数字文旅及其产品变革的驱动力。将数字交互融智技术熔铸于文旅产品的开发与推广，是互联网语境下增强产品海内外影响力的高性价比利器。对中国优秀文旅资源进行创造性转化和创新性发展，主动融入新时代元素，将文化要素自然延伸至现代社会语境。创新文旅产品的开发势必以文化的历史特性与价值为依托，利用“融智”手段在“互联网＋”语境下实现产品策略规划、产品设计、推广营销的精准性，通过优良、便捷传播的文旅产品讲好中国故事。

3. 全价值文旅中的“双融通提升”策略

由于后疫情时代的特殊性与不确定因素，当下旅游产业对文化遗产的传承、推广，更宜通过精细化运营，提升云端业态场景体验效果，将“线上引流推广、线下体验感受”相结合的数字文旅新业态、新产品为牵引，实现“线上＋线下”双向价值融通，形成文旅产业高质量发展格局。

依靠精细化运营增强用户黏性、着眼流量变现，是实现线上价值的重中之重。疫情导致的各类现实问题，大力推动了各行各业数字化转型的进程，原本相对成熟的网络游戏、网络视频等在线文娱在短期内流量暴增，也带动了线上教育、新零售等诸多“互联网＋”产业与业态的蓬勃。后疫情时代，通过提升精细化运营能力增强用户黏性，注重优质文化内容的制造与产出，是增加长尾效应，进而实现流量变现与文化传播双赢的关键策略。

（1）跨平台助力体验破局

精品化是文旅传播类数字产品的必经之路。较之移动端，桌面端具有更好的沉浸式体验，这是移动端无法取代的优势，裸眼3D等技术的成熟也为桌面端产品注入新的活力。文旅传播类桌面端产品，应寻求技术突破，发挥在画面氛围、操控体验感上

的优势，吸引更多用户流量。同时，打造多端互通的大型文旅传播类数字产品或平台，在移动端、桌面端多设备间实现角色同步、数据互通，让使用者既可以在桌面端享受沉浸式体验，又能利用碎片时间使用移动端，同时满足重度和轻度使用者的多重体验需求。

数字化转型的井喷，要求后期产品需强化“作品思维”，全力打造精品甚至现象级产品。在画面、玩法、内容、动效、音乐等各方面优化升级，借助虚拟现实、增强现实等技术打造全新沉浸式形态；注重 IP 开发塑造和长线运营，围绕 IP 进行泛娱乐跨界合作，布局影视、电竞、直播、文旅等多领域，加速新老业态间的创新融合，凭借扎实内功拓展海外市场传播优秀文化。

（2）短视频领域垂直深耕

5G 应用的逐步普及开启超高清视频时代，为文旅产品及其传播提供了高质量的体验技术支撑。5G 应用成功地解决了虚拟现实、增强现实画面滞后、网络断点等现实问题，以虚拟现实、增强现实为代表的沉浸式视频，为用户带来更好的娱乐体验，将成为文化传播精细化体验的主流。为此，短视频内容的编导，应加强对垂直细分领域，尤其在 15~45 岁年龄段，技术与设备应用主流人群的需求探索，用差异化内容和特色文化打造核心竞争力。

（3）云端业态科技赋能

数字文旅的云端业态发展需要相关技术升级与创新，文旅内容联合虚拟现实、增强现实、AI、全息投影等技术，在云端业态的应用，提升用户“观屏”体验，可细化拆解成以下步骤。

首先，升级云录制技术，优化节目观看效果，打造文化内容、表现形式差异化云内容。加快桌面端、移动端的跨屏融合，避免云录制中出现的跨屏技术性问题，提升观众视听体验。其次，打造环节多元化、流程情节化的文化类云综艺节目，聚焦地区文化间的差异化发展，打破目前千篇一律的短视频剪辑模式，利用融媒体平台的互动优势，增强观众的参与感。最后，强化优质 IP 产业化推动力与核心竞争力。与各类型的影视、游戏、景区、日常生活中的数字产品（如输入法、电影、屏幕保护程序）等开展跨界合作，实现优质 IP 全产业链综合运营，深度挖掘 IP 的商业价值，探索多元盈利模式。

（4）“文化 +”产业促融合

当下文旅产业数字化转型的时代际遇中，新经济增长点的持续创造离不开与周边产业的融合发展，技术赋能“文化 + 旅游”“文化 + 商业”“文化 + 教育”等产业深度融合，共同推进文旅数字化进程。

扩大高品质数字文旅内容产品供给，加快布局AI、虚拟现实、增强现实等技术在旅游行业的应用，文化景区借助新技术丰富旅游场景，提升文旅体验。文化类特征显著的博物馆、纪念馆、美术馆等，通过展品、场馆与虚拟现实技术的结合，将文化展品背后的内涵生动、完整地呈现给观众，5G与虚拟现实、增强现实加持，让历史情境得以更生动地展现还原。

打造具有辨识度的超级IP，以优秀IP赋能线上线下融合，实现线上为线下导客聚客的引流功能，吸引游客实地参观游览。线上通过IP版权交易与影视、游戏、动漫等相关产业融合，通过跨界联名等方式打造原创周边产品，实现品牌价值变现；线下打造IP植入与科技赋能的沉浸式主题公园，运用场景、影像、音乐、灯光、科技特效等技术实现环绕效果，沉浸式体验与IP场景结合，让游客感受虚幻实境的魅力。

三、学术价值、应用价值及社会影响和效益

文旅深度融合是一种趋势，在坚持“四个自信”的时代际遇中，从传统文化传承、当代文化传播的视角看，后疫情时代的文旅产品战略架构、产品策略设计亟待推陈出新。本次研究从人的需求出发，通过“数字＋实体”形成基于体验营造的“三全互嵌”路径，为后疫情时期文旅产品体验价值的多元高效提升给予学术思考。

文旅企业数字化转型的战略重点与政策框架研究

——以黄山旅游股份与黄山市为例

负 责 人：汪早荣

依托单位：浙江深大智能科技有限公司

起止时间：2021 年 4 月—2021 年 10 月

一、研究的目的和意义

（一）研究目的

2020 年国务院政府工作报告中提出“十四五”期间要“加快数字化发展，打造数字经济新优势，协同推进数字产业化和产业数字化转型”；文化和旅游部发布《关于推动数字文化产业高质量发展的意见》提出“推进数字经济格局下的文化和旅游融合发展，以文塑旅，以旅彰文”；文化和旅游部等十部门共同发布《关于深化“互联网＋旅游”推动旅游业高质量发展的意见》提出“坚持技术赋能，推动信息技术革命成果应用普及，深入推进旅游领域数字化、网络化、智能化转型升级，培育发展新业态新模式，推动旅游业发展质量、效率和动力变革”。

（二）研究意义

文化和旅游产业数字化发展是促进文化和旅游融合高质量发展的重要路径和手段，也是文旅产业在“十四五”期间的重要发展方向。

鉴于此，本课题以我国文旅企业数字化转型的典型代表“黄山旅游股份”及黄山市为案例，通过理论与实证研究，提出我国文旅企业在“十四五”期间的企业数字化转型的战略重点及引导企业更好地做好战略转型的政府政策框架建议。本课题的研究有以下几个主要意义:(1)通过对典型案例的深入分析研究，有助于挖掘该案例成功进行企业数字化转型的核心思路与关键举措，为其他亟待进行数字化转型的企业提供方法与思路的参考借鉴;(2)为文旅企业数字化理清了转型中的战略重点，为其他企业制定数字化战略转型方案及开展数字化转型提供了理论基础;(3)提出了政府部门支持文旅企业数字化转型的政策框架，为以旅游为支柱产业的地区政府部门提供了扶持当地文旅企业、文旅产业转型升级的政策建议和指导。

二、主要内容、重要观点、对策建议

（一）主要内容

（1）文旅企业数字化转型的现状及面临问题。我国的文旅企业数字化转型受限于行业规模、体制机制、企业规模、组织改革、资金支持、人才基础等方面影响，当前数字化能力尚处于数字化转型的初级阶段。除部分头部文旅企业已经逐步具备了能够支持企业进行全局优化的网络级能力外，绝大多数企业尚处于数字化能力仅覆盖业务单元或流程级别，甚至有部分企业尚停留在原始方式开展业务。

从当前行业的整体现状来看，在业务运营侧，文旅企业存在门票经济依赖较重、产品同质化情况普遍、营销渠道多元化不足、文化和旅游融合不足、游客体验度不高的问题；在管理侧，多头管理乱象、管理能力亟须提升、数字化管理人才缺失等问题尤为明显；在建设运维侧，存在信息化建设烟囱林立、重建设轻运营轻运维、运营管理不具备可持续性、低水平重复建设等问题。如何规避并解决这些困扰文旅企业数字化转型的实际问题成为其能否成功实现数字化转型的关键。

（2）数字化转型的顶层设计研究。文旅企业数字化转型的顶层设计需要从整体数字化战略规划的角度出发，明确数字化转型构建的核心价值。通过建立差异升维竞争力，建立持续发展竞争力、建立生态平台竞争力、建立面向未来竞争力四个方面着手，构建文旅企业数字化转型的顶层设计规划。

文旅企业的数字化规划应遵循“总体规划，分步实施，先易后难，逐步完善”的总体思路，贯彻该总体思路，具体表现在实施中，将采取“基础先行，分步实施，先易后难，稳步推进”的实施原则。从文旅企业的发展实际出发，基于5ABCD（5G、人工智能、区块链、云算、大数据）、AR/VR/MR、互联网、物联网等先进技术，融合

“旅游 +”“互联网 +”发展理念。建立涵盖“资源整合、网络覆盖、信息感知、信息共享、数据互通”集创新体验、智慧管理、智慧服务、智慧营销于一体的智慧旅游体系，打造为产业“数字化转型示范”。

（二）主要观点

（1）建立集团整体的数字化顶层规划与实施方案。一是构建以“一体两翼”为核心的文旅企业内部数字化顶层设计框架，补齐数字化保护、管理、经营短板，实现场景系统集成应用，激发内生动力。打造集团数字化标准规范体系，统一各业务板块数字化发展路径。二是构建以“三位一体”为核心的目的地产业链生态数字化顶层设计框架，“三位一体”是以运营为核心引擎，以涉旅企业信息化建设为基础，实现“To B、To C、To G”生态一体化、技术一体化、产业一体化的三位一体顶层设计。

（2）在现有基础设施建设的基础上加强安全保护。文旅企业集团在数字化转型过程中必然会面临转型升级所带来的安全挑战，企业应构建与其数字化需求相匹配的安全防护能力，从数据安全、个人隐私安全、系统应用安全、网络安全等方面，全面构建企业的数字化安全防护体系，为转型的顺利进行提供保障。

（3）通过技术研发与合作提升数字化管理与治理。文旅企业数字化建设应建立在集团统一标准、归口管控的基石上，以项目运营适配为前提，以规范旅游服务质量为基础，以数据颗粒归仓为目标，建立面向旅游项目的各类业务系统和管理系统。应结合项目定位、资金预算等情况，有序推进企业的信息化、数字化建设。

（4）加强文旅数字化产品创新能力与服务质量。文旅企业集团通过组建轻资产游客综合服务平台，以运营为导向。通过注重产品挖掘、推行中央预订模式、加强会员中心建设、突出营销能力建设、强化媒体矩阵建设、提高内容质量、完善与政府政策衔接，有效实现供给侧整合业态产品，通过多样化营销运营工具实现对游客的有效触达和服务质量提升。

（5）构建数字化文旅资源、数据的交易流通体系。在数字化运营层面，中小型旅游资源方会由于流量、专业化运营人才不足等原因造成业务发展受限，经过产业数字化改造后，此类资源方可通过托管运营等方式交由核心文旅企业、专业第三方运营人员合法托管运营，从而实现共享经济和平台经济的健康发展。

（三）对策建议

1. 优化企业组织结构，重塑业务流程

在实施数字化改革的进程中，需要坚持以价值为导向，势必会涉及企业对游客、企业组织内、企业与企业、企业与政府的价值链重塑，更具价值的数字化解决方案势必替代既有业务流程，甚至会对既有的组织结构做出相关调整。数字化作为企业一把手工程，一是应当坚持对外以游客服务体验为导向，对内以价值为导向，对合作伙伴以共赢为导向，对政府以大局为导向；二是在改革过程中应当通盘考虑数字化改革带来的组织架构的调整和人员的流转与任用问题；三是需要配套制订相关的预案，谋定而后动，确保数字化改革的顺利执行。

2. 完善数字文旅基础设施建设

数字基础设施建设作为企业数字化转型的基础支撑，当基础设施无法跟上企业数字化转型需求时，将严重制约企业的转型效果与进程。而基础设施的建设往往涉及大量重资产投资，对于尚未进行数字化转型升级的文旅企业来说，过度依赖传统产品销售导致其在新冠肺炎疫情影响下恢复速度落后于数字化程度更完善的企业。企业资金紧张无法应用于投资基础设施建设，而基础设施的不足导致企业无法快速完成转型跟上行业的发展节奏，从而陷入困境。一是应加大基础设施建设的投资向条件落后企业的倾斜，提高行业基础设施建设的平均水平；二是应加大对企业数字化转型项目的扶持比例，通过设立产业专项资金，降低企业的资金压力；三是成立数字文旅产业发展基金，并鼓励金融机构对数字文旅基础设施建设项目的信贷发放，降低企业的融资成本，提高企业的发展信息，解决企业的后顾之忧。

3. 加强智慧旅游建设，实现数字化管理与治理能力

智慧旅游将促进旅游管理创新，实现从传统旅游管理方式向现代管理方式的转变。首先，旅游管理部门通过信息技术可以获取旅游者实时信息，对旅游企业实行动态监控，并及时发布旅游指导信息或管理意见。其次，智慧旅游可以使管理部门实时了解旅游景区的生态状况，通过在景区环境保护、旅游承载力管控等方面综合应用智慧旅游手段，均衡游客的分布，降低游客对资源的破坏，确保游客的满意度，缓解景区保护和旅游发展之间的矛盾。再次，智慧旅游可以实现与相关部门的信息共享与协作，联合维护旅游市场秩序，保护旅游者权益，高效处理旅游投诉等问题。此外，智慧旅游还可以及时监测和预防各种突发事件，提高旅游应急管理能力。通过数字化加强文化与旅游融合，实现产品创新应用。

4. 构建全场景数字化服务，提升游客体验与满意度

伴随信息技术的发展，当前智慧旅游技术已为消费者带来了吃、住、行等方面的实质性便利，未来的智慧旅游发展将基于更加高精尖的技术打造更多数字化、智能化的服务场景，为游客提供更多数字化服务场景，提升游客的体验感与满意度。

5. 加强旅游大数据应用，实现数字化营销

通过大数据技术采集游客搜索数据、消费数据、评价数据、位置信息等数据，运用大数据分析发现旅游者的偏好、挖掘旅游热点，引导旅游企业打造符合旅游者需求的旅游产品，制定相应的营销策略，实现旅游产品创新和营销方式创新，并充分利用新媒体传播特性，吸引游客主动参与旅游的传播和营销。

6. 打破数据孤岛与壁垒，实现数据共享互通

由于文旅企业的业态不一、业务形式多样，导致企业内与企业间都形成了不同程度的数据壁垒，不仅阻碍了企业对自身数据的运用，还给政府的垂直监管造成障碍。企业的数字化转型缺乏符合数字文旅产业发展需求的相关技术标准和行业规范支撑。一是主管部门应加快数字文旅产业的数字化建设发展的技术标准制定，建立“国家—省—市—区”各级政府与企业间的数据联动与交换共享，形成有效的数据反馈链路；二是要建立行业主题数据仓库汇集数字文旅产业的各类数据，为持续赋能行业打下坚实基础。

7. 提高企业数据安全保护能力

数字技术在文旅企业中的广泛应用加快了在线旅游服务及数字文创产品的发展步伐。尤其是在后疫情时代，在线旅游服务的比例又进一步提升。然而多数文旅企业现阶段的数据安全保护能力及安全意识并不能满足业务的快速发展。随着《网络安全法》《数据安全法》《个人信息保护法》等法律的逐步实施，已经逐步明确了国家对文旅企业在数据安全保护方面的基本要求，但文旅企业作为同时服务于大量游客的服务载体，政府应对其数据安全保护能力提出更高的要求。一是通过行业协会引导建立行业的监管自律机制，通过公开透明的处理方式提高游客对文旅企业数据采集的认可度；二是加大政府主管部门的监督落实力度，避免部分企业违规采集数据；三是加大对文旅企业数据安全技术的应用研究扶持，结合云服务等方式快速提升文旅企业的数据安全保护能力。

8. 构建数字化文旅资源交易流通体系

伴随文旅企业数字化改革的深入，文旅资源将不可避免的数字化形成信息数据。企业间的数据交易也将随着信息数据的价值上升逐渐活跃。在文旅行业内构建稳定成熟的数字资源交易流通体系，避免因野蛮生长带来的管理风险。一是充分发挥行业协会在行业规范上的引导作用，组织业内的典型资源方、技术服务方制定针对文旅行业的数据资源交易规范，编制数据交易技术标准；二是行业主管部门要做好数字资源交易的行业监管，引导数据交易平台的建设，在保证数字资源要素稳定流通的基础上，激发数字化资源交易的市场活力，充分释放数字技术对经济发展的放大与叠加作用。

9. 提升资源数字化保护，实现文化传承

旅游生态资源作为文旅产业发展的核心要素，如何在保证生态资源被有效保护的同时，最大化进行旅游资源的开发与文化内涵的挖掘，保持开发与保护之间的平衡。从目前来看，部分企业在数字化转型的过程中对资源的数字化保护是考虑不全面的。一是引导前沿数字化保护技术进入实际应用场景，通过促进产学研合作等方式加大相关技术成果的产出应用，灵活运用数字化技术提高旅游生态保护的监测与管理；二是为文旅企业的数字化保护能力提升项目提供资金扶持，引导金融机构对保护类项目的贷款支持，降低企业在转型过程中的资金压力；三是进一步明确文旅企业作为资源方的保护义务和责任，建立完善的管理与评价机制。

10. 数字文旅高技能型人才保障

在国家数字化发展战略和数字化产业政策引导下，文化和旅游产业正加快与互联网、大数据、人工智能等新一代信息技术的融合发展，数字化技术已经成为文化旅游转型升级的重要引擎，并渗透到经营管理、营销服务、产品体验等文旅产业的各个环节。文旅企业数字化升级变革促进文旅企业发展加速，对文旅人才的培养与对外建设提出了新挑战和新诉求。文化和旅游部发布的《关于推动数字文化产业高质量发展的意见》中针对数字化人才培养提出了要求："建设数字文化产业创新和高技能人才队伍，培养一批兼具文化内涵、技术水准和创新能力的数字文化产业复合型人才。"根据文旅行业用户对人才的需求调研数据分析得出，目前在电商运营岗位、新媒体运营岗位、智慧旅游产品设计岗位、旅游大数据分析岗位、信息技术服务或运维岗位都亟须数字化营销、数字化技术服务的相关人才，除了需要掌握基本旅游专业理论知识与技能、旅游经营管理知识、智慧旅游基本知识，还需要掌握文旅数字化基本应用，能灵活运用信息化技术，同事具备一定的智慧旅游相关应用的实操能力。

三、学术价值、应用价值及社会影响和效益

（一）学术价值

本课题通过对行业典型案例的深入剖析，梳理了现阶段我国文旅企业在数字化转

型过程中遇到的困难与痛点，提出了文旅企业数字化转型的顶层设计思路，为行业未来技术研究提供了理论基础和研究方向。

（二）应用价值

本课题所提出的数字化战略重点从企业推动数字化转型的实际出发，为我国文旅企业数字化转型提供了改革方向和应用思路，能够帮助企业避免在推动自身数字化转型时“走弯路，走岔路”。

（三）社会影响和效益

本课题所提出的文旅集团“一体两翼”文旅集团数字化顶层设计，“三位一体”旅游目的地战略规划已成功应用于八达岭文旅集团、云南世博集团、阿拉泰旅游集团、西旅集团、神仙居文旅集团等知名文旅企业数字化规划方案中，具有广泛的社会影响与实际效益。

高质量发展背景下旅游市场治理体系研究

负 责 人：姚延波
依托单位：南开大学
起止时间：2021年4月—2021年10月

一、研究的目的和意义

（一）研究目的

1. 识别我国旅游市场治理主体、客体和治理机制

作为一种综合性服务行业，旅游业的市场治理主体涉及广泛，存在主体之间职责边界冲突，职能结构纵横交错等问题。同时，旅游市场治理主体行为活动开展的机构、渠道和程序（治理机制）等依然模糊不清，这在一定程度上阻碍了我国高质量旅游市场治理格局的形成。因此，研究拟对这一问题进行解决，在识别治理主体、客体以及治理运行机制的基础上，搭建多元化旅游市场治理主体的理论框架。

2. 探索如何构建高质量背景下的旅游市场治理体系

我国旅游市场目前还未完全建立起一个统一、公平竞争、规范有序的市场运行秩序，同时以次充好、以假乱真等侵害游客权益的违规、违法经营行为长期困扰着旅游业的健康发展。基于此，本课题通过剖析我国旅游市场治理的实践困境和治理逻辑，构建出高质量的旅游市场治理体系，解决旅游市场治理现阶段面临的难题。

（二）研究意义

1. 理论意义

旅游市场治理的已有相关研究大多集中于市场乱象的个案研究，但是对于旅游市

场治理客体类型划分、治理机制和治理体系构建的系统性研究尚不多见。而本课题以科学地认知旅游市场治理逻辑为目标，以市场协同等理论为基础，采用定量和定性相结合的方法，通过对我国旅游市场治理现状的系统调查和分析，厘清了旅游市场治理主体、客体和机制，搭建了旅游市场治理体系的分析框架，构建出适应高质量发展的旅游市场治理体系，不仅丰富了旅游市场治理的研究内容，还对旅游市场秩序、旅游诚信等理论研究形成补充。

2. 实践意义

本课题对于高质量发展背景下旅游治理的时代使命和实践困境的剖析，有助于理顺新时代旅游治理的制度逻辑，凝练与其相适应的制度安排和政策选择。而通过多方调研构建高质量的旅游市场治理体系框架，也能够有效提升旅游市场治理质量与效率，促进旅游经济效率提高、旅游业转型升级与提质增效。

二、主要内容、重要观点、对策建议

（一）主要内容

1. 我国旅游市场治理体系分析框架

要想构建高质量发展背景下旅游市场治理体系，首先应当明确旅游市场治理体系框架，即解决“旅游市场治理体系的结构性”问题。只有从根本上明确治理主体、治理客体和治理机制的内涵及其联动关系，才能真正把握市场治理体系结构及问题。基于此，研究按照“治理主体—治理客体—治理机制”的逻辑对旅游市场治理体系展开阐述，以此搭建我国旅游市场治理体系分析框架，为下文实证分析形成系统指导。

2. 我国旅游市场治理机制实证分析

在阐释旅游市场治理体系的结构性问题后，还需解决“旅游市场治理体系如何运行”的问题，主要涉及治理理念、治理职能、治理方式等。基于此，研究采用 LDA 建模分析方法，对旅游市场治理机制进行了实证研究，并在此基础上坚持国际视野，对国外成熟旅游治理体系进行深度解剖与经验总结，为构建我国高质量发展背景下旅游市场治理体系提供支持和借鉴。

3. 高质量背景下我国旅游市场治理体系构建的政策建议

在上述研究基础上，结合我国高质量发展提出的新要求，本研究构建出我国旅游市场治理体系的三维框架，即“治理理念—治理体制—治理机制”框架。研究认为，培育现代治理理念、推行统一治理体制、构建新型治理机制是实现我国旅游市场治理的必要举措。其中，培育现代化治理理念是实施市场治理的基础，推行统一治理体制是保障，而构建新型治理机制则是核心，三位一体并且密不可分。基于此，研究从治理理念、治理体制和治理机制三方面给出高质量旅游市场治理体系构建的政策建议，以期为规范我国旅游市场秩序，促进旅游产业高质量发展提供理论借鉴和参考（见图1）。

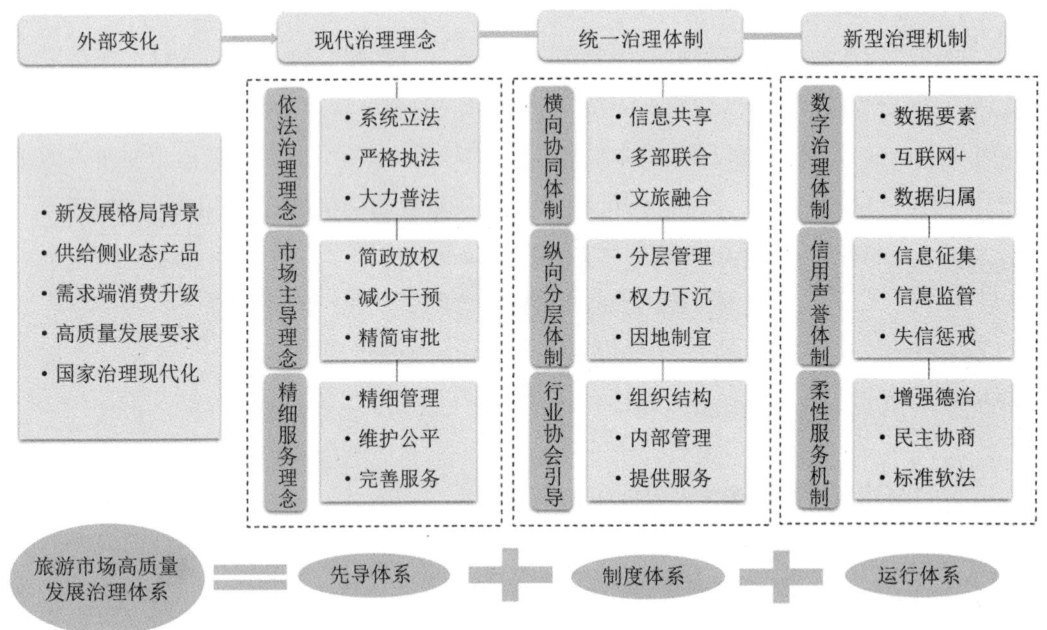

图1 高质量发展背景下我国旅游市场治理体系

（二）重要观点

（1）我国旅游市场治理主体主要由综合行政管理部门、旅游行政管理部门和行业协会三方组成。其中综合行政管理部门中央机构主要以国家市场监督管理总局为治理主体，各地旅游市场治理主体中还涉及公安部门、交通部门等相关部门的配合与联合；旅游行政管理部门主要以文化和旅游部为治理主体，地方旅游管理部门机构设置以上一级机构设置为参照；行业协会则主要包括综合性行业协会和专业性旅游行业协会（见图2）。

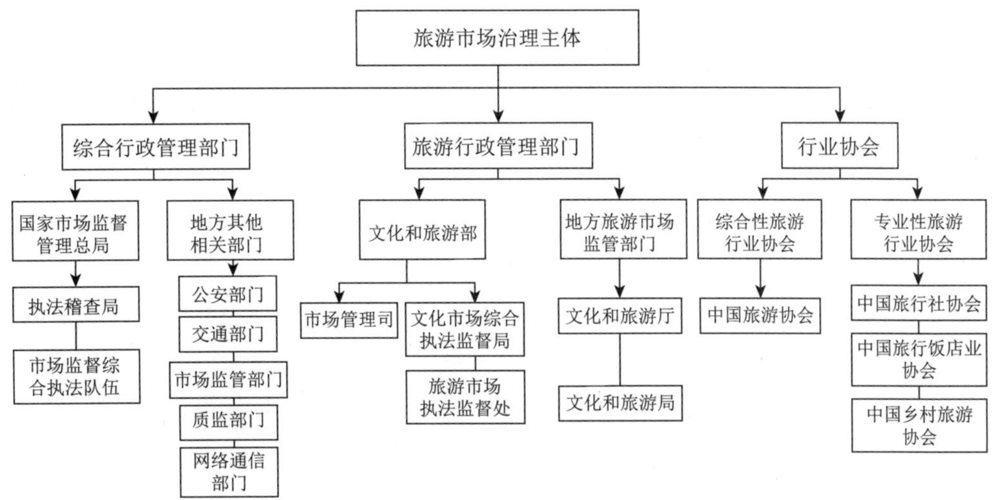

图 2　我国旅游市场治理主体

（2）我国旅游市场治理客体包括旅游市场准入秩序、竞争秩序与交易秩序，内容分别涉及旅行社质量保证金、无证经营现象、超范围违规经营现象、旅行社挂靠问题，不合理低价游、虚假宣传现象、在线旅行社垄断问题，旅游合同欺诈问题、假冒伪劣旅游商品、强迫购物现象等。

（3）高质量发展背景下的旅游市场治理机制需要从治理理念、治理职能、治理方式等方面进行改革和创新。其中，治理理念需要由"管理"向"治理"转变；治理职能应当由政府主导向政府引领、市场主导、社会参与转变；而治理方式需依靠柔性治理手段介入硬法和职能部门的间隙，同时基于新技术强化事前预测预警能力，构建主动治理机制。

（三）对策建议

研究在治理主体、治理客体和治理机制分析的基础上，借鉴相关国际经验，基于"治理理念—治理体制—治理机制"的三维框架，提出构建旅游市场高质量治理体系的政策建议。

1. 培育现代治理理念

（1）要完善旅游法律法规保障

首先，应该提高立法的公开度，以有效应对立法的部门化、利益化的固有缺陷，提高立法科学性。同时，立法部门应该制定明确且操作性强的刚性规范，从而对旅游市场治理部门的行为加以正面引导。其次，应在完善立法的基础上，坚持依法治理、依法执法、依法行政共同推进理念。最后，地方立法机关和旅游执法部门应当加强旅游市场法律法规的普法工作。

（2）充分发挥市场自治功能

市场运行应该更多依靠市场的力量引导、规范市场，顺应市场需求，强化源头的市场自我管理。政府应放松和简化事前监管，加强软法治理、柔性规制和社会协同，赋予市场更多的自我治理空间，发挥市场在资源配置中的决定性作用。首先，旅游市场治理体系必须遵循市场决定资源配置作为市场经济一般规律的理念，着力解决市场体系不完善、政府干预过多和治理监管不到位的问题。其次，围绕处理好政府与市场关系，转变政府职能是深化经济体制改革和行政体制改革的关键性举措。最后，简政放权要将减少行政审批作为职能转变的突破口，改革以审批发证为主要内容的传统管理体制，最大限度精简优化审批事项。

（3）优化旅游市场营商环境

高质量的旅游市场包括供需双方的高质量发展，还包括社会效益的考量、疫情背景下的安全等。首先，政务服务是营商环境的核心内容，应该推动政府职能向创造良好发展环境、提供优质公共服务、维护社会公平正义转变。其次，应该补齐旅游营商环境的“短板”，提高旅游营商环境的整体均衡性。再次，应该强化旅游营商环境的“长板”，为旅游营商环境的持续改革提供支撑。最后，优化营商环境要着眼于旅游企业多样化的生存、发展需求，从旅游企业实际生产经营中面临的“痛点”“堵点”“难点”着手，系统协调推进营商环境优化。

2. 推行统一治理体制

（1）要推行治理机构整合职能合并

政府应建立区域协调管理体制，主动打破行政壁垒，构建多元主体联合治理机制，其内部保障和关键抓手即为信息共享，推动部门间信息政策互联互通，形成管理合力。要通过细化社会治理机制设计构建跨部门联动的“地方政府主导 + 旅游主管部门规划 + 多部门协同”的常态化旅游市场治理机制。此外，还需要通过旅游治理变革理顺一系列软性制度安排，包括对管理条例、法规、标准、审批等进行梳理与整合，建立统一的统计、核算、考核体系，调配各领域相关资源，通过人才智力培养符合行业融合的复合型创新人才。

（2）要强化分级管理和执法权下沉

首先，必须明确界定各层级政府职责权限分层管理，通过不同层级间政府权力运行关系的优化调整不断完善旅游市场治理层级体制。其次，通过中央权力的下沉、治

理与监管权力的让渡、自身权力的收缩等方式平衡各层级管理主体的权力与职责，打破以往旅游市场治理格局中权责不对等的僵局。最后，针对各地旅游市场经济发育程度不同的现实情况，应允许各地因地制宜设置不同的旅游市场治理组织架构、制定不同的旅游市场治理方案。

（3）要增加旅游行业协会引导作用

旅游行业协会参与市场治理更多是从市场和企业的角度出发，在对企业进行管理形成行业自律秩序的同时为企业的经营管理服务。组织机构方面，旅游行业协会自律机制的进一步落实需要从完善行业协会自律规则、内部管理制度及会议制度入手。内部管理方面，旅游协会对于内部会员的精细化管理需要其将针对会员整体情况制定的团体标准作为内部管理依据。提供服务方面，协会通过提供信息整合发放、行业知识培训、促进会员交流、辅助行业沟通、荣誉评定背书等方面为旅游企业提供有力支持。在形成市场自律、行业自律的管制机制过程中，不同行业应当打破信息交流壁垒，形成行业间合作治理的机制和手段，促进治理工作高效互通。

3. 构建新型治理机制

（1）要提高数字化治理效率

通过科技创新提高治理效率，首先要撬动数据要素市场、提升数据治理能力。其次，应以旅游市场“互联网 +”治理模式为具体抓手，突破旅游市场治理数字化发展的关键瓶颈。同时，要梳理个人数据、政府数据和商业数据中相关旅游活动记录的人格权归属和财产权归属，保证个人、企业和政府权利明晰。

（2）要促进治理体系现代化

我国应在确保旅游信用体系和声誉机制各项工作在法治轨道上运行的基础上，通过建立旅游企业和个人信息征集体系、信用监督管理体系和失信惩戒机制，不断完善旅游市场信用体系和声誉机制建设，从而实现依法依规保护各类信用主体的合法权益。同时，旅游治理须重视信息提供者对正常评价与反馈行为边界的僭越问题。旅游市场治理应该加强依据和手段的针对性，切实约束行业主体，同时强化对旅游者的合理引导和公共服务，树立旅游行业规范，加强旅游行业自律与提高游客群体信息素养。

（3）要拓展治理的弹性空间

旅游部门既要明确职权边界确保监管力度，也要采用柔性治理保证市场灵活运转。首先，应培育服务意识、增强德治力量，拓展旅游市场治理的弹性空间并建构起以服务为核心的柔性治理模式。其次，应在治理机制上采取民主协商的政社互动机制，而非政府单向度的一元主导，在刚性治理的结构框架下有机嵌入多元主体的柔性治理模式。最后，要发挥标准的软法价值，以标准化推进作为旅游市场治理的有效抓手，以标准的软法视角呼应旅游市场治理的追切诉求。

三、学术价值、应用价值及社会影响和效益

（一）学术价值

本课题采用混合研究方法，首先，通过文献研究、深度访谈和网络文本挖掘的方式获取与旅游市场治理相关的数据资料，并对其进行梳理和初步探索，识别出我国旅游市场治理主体、客体及其相互关系；其次，研究采用 LDA 建模分析方法，对访谈资料、网络文本、政策文件等内容进行总结和提炼，提取出潜在主题，从旅游市场治理主体视角出发解决微观个体与宏观网络分析的对立统一问题，同时构建我国旅游市场治理机制，弥补旅游市场治理现有研究的不足。

此外，本课题以具有行业特殊性的旅游市场治理为研究对象，将分析传统市场治理的主流理论创新性地运用到旅游市场治理的分析研究中，并构建出高质量发展背景下的旅游市场治理体系框架。研究结果不仅拓展了市场治理与旅游市场治理的研究内容和思路，丰富市场治理理论的边界与研究范畴，同时也对旅游市场秩序、旅游诚信等理论研究形成补充，对旅游经济高质量发展理论研究进行了深化。

（二）应用价值

本课题在明确我国旅游市场治理主体、治理客体和治理机制的基础上，利用混合研究方法构建出针对当前旅游市场环境的“治理理念—治理体制—治理机制”的三维框架，提出了“先导体系 + 制度体系 + 运行体系”三位一体的旅游市场高质量发展治理体系，为旅游市场各主体协同治理提供了参考和指导建议。研究结论利于提升旅游市场治理质量与效率，促进我国旅游业转型升级与提质增效，是对党的十九大报告提出的“健全各方面风险防控机制，更加自觉地防范各种风险”和“十四五”规划所提出的“推动高质量发展”“深化供给侧结构性改革”等重要指示的积极响应。

（三）社会影响和效益

本课题在调研过程中通过深度访谈，与各地文旅部门相关工作人员、旅游协会工作人员进行了深入探讨，发现不同旅游发展水平的目的地在旅游市场治理现状、问题

和优化等方面均存在较大差异，特别是在文旅部门改革之后，旅游执法力量和职责的改变为新发展格局下旅游治理工作开展带来了新的挑战，也引发了各界对旅行社准入规则、导游与旅行社挂靠关系等治理难点的新思考。本课题的结论与构建的治理框架将为以上行业新问题、新挑战提供新思路、新方法，体现了旅游学科研究的前瞻性与应用性。

基于游客体验的适老化旅游服务改进对策研究

负 责 人：罗　栋
依托单位：湘潭大学
起止时间：2021 年 4 月—2021 年 10 月

一、研究的目的和意义

（一）研究目的

习近平总书记强调，“满足数量庞大的老年群众多方面需求、妥善解决人口老龄化带来的社会问题，事关国家发展全局，事关百姓福祉”。中国进入人口老龄化社会和全面小康社会，旅游活动已经成为中国老年人生活的重要组成部分，满足老年人旅游幸福的美好向往是全面小康社会的内在必然要求。然而，当前我国老年旅游市场供给与消费需求不相适应，尤其是信息化、数字化、智能化背景下老年旅游者面临巨大挑战，严重阻碍了老年人的旅游出行需求，降低了老年人的旅游幸福体验，亟待优化。

适老化（elderly-oriented）旅游服务就是指在旅游环境、旅游移动和旅游服务过程中，充分考虑老年人的身体机能、心理状态、认知水平、所处环境等因素条件，提供满足老年人旅游需求的环境、产品和服务，以提高老年旅游体验的安全性、便利性和舒适性。

（二）研究意义

开展适老化旅游服务理论研究具有重要意义。一方面，聚焦老年旅游者的主体微观视角，既是对旅游体验一般性理论的应用检验，也是对中国情境下的“本土”理论的建构尝试。另一方面，为政府有关部门出台相关政策与措施提供佐证和建议，为相

关企业创新“银发旅游”新产品、新模式、新业态，促进老年旅游产业高质量发展提供理论指引和决策咨询。

二、主要内容、重要观点、对策建议

（一）主要内容

从旅游体验这一角度切入，采用老年旅游产业供给和老年旅游者的“供需”双重视角，以“基础理论→现状考察→原因分析→对策建议”为主线，分析当前我国老年旅游市场上旅游服务理念、硬件基础设施、软性旅游服务、旅游流动过程等存在的对老年旅游者不友好、不适应、不舒适的多种问题背后的原因及解决对策，以期为中国老年旅游服务质量整体提升提供对策建议。主要内容包括三部分内容：

1. 中国老年旅游服务“适老化”的现状考察

从国家宏观层面来看，人口老龄化程度持续加深给老年旅游产业带来巨大产业发展空间。从产业供给层面来看，中国老年旅游产业发展迅速，老年旅游企业竞争力不强，产品创新能力弱；老年旅游产品供需错配，中高端供给不足与低端供给过剩并存；适老化旅游服务缺乏、不足、名不副实等现象突出。从消费者需求角度来看，老有所游日渐常态化生活化，适老化旅游服务不适合、不友好、不舒适、不便利等现象时有发生，老年旅游体验效果不佳。从行业外部支持因素角度来看，政策、体制、环境、人文、资金、科技、人才等方面的适老化旅游服务支持存在不作为、慢作为、不到位等现象。

2. 我国适老化旅游服务存在问题的原因分析

体验是精准洞悉老年游客需求的最好方式之一。从旅游体验视角切入，梳理分析我国适老化旅游服务“不适”的主要原因所在，主要有以下原因。

第一，旅游服务的特殊性。旅游产品的生产与消费具有同时性，旅游目的地、交通、住宿、餐饮、商品、服务、文化等旅游产业链条上的各环节链条相互依赖、合作联动，共同生产老年旅游产品。适老化旅游服务牵涉环节多、内容广、跨度大及相关企业和服务人员多，适老化旅游服务质量极易存在不稳定波动性。旅游体验伴随时间和空间流动，非惯常环境下的旅游体验具有新鲜感、紧张感。

第二，中国老年旅游者的特殊性。中国老年旅游者本身是影响旅游体验的核心关键因素，中国老年旅游者生理、心理、文化和行为等方面具有共同特征。老年旅游者有共性，更有分异，不同老年旅游者具有不同特征，消费习惯、文化影响、行为方式等都存在较大差异。

第三，旅游体验的影响机制。老年旅游消费的体验过程，是老年旅游者自身生理、心理状态的变化过程，是老年旅游产业供给提供产品服务的作用过程，是外部非惯常环境和条件的刺激过程。个性化的旅游体验在于旅游体验的全过程、刺激深度、强度冲击、时间频次等，不同的体验影响机制带来不一样的体验效果。

3. 我国老年旅游服务适老化改进对策建议

坚持以老年旅游者为中心的“一个原则”，加强老年旅游消费需求与产业供给联动、智慧旅游建设与老年友好型建设协同“两个抓手”，强化老年旅游体验全过程管理、老年友好旅游空间建设、适老化旅游公共服务体系建设“三个重点”工作，坚持老年福利旅游与旅游产业发展相结合、老年旅游标准服务和优质服务供给相结合、传统服务方式与智能化服务创新相结合、解决突出问题与形成长效机制相结合“四个结合”，落实好政策、机制、金融、人才和技术“五个保障”，使适老化旅游服务更安全、便利、舒适，满足老年人对旅游美好生活的追求。

（二）重要观点

（1）改进并优化适老化旅游服务，提升适老化旅游服务质量与品质，就是要大力倡导积极老龄化理念，实现老年人旅游权利保障更好，老年人旅游体验满意度更高；就是要大力倡导老年友好理念，实现老年友好的旅游外部环境和人文环境更好，老年人的旅游美好生活更幸福；就是要大力倡导服务工匠精神，实现旅游产品和旅游企业竞争力更强，推动旅游产业高质量发展和可持续发展。

（2）人口老龄化深刻影响老年旅游发展，满足巨大的老年旅游需求是中国老年旅游继续深化发展的市场基础，快速的老龄人口增速为中国老年旅游的持续发展提供了成长动力。

（3）适老化旅游服务要坚持市场提供和政府提供相结合，坚持发挥市场作用与完善政府职能相结合，老年旅游企业要秉承精益求精的工匠精神提升老年旅游产品服务质量，政府及相关部门要着力提升适老化旅游公共服务水平。

（三）对策建议

1. 一个中心：以老年旅游者为中心原则

老年旅游发展必须坚持以老年旅游者为中心的思想，贯彻落实积极应对人口老龄

化国家战略，把积极老龄观、健康老龄化理念融入发展全过程，把保障老年人的旅游权利、增进老年人的福祉作为出发点和落脚点。以老年旅游者为中心强调在任何时候都要将老年旅游者的权益摆在首位，实现好、维护好、发展好老年人的旅游权益。

2. 两个抓手：老年旅游消费需求与产业供给联动、智慧旅游建设与老年友好建设协同

根据联动模型，老年旅游消费需求与产业供给联动协调可从以下方面着力：第一，联动发起端：引导老年旅游者旅游消费觉醒和需求转变。通过宣传、营销、教育、培训等方式培育老年人的旅游消费自主意识。第二，联动响应端：全面深化老年旅游产业改革发展。一是培育优质老年旅游企业等市场主体，积极引导、培育、支持、鼓励老年旅游产业内相关优质企业发展壮大规模，引领老年旅游产业高质量发展；同时，鼓励不同企业梯度发展，支持中小企业走“专、精、特、新”的道路，构建独特竞争优势。二是优化老年旅游产品结构。遵循适老性和多样性原则，重点推出具有行程舒缓、舒适经济、注重安全等老年特色的共性产品，因地制宜开发多层次、多主题、多形式的个性化老年旅游产品，提升老年旅游产品品质。第三，联动过程：提升老年旅游服务消费与产业联动效率。以市场配置资源，以老年旅游市场需求为导向，以现代信息技术为手段，老年旅游供给各方主体协同联动、深度合作，促进老年旅游产品结构优化，推动老年旅游业由低水平供需平衡向高水平供需平衡转变。

5G、大数据、人工智能、物联网、区块链等科技革命引发旅游发展模式变革，赋能适老化旅游服务发展。第一，推进智慧旅游建设，让老年人共享智慧旅游发展成果。加快推进以数字化、网络化、智能化为特征的智慧旅游发展，推动“互联网+旅游”深度融合，推动老年旅游空间智慧化改造升级，打造智慧旅游便民服务场景，助力老年旅游消费便利化发展，实现适老化旅游公共服务模式创新，建设数字旅游应用体系，加强旅游科技创新与应用等。第二，全面加强老年友好社会建设，让老年旅游者有尊严体面生活。老年友好社会建设包括基础环境、社会文化环境、社会支持服务三大方面。第三，智慧旅游建设与老年友好社会相协同，直面人口老龄化带来的深刻变革，分析老年人群面临的“数字鸿沟”问题表现及原因，充分考虑老年人特征，尊重和满足老年群体内在需求，对数字社会各项服务进行适老化全面改造，不断提高互联网应用的人性化、适老化水平，增强老年旅游者在智慧社会中的获得感、幸福感、安全感。

3. 三个重点：老年旅游体验全过程管理、老年友好旅游空间建设、适老化旅游公共服务体系建设

根据过程理论，老年旅游消费行为分为三个基本阶段：出游前的决策阶段、出游中的消费体验阶段和出游后的影响效应阶段。老年旅游体验精细全过程管理包括：第一，塑造追求品质的企业价值观和文化，构建完善的老年旅游产品标准流程和品质提升系统，配套完善的服务创新和改进机制。第二，加大对一线服务人员、专业技术人才、管理人员等的招聘、培训、考核、奖惩等环节的管理，培养服务精神，提升服务技能，增强人文关怀等。第三，严格执行国家标准和行业标准，根据业务技艺、职业态度、传承关怀和品质追求四个维度构建老年旅游服务产品的企业标准。第四，精准把握老年旅游者的需求，进行全过程、全环节、有针对性的老年旅游者服务设计，创造全感官沉浸式体验环境，设计难忘的峰值体验服务，推动老年旅游产品服务更精细化、高级化、优质化发展。

旅游空间包括旅游目的地、旅游出发地、旅游移动空间、旅游住宿空间等。从空间角度来看，旅游体验是老年旅游者从出发地到异地进行旅游、再回到出发地的空间转换，旅游空间中的硬件基础设施和软件人文环境建设中应符合适老化服务要求。一方面，加大硬件基础设施投入与改造。设计、改造老年旅游基础设施和服务设施，如无障碍坡道建设、卫生间的救助设计、交通工具改造优化、住宿条件适老化改造等。继续完善旅游交通体系、旅游公共服务设施、旅游信息基础设施建设，推动高质量旅游空间建设，强化旅游空间改造的微创新。另一方面，加大老年友好的人文环境的建设。大力弘扬尊老爱老的文化传统，营造老年友好的旅游空间氛围，吸引老年积极参与服务社会。

提升适老化公共服务，改善老年人旅游的社会环境，让老年人平等地享受公共服务。大力加强公共服务体系建设，包括旅游目的地（景区）信息咨询、便民惠民、行政服务、便捷交通、安全保障、医疗保健等，提供优质高效、安全舒适的公共服务。建立健全覆盖旅游活动全过程的便民服务，及时发布旅游目的地安全风险提示信息，进一步健全保障游客安全工作机制，有效应对各类突发事件。

4. 四个结合：老年福利旅游与旅游产业发展相结合、老年旅游标准服务和优质服务供给相结合、传统服务方式与智能化服务创新相结合、解决突出问题与形成长效机制相结合

发展老年福利旅游与旅游产业发展相结合，让老年人平等地享有旅游权利。大力发展老年福利旅游，保障老年人旅游权利实现，共享旅游美好生活。一是继续延续或加大对老年旅游者的各项福利优惠措施，如门票减免政策、适老惠老服务项目，老年旅游保险政策与产品等。二是出台专门针对老年弱势群体的一揽子福利旅游政策，可通过政府采购采购老年旅游产品的方式，补助确有困难参与旅游活动的老年人，帮助

旅游企业、旅游目的地和平抑旅游淡旺季。三是通过发放消费券、提供补贴等方式刺激老年旅游消费。

坚持老年旅游标准服务与优质服务供给相结合，让老年人旅游体验更加满意。一方面，标准化管理促进质量提升，执行老年旅游领域的国家或行业相关标准，出台老年旅游合同规范、饭店老年旅游服务规范、老年旅游专列服务规范等相关标准。另一方面，推行服务承诺制度，倡导精益求精的服务工匠精神，精准把握老年人的个性化需求，精细旅游体验全过程管控，精心构建互动性在场社交场域，精巧设计打造高峰值体验精品，让老年旅游者收获精彩旅游体验。

坚持传统服务方式与智能化服务创新相结合，让老年人更加便利获得旅游服务。聚焦老年旅游服务场景，建设智慧旅游信息技术环境，为老年旅游消费提供技术支持，让旅游更舒适、更便捷、更有趣。开发和推广适老化旅游终端产品和应用，保留人工服务和咨询，推出更为人性化的柔性政策。老年旅游产品推广营销继续以社区营销和口碑营销作为重点区域和主要方式，线上线下紧密联动。

坚持解决突出问题与形成长效机制相结合。围绕老年人旅游出行过程中的高频事项和服务场景，抓紧解决目前最突出、最紧迫的问题，如重点整治老年旅游市场中的“零负团费”“低价陷阱”等现象、防范老年旅游安全事故、“健康码”服务和管理、提供旅游过程中的医疗保健服务等。在此基础上，逐步总结积累经验，不断提升适老化服务水平，完善服务保障措施，出台相关制度，建立长效机制。

5. 五大保障：政策、机制、资金、人才、技术

加大法律法规政策保障。实施积极人口老龄化国家战略。严格遵守相关法律法规和政策文件的要求。进一步细化、优化、完善相关法律法规和政策支持。构建国家标准、行业标准、地方标准和企业标准为一体的适老化旅游服务标准体系，重实施。

加大体制机制保障。分类管理与调控公共服务和市场提供的适老化旅游服务。加快相关行业管理体制和机制改革，充分发挥行业协会的管理指导作用，赋予老年旅游者参与监督管理的权利。探索开发老年旅游市场监管工具和常态化管理机制，治理老年旅游市场乱象。构建以老年旅游体验为主要指标的适老化服务评价指标体系，建立长效评估机制，建立健全信用监管体系。

加大金融服务支持保障。建立健全金融工作推进机制，强化金融政策支持，鼓励推动外资、民营资本等投资老年旅游、适老化旅游服务改造或设计，参与老年旅游景区景点建设和运营，拓宽老年旅游企业的融资渠道，创新金融支持服务。增加老年旅游相关保险品类。

以旅行社、饭店、景区等旅游企业的一线专业技能服务人员为重点，完善老年旅游服务技能人才培养，提高职业化水平；培养各类工程技术人才，提高专业化水平；全面实施老年旅游企业经营管理人才素质提升工程，提高经营管理水平。加强老年旅游基础研究队伍建设和旅游志愿者服务队伍建设。

持续推进新技术的发展与运用，推进信息技术与老年旅游产业的高度融合；坚持用数字化技术、数字化思维、数字化认知对旅游发展和治理进行全方位系统性重塑，数字赋能，创新驱动，催生新产品、新业态、新服务。

三、学术价值、应用价值及社会影响和效益

（一）学术价值

以旅游体验的视角深入探讨人口老龄化和全面小康社会背景下中国旅游发展过程中的适老化旅游服务问题，克服了以往老年旅游研究宏大视角的局限性，是洞察中国老年旅游者旅游需求的有益尝试，为破解中国老年旅游发展难题提供了新的视野和学术思想。

（二）应用价值

在理论阐释、现状考察和原因分析的基础上，提出了我国适老化旅游服务改进对策建议，具有创新性，对政府部门出台相关政策措施、旅游企业提升老年旅游服务质量，促进老年旅游可持续高质量发展具有实际应用价值。

（三）社会影响和效益

本课题基于旅游体验的视角研究如何提升适老化旅游服务对策，为湖南省党代会建言献策等，产生了较好的社会影响和效益。

非物质文化遗产的产业培育与代际传承研究

负 责 人：史 达
依托单位：东北财经大学
起止时间：2021 年 4 月—2021 年 10 月

一、研究的目的和意义

（一）研究意义

以习近平同志为核心的党中央高度重视非遗保护工作，作出了一系列重要指示批示和决策部署，赋予了非遗工作新使命、新定位、新要求。2021 年 8 月，中共中央办公厅和国务院办公厅印发《关于进一步加强非物质文化遗产保护工作的意见》，明确了深入实施非遗传承发展工作的总体要求和基本路径。当前，如何保护好、传承好、发展好非遗文化，避免其“断层断代”问题是社会发展面临的严峻挑战。因此，合理利用非遗资源，推动非遗“活态”保护和传承，对讲好中国故事，传承中华文化基因具有重要意义。

（二）研究目的

本课题基于以上现实背景，在前期关注和积累的基础上，以非遗的产业培育和代际传承为研究内容，旨在探索一个可供借鉴的解决方案，一是尝试解决“十四五”时期新制度环境下非遗的适应性障碍，使其能摆脱濒危的现实困境，走出可持续性的发展的道路。二是尝试通过构建非遗的代际传承创新机制，探索出一条适合非遗文化可持续发展的、符合时代要求的创新路径，进而解决非遗传承的人才缺失问题。

二、主要内容、重要观点、对策建议

（一）主要内容、重要观点

课题组成员针对本课题关注的非遗项目的保护、传承和发展情况进行了调研。为了保证调研效果，课题组除调研依托单位所在的东北地区外，还调研了华北地区和西南地区的代表性非遗项目。调研方式以深度访谈和走访调查为主，并通过电访做补充。深度访谈对象主要为非遗管理部门、非遗保护单位、非遗体验馆负责人、工作人员、非遗传承人；走访调查对象主要为非遗从业人员、非遗学徒、非遗产品消费者等。在此基础上形成课题总报告约2.5万字，附件分报告及调研记录约11.5万字。报告共包含五个部分：第一部分介绍项目调研背景及意义；第二部分介绍调研概况，包括数据来源和调研结果；第三部分介绍调研发现的相关问题；第四部分介绍课题组针对问题提出的对策建议；第五部分各地调研分报告及调研记录。

课题组在东北地区调研的非遗项目包括：辽宁阜新玛瑙雕、乌力格尔、蒙古族民歌（阜新东蒙短调民歌）、凤城景泰蓝珀晶画、大连贝雕、宋淑珍讲故事、金州武当太乙四形内功、金州龙舞、德记号中医药文化、朝鲜族伞寿宴、朝鲜族传统弓箭射艺、朝鲜族七支剑、庄河剪纸、沈阳北派花灯、黑龙江省老厨家滨江官膳传统厨艺、秋林格瓦斯制作技艺、桦树皮画。华北地区调研的项目包括：北京市景泰蓝制作技艺、剪刀锻制技艺（王麻子剪刀锻制技艺）、泥塑（北京兔儿爷）。西南地区调研的项目包括：云南省白族扎染技艺、安宁扎染、剑川木雕。

通过深度访谈和走访调查课题组发现，目前全国各省份对非遗保护、传承和发展的重视程度有所提高，非遗项目及传承人逐年增多，非遗活动逐渐丰富，但仍然面临很多现实问题。

1. 非遗保护方面：各地方重视程度不同，全面保护难

一是全国多地已制定非遗保护、传承和发展的地方管理办法、专项法规、保护条例等，如上海、北京、厦门等城市已相继颁布施行《非物质文化遗产条例》；浙江、甘肃、贵州等省已发布《非物质文化遗产保护发展“十四五”规划》；青岛、深圳等城市制定了《青岛市市级非物质文化遗产保护专项资金管理办法》和《深圳市非物质文化遗产保护补助经费管理办法》。然而，部分省、市的非遗保护仍缺乏明确的保护依据和规划安排，尤其是市级非遗项目的整体保护质量层次偏低，对非遗的普查、发掘、整理、保护和发展等工作没有明确的路线规划，体现出各地方政府对非遗工作的重视程

度的不同。二是基层队伍建设尚不完善。各级职能管理部门人手有限，管理人员身兼数职，日常工作饱和，难以具体深入非遗项目中。市级、县级文化和旅游行政部门专职非遗工作人员较少，甚至无专职人员配置，县级非遗工作管理者多为编外人员，积极性不高。三是缺乏非遗项目场地支持。线下缺少各级非遗体验馆、展览馆、博物馆，没有集中的、可提供民众日常参与的非遗展示、展演、传习的场所；线上官方对外展示平台创新性内容较少，很难吸引年轻观众。四是融媒体整合不足。非遗宣传活动受众范围小、传播距离短、参与度低，没有发挥出各大时间版块和空间版块融合优势，人民对非遗的认知度、参与度、共情度没有得到提高，尚未实现“亲民效应”。

2. 非遗传承方面：人才和资金瓶颈凸显，持续性发展难

一是人才断层问题突出。非遗传承人老龄化现象严重，非遗传习难度大、周期长、年轻人对非遗了解的不多，对传统文化的感情不够深入，缺少认同感。通过调研课题组发现，目前 60~90 岁的非遗传承人较为普遍，年轻的徒弟年龄集中在 35~45 岁，许多家族传承模式的项目被迫转为师徒传承模式、粉丝传承模式。二是缺乏专项资金支持，尤其是市级、县级非遗项目。社会对传统工艺设计、制作及衍生品的认可度不高，非遗传承人收入不稳定，甚至生活窘迫，民间老艺人非遗的展示展演因缺少必要的经费保障而不能经常性开展工作。对非遗保护财政投入落实难度大，将非遗保护经费列入财政预算的地方还不多，对传承人的经济补助不到位，非遗的普查、发掘、整理、评审、保护、利用等工作受到制约。

3. 非遗发展方面：“活态”发展不足，效益化开发难

一是开发模式较为单一。在非遗保护和开发案例中，非遗项目产生“非遗 +”“+ 非遗”产业融合效益的项目占比不高。游客到各博物馆看不到非遗展览，除传统节日外在景区看不到非遗展览、展示、展演，各地中小学研学旅行的非遗路线不多。二是市场化进程缓慢。除重要的国家级非遗项目及部分已有一定规模和影响力的非遗项目外，大多数项目的市场化推进主要靠非遗传承人长期的社会积累与人脉网络，个人荣誉与行业地位建立起的销售渠道，缺少官方平台，进展缓慢。调研中发现，部分国家级、省级非遗项目传承人仍靠徒弟作为经纪人联系一些收入较低的商业演出，部分艺术品的主题仍为“三阳开泰、和谐平安、同心向党”，缺少年轻人喜爱的现代元素、创意和设计，效益化开发较难。

（二）对策建议

针对上述调研发现的问题本课题从非遗系统性保护、社会化传承和创新性发展三

个方面提出以下对策建议：

非遗系统性保护方面：（1）统筹建立各级非遗名录。组织开展我国非遗资源普查，全面摸清现阶段我国各级非遗资源的种类、数量、分布状况、生存环境及保护现状。（2）在充分调研的基础上做好非遗项目的分级分层保护工作。对于民俗类、民间文学类中活态传承较困难的项目，建议优先给予文字、书籍、影像保护支持；对于传统音乐类、传统舞蹈类、传统戏剧类、曲艺类、传统体育、游艺与杂技类中演艺型非遗项目，建议作为各地区对外文化宣传的亮点，组织传承人团队参加国内外文艺演出、外事交流活动；对于普通传承项目，建议给予产品化、市场化的活态保护。（3）做好非遗数字化展示工作。丰富非遗的文史、影像资料，形成数字档案，建立非遗调查记录体系，对现存各级非遗项目开展专项调研，对国家级项目和省级项目进行全面系统记录。（4）提高资金使用效益。建议资金优先用于濒危重点项目的抢救性保护，并根据项目评估等级，做好分级经费支持。对非遗扶贫项目、非遗乡村振兴项目、大学生非遗创新创业项目等给予一定补贴和税收优惠政策。（5）搭建多种非遗平台。在线下平台方面，建议各级博物馆设置“非遗展厅”；建议有条件的地方政府将非遗体验馆列入建设规划；建议各级非遗管理单位、保护单位与传媒公司、文创公司、文旅集团对接，对可产品化、市场化的非遗项目进行创新性开发，共创商业利益体系和非遗产业平台。在线上平台方面，建议各地方管理部门设置非遗专栏，做好线上展示工作。（6）畅通工作渠道。建议市级、县级文化和行政主管部门设立非遗工作的专门岗位，由行政主管部门统一指导和管理，与从而提高非遗工作的专业度和效率。

非遗社会化传承方面：（1）规范做好各级非遗代表性项目和代表性传承人申报认定工作。完善非遗传承人的申请、考核机制，建立退出机制。加强保护单位的动态管理，定期组织对项目保护情况进行系统调研，监督检查，评估项目存续状况，将非遗的传承梯队、社会经济效益、拉动就业能力等指标纳入非遗项目考核。（2）做好非遗工作者定期培训工作。针对可产品化的非遗项目，可聘请设计师、艺术院校师生对非遗传承人和从业者进行产品设计、文创设计的培训；针对演艺类非遗项目，可聘请艺术名师进行谱曲填词、舞蹈编排、剧目创作，与时代接轨；针对中老年传承人开设录音、录像、摄像等基础非遗记录工具的培训，和线上销售平台、直播演艺平台的使用方法的培训，提高其传承能力。（3）支持和鼓励有能力的传承人进入周边贫困乡村招工，为村民农闲时参与非遗工作提供机会，提高村民收入的同时解决部分非遗用工难题，为乡村振兴的推动提供新动力。（4）深入开展“非遗进校园”活动。选取各地现有非遗基地、非遗传习所中参与性、互动性强的若干项目纳入中小学地区文化课程和

研学活动，建议根据课时量支付非遗进校园的传承人一定的课时费；支持非遗项目与艺术类高校、职业技术学校的对接，鼓励开设非遗相关专业、课程，聘请非遗传承人为兼职实践导师，建立传习基地，并将此作为院校考核的奖励指标；鼓励非遗项目与高校（院系）对接，将非遗元素纳入各类竞赛项目，通过系列传承与创新教学活动弘扬非遗。（5）开展“非遗进社区”工作。践行非物质文化遗产保护“见人见物见生活”理念，创建“非遗在社区”示范点，以“尊重社区居民主体地位”“选择适合非遗资源”“创新工作模式”“发挥传承人作用”等作为重要工作原则和重点，探索有效模式，总结经验成效，逐步在全国拓展。（6）开展社会化运营。鼓励和吸纳民间企业资本投入非遗保护工作；吸引民间团体、学生和非遗爱好者作为志愿者协助组织非遗活动，缓解政府经费和人员不足的问题。

非遗创新性发展方面：（1）将非遗保护与美丽乡村、特色小镇、传统村落保护等工作紧密结合，开发乡村体验式非遗旅游项目及线路。（2）培育建设非遗旅游景区。支持有条件的城市规划建设非遗项目集聚的非遗主题街区、民俗文化村鼓励将民宿、酒店与非遗有效对接。实施“非遗 + 旅游”，推动非遗项目进景区。按照“以文促旅、以旅彰文”的思路，注重非遗与旅游融合的场景设计，将传统技艺、戏曲、民间传说等非遗元素通过丰富的方式融入景区，利用景区流量助力非遗项目的传播传承和市场化。（3）开展“跟着非遗去旅行”等活动，通过串珠成链，开发推出一批非遗主题旅游线路和体验项目，支持研学旅游等包含非遗元素的旅游产品体系建设。（4）对于已产品化、市场化和有能力带动地区经济发展的非遗项目，建议由地方政府出面对接短视频等新媒体平台，建立非遗线上推广基地，打开国内外线上市场，推动非遗产业化快速发展。（5）加强非遗宣传。推动文旅、广播电视、体育、工会、共青团、妇联等部门形成联合宣传机制，支持各大主流媒体开设非遗专栏、专题、频道等，加强宣传推广，突出非遗特色，讲好非遗故事。（6）紧紧围绕服务国家“一带一路”倡议和地方经济社会发展，搭建国际非遗交流平台，尤其是加强地方政府与国际友好城市、友好组织和人士建立广泛联系，灵活多样地开展对外交往项目，将演艺型非遗项目作为对外文化宣传的亮点，组织传承人团队参加重要节庆活动、外事交流活动、大型会议表演及省内外文艺演出、比赛等。（7）做好非遗保护与传承智库建设，定期举办非遗研讨会、座谈会，邀请非遗传承人、高校智库专家、政府、企业、媒体代表等进行非遗发展研讨，科学制定非遗发展规划，共同推动非遗产业进一步发展。

三、学术价值、应用价值及社会影响和效益

（一）学术价值

本课题通过对非遗管理者、传承者、从业者、消费者的深度访谈和实地调研，全方位、多角度了解真实的“非遗世界”，并从非遗的保护、非遗传承和非遗发展三个方面，探寻非遗文化保护与发展的现实困境及非遗文化传承的“断点”和“痛点”。随后以此为基础，提出较有针对性的对策建议，为各级非遗管理部门、非遗保护单位等提供可操作性强的解决方案，为推动非遗文化的可持续发展贡献力量，同时也为非遗研究者提供有益的学术借鉴。

（二）应用价值

课题组在东北地区调研的过程中，充分利用依托单位的地区校企合作资源优势，为部分符合条件的非遗项目做了市场化推介。同时，课题组为部分非遗项目提供了急需的户外非遗活动场地支持、“非遗进校园”活动策划支持、非遗产品线上宣传支持等。

（三）社会影响和效益

课题组撰写的题为“关于做好非物质文化遗产保护和传承，推动‘东亚文化之都’申建工作的建议”的决策咨询报告于 2021 年 9 月获得大连市主要领导批示。目前，大连市文化和旅游局已根据课题组的建议，积极开展非遗保护和传承工作。题为“关于加强我市地方戏曲保护与传承的建议”的决策咨询报告已上报大连市委、市政府。课题组招募的本科生调研志愿者在参与课题实地调研期间组成的大学生调研团队，在实践基础上共同申报了题为“非遗文化产品创意与数字营销”的大学生创新创业训练计划项目（项目编号 202110173002），并经过考核和答辩，获得“东北财经大学 2021 年度大学生创新创业训练计划”推荐国家级立项。